全国工程管理
专业学位研究生教育
核心课程规划教材

U0368586

工程管理导论

李启明 主 编

鲁耀斌　王文顺　李刚　吴志樵　王青娥　副主编

清華大學出版社

北 京

内 容 简 介

本书对工程的系统结构、价值体系以及工程管理的概念内涵等基本认识进行了论述,并从系统论、控制论、信息论、最优化理论四个方面梳理了工程管理的基础理论。同时,对组织、经济、质量、风险、信息等工程管理的各个方面以及策划、设计、施工、运维等工程管理的各个阶段的主要内容和工作进行了阐述;还对工程管理的研究和发展前沿进行了探讨。此外,本书在各部分中均附有相应案例,供读者在理论联系实践中加深理解。本书可以作为工程管理专业学位研究生或者具有一定专业基础的工程管理类专业本科生、研究生的教材和参考书,也可以作为从事工程管理专业实践工作人员,以及教学和研究人员的参考书。

图书在版编目(CIP)数据

工程管理导论/李启明主编. —北京:清华大学出版社,2024.5
全国工程管理专业学位研究生教育核心课程规划教材
ISBN 978-7-302-63092-0

Ⅰ. ①工… Ⅱ. ①李… Ⅲ. ①工程管理—研究生—教材 Ⅳ. ①F40

中国国家版本馆 CIP 数据核字(2023)第 047342 号

责任编辑:冯 昕 王 华
封面设计:傅瑞学
责任校对:欧 洋
责任印制:刘海龙

出版发行:清华大学出版社
  网 址:https://www.tup.com.cn,https://www.wqxuetang.com
  地 址:北京清华大学学研大厦 A 座 邮 编:100084
  社 总 机:010-83470000 邮 购:010-62786544
  投稿与读者服务:010-62776969,c-service@tup.tsinghua.edu.cn
  质量反馈:010-62772015,zhiliang@tup.tsinghua.edu.cn
印 装 者:三河市铭诚印务有限公司
经 销:全国新华书店
开 本:185mm×260mm 印 张:13 字 数:316 千字
版 次:2024 年 5 月第 1 版 印 次:2024 年 5 月第 1 次印刷
定 价:48.00 元

产品编号:089370-01

编 委 会

　　工程管理硕士(Master of Engineering Management,MEM)是经中国工程院多次建议,经严密论证,于 2010 年批准新设立的专业学位类别。MEM 培养重大工程建设项目实施中的管理者,重要复杂新产品、设备、装备在开发、制造、生产、运维过程中的管理者,技术创新与改造、企业转型转轨以及与国际接轨中的管理者,以及产业、工程和科技的重要布局与发展战略的研究与管理者等工程管理人才。2011 年 3 月 18 日,国务院学位委员会、教育部、人力资源和社会保障部在京联合召开了全国工程管理等 29 个专业学位研究生教育指导委员会成立会议。

　　2018 年,按照国务院学位委员会办公室统一部署,全国工程管理专业学位研究生教育指导委员会(以下简称工程管理教指委)确定了《工程管理导论》《工程经济学》《系统工程》《定量分析:模型与方法》《质量与可靠性管理》《工程信息管理》6 门 MEM 核心课程,研究起草了核心课程大纲,并由国务院学位办统一发布。

　　2019 年 4 月,工程管理教指委正式启动 6 门核心课程的教材编写工作,组建了核心课程系列教材编写委员会,由时任(第二届)副主任委员叶金福教授担任编委会主任,时任秘书长郑力教授担任副主任,十多位第二届工程管理教指委委员主动担任教材主编、副主编工作,并牵头组建了各门课程的编写小组。核心教材的出版工作得到了清华大学出版社和重庆大学出版社的大力支持。

　　根据工程管理教指委和教材编委会的统一规划设计,核心教材的编写充分考虑 MEM 培养要求,体现专业学位教育特点,根据发布的核心课程大纲选择知识点内容,精心设计编写方式,采用问题导向的思路,以工程管理实际问题引出各章节的知识点内容,并在各章节后提供了思考题目。

　　2020 年新冠疫情期间,工程管理教指委克服困难,利用线下和线上工作方式,对教材草稿进行了初审、复审等工作,邀请全国多位工程管理重点培养院校有丰富教学经验的专家就教材知识框架、知识点和写作质量等内容给出详细意见和建议,秘书处逐一反馈至教材主编。教材编写小组在主编组织下开展了认真细致的修改工作。

　　在工程管理教指委和教材编委会统一指导下,经过众多专家创造性的辛苦劳动,这套系列教材才得以出版。这套教材不仅适用于 MEM 人才培养,也适用于从事工程管理实际工作的广大专业人员深入学习工程管理核心知识。下一步,工程管理教指委(目前为第三届)将围绕本系列教材,开展 6 门对应核心课程的师资培训和交流工作,征集相应的精品配套资料(PPT、教学视频、延伸学习材料、精品案例等),全面提高课程质量,服务我国 MEM 高质量人才培养的教育目标。

因作者水平所限,时间仓促,加之工程管理发展迅速,故教材中不妥之处在所难免,欢迎广大读者批评指正,以便再版时修改、完善。

郑 力

2023 年 4 月于清华大学

在人类的历史长河中,工程不断绵延,不断发展,支撑人类生活、生产和创新,不同时代的工程代表了不同阶段人类的发展水平,是人类改造世界的价值创造活动。

人类社会的发展在很大程度上是由不同类型的工程驱动的,土木建筑工程的"安得广厦千万间,大庇天下寒士俱欢颜"推动了人居环境的改善,交通工程的"天堑变通途"推动人类跨越山川河流和快速达到各类目的地,航天工程的"可上九天揽月"推动人类与外太空亲密接触,各种类型的工程承担了人类经济社会发展的诸多重要职责。现如今,各种数字化技术、人工智能技术等不断赋予工程新内涵、新范式和新动能。

随着工程内涵不断丰富,工程所涉及的技术领域趋向复杂和动态变化。随着经济社会不断发展,港珠澳大桥、北斗卫星导航系统、探月工程等代表性现代工程不断涌现,工程所涉及的专业学科愈加多元化,时空范围越来越广阔,所需动用的资源要求越来越高,管理难度急剧增加,工程管理的作用在现代工程活动中愈加重要。

工程管理属于交叉性学科,针对工程技术系统、工程全寿命周期、工程环境系统和工程利益相关者等开展系统性管理,追求以人为本、敬畏自然、可持续发展和促进社会和谐的工程准则,强调经济、社会、生态、科技、人才和文化等多维度的价值观,以管理学、经济学、系统论、控制论、信息论、最优化理论等为基础理论,应用于土木、建筑、交通、机械、航空、电子、材料、医疗等不同的工程领域,融合多领域的知识体系。

面对庞杂而浩渺的多领域工程管理知识体系,需要明晰工程管理的基本概念、价值导向、基础理论、专业理论与方法、全寿命周期工作内容及前沿方向,对工程管理形成全局性的认知和系统性的理解,从而为在工程管理领域进一步学习和研究打下扎实的基础。

根据学位办〔2018〕16 号文件《关于委托国务院学位委员会学科评议组和全国专业学位研究生教育指导委员会编写〈研究生核心课程指南〉的通知》,全国工程管理专业学位研究生教育指导委员会(简称 MEM 教指委)在 2018 年组织了六门核心课程的指南编写工作。其中包括"工程管理导论"这门核心课程,该指南编写的参与成员包括李启明、刘贵文、苏秦、王文顺、鲁耀斌、卢向南、姚玲珍、王孟钧等。经过一年多的合作努力,完成了"工程管理导论"的课程指南,内容包括四个部分:①工程和工程管理的基本认知;②工程管理基础理论和方法,以及工程管理专业理论与方法;③工程寿命期各阶段主要工作内容及职业发展;④工程管理研究、创新及发展前沿等。"工程管理导论"课程指南为本书的撰写提供了提纲挈领的指导。本书的架构也是依据该课程指南的研究成果进行组织。

本书对工程的系统结构、价值体系以及工程管理的概念内涵等基本认识进行了论述,并从系统论、控制论、信息论、最优化理论四个方面梳理了工程管理的基础理论。同时,对组织、经济、质量、风险、信息等工程管理的各个方面以及策划、设计、施工、运维等工程管理的各个阶段的主要内容和工作进行了阐述;还对工程管理的研究和发展前沿进行了探讨。此外,本书在各部分中均附有相应案例,供读者在理论联系实践中加深理解。本书可以作为工程管理专业学位研究生或者具有一定专业基础的工程管理类专业本科生、研究生的教材和参考书,也可以作为从事工程管理专业实践工作人员,以及教学和研究人员的参考书。

本书由李启明担任主编,鲁耀斌、王文顺、李刚、吴志樵、王青娥担任副主编。具体的编写分工为:第1章由李刚负责,第2章由宁延、袁竞峰共同负责,第3章由王青娥负责,第4章由吴志樵负责,第5章由鲁耀斌负责,第6章由王文顺负责,第7章由宁延、袁竞峰共同负责,第8章由王青娥、李刚共同负责。全书由李启明承担统稿工作。

在编写过程中,全国MEM教指委多次组织线上、线下的研讨会,各位编写组成员克服了疫情不便的困难,通力合作完成了本书的初稿。随后,MEM教指委组织了多轮的专家评审,各位评审专家给予了许多很好的修改意见和建议,同时清华大学出版社也为本书的出版付出了艰辛的努力,在此一并表示感谢。

由于编者能力有限,本书难免存在不够严谨和疏漏错误之处,希望能够得到读者的批评指正。本书参考了国内外不同的论著和出版物,已在参考文献中列出,但由于涉及面广,所以可能遗漏部分文献,在此向相关文献的作者致敬并表示谢意!

CONTENTS

第 1 章

工程和工程管理的基本认识

1.1 工程概述

1.1.1 工程的定义

人类社会几千年来的发展,就一直伴随着"工程"的发展。中国最早的"工程"一词出现在南北朝时期,主要指土木工程,据《北史》记载:"齐文宣营构三台,材瓦工程,皆崇祖所算也。"直至民国期间,"工程"仍没有超出土木建造的范围。由此可见,古代"工程"主要是指土木构筑,主要强调土木构筑的施工过程,有的也指其最终的结果,即构筑物。当前,随着社会经济的发展和科技的进步,工程涵盖的范围越来越宽。中国载人航天工程、高铁工程、三峡大坝工程,以及美国的"阿波罗"登月工程、信息高速公路计划等,都成为现代工程的代表。这些工程都是人类以预先确定的目标为依据,应用有关的科学知识和技术手段,通过一定的组织方式整合人力、土地、资本等生产要素,创造、构建或者改善出具有预期使用价值的人造存在物的过程。工程与科学技术紧密地联系在一起,任何工程都离不开科学家对自然规律的探索、技术的支撑和工程师的实践活动。

自工业革命以来,人类社会的发展在很大程度上是由工程驱动的。蒸汽机革命、电气革命、信息革命等人类社会大发展的三次浪潮,都是工程技术和产业实践紧密结合,以创造(建造/制造)现实存在物的复杂活动。因而,美国工程院(National Academy of Engineering,NAE)对工程的定义则更为广泛:工程的定义有很多种,可以被视为科学应用,也可以被视为在有限条件下的设计。

中国工程院(Chinese Academy of Engineering,CAE)将工程界定为,工程是人类为了特定的目的,依据自然规律,有组织地改造客观世界的活动。一般来说,工程具有产业依附性、技术集合性、经济社会的可取性和组织协调性。从这个意义上来看,符合上述"工程"定义的事物是十分普遍的,既包括传统意义上的土木建筑工程、水利工程、武器工程等,也包括近代出现的航天工程、空间探索工程、基因(如生物克隆)工程、食品工程、微电子工程、软件工程等。甚至人们在社会领域也借鉴工程的概念,来体现社会工作的复杂性和系统性,因而产生了"扶贫工程""211 工程""管理工程"等。

"工程"是一个十分广泛的概念,只要是人们为了某种目的,进行设计和计划,解决某些问题,改进某些事物等,都是"工程"。因而,在现代意义上对工程做出如下定义:工程是人类社会基于目标驱动,在探索和依据自然规律基础上,通过对科学、技术、人力、土地、资本等要素的科学组织和管理,以创造、建造、制造新的现实存在物,或者改善、解决某个现实问题的系统性的价值创造活动。

1.1.2　工程的历史

如果可以认为最初的工程和最初的技术是合一的,那么也就可以说有了技术就有了工程,技术的起源就是工程的起源。在远古时代,石器工具的出现标志着人类真正的造物活动的开始,从而应该将其视为工程起源的标志。"工程的最早形式包括制造石器工具和其他人工制品以帮助人类的生存。"从工程的造物活动上来看,这个时期属于"器具的最初发现"时期。这个时期"人类开始收集和砸制石头,用于特殊的目的,这也成为后来工程的一个持续的特征"。

新石器时代出现的制陶实践,使人们逐渐掌握了高温加工技术,导致人类逐步进入熔化铜和铁的金属时代。冶金技术的进步导致最先从事产业生产的专业人员(金属工匠)的出现。青铜时代之后出现了铁器时代,铁的普遍使用将人类的工程提高到了一个新的水平,推动了古代水利工程的产生,还对农业工程(如深耕细作、播种、施肥、田间管理等)产生了促进作用,使农业生产力得到了空前的提高。

在现代社会中,人们常常将(严格意义上的)工程分为土木工程、机械工程、化学工程、电机工程、纺织工程和矿冶工程等。从历史上看,这几类工程中最早出现的是土木工程。土木工程是指基础设施的建造和维修,如造房修路,建桥挖河等。在人类历史上,当原始人为了避雨遮风而建巢定居成为"居住"的动物时,他们兴建居所的活动就成为最早的(土木)工程,有人认为这才意味着"严格意义"上的工程的产生。技术和生产力的发展,使得一些大型的建筑结构开始出现,古代建筑工程得以快速发展。从始建于公元前 2690 年的埃及金字塔,到始建于公元前 221 年的万里长城,公元前 256 年建成的都江堰水利工程,都是古代工程的杰出代表。

在近代工程时期,"工程实践变得日益系统化"。例如,佛罗伦萨大教堂穹顶的建造就显示出一些现代工程的管理和控制方法,像项目的设计和计划、财力和劳动力、管理、活动与物质的供应、预期、特殊案例的开发、工具和技术,还有顾问咨询和监督委员会的组建。工程领域的扩大和发展需要更强大的动力,因此,"文艺复兴时期,工程师成为新的更加通用的动力源的建造者和使用者"。蒸汽机成为工程和社会乃至整个世界重要变化的催化剂,它陆续导致机械工程(1650 年前后起)、采矿工程(1700 年前后起)、纺织工程(1730 年前后起)、结构工程(1770 年前后起)的大发展,使人类真正进入了工业社会。

从 19 世纪到现代,工程在全球范围内快速发展。交通工程、建筑工程、材料工程、化学工程有了突飞猛进的发展,城市、道路、桥梁被大量构建,橡胶、炸药等材料发明,人类进入"指数增长的工程时代",大量新专业和职业人员出现,福特制和泰勒制进一步推动了工程管理的发展,生产力和生产效率得以极大提升。工程的迅速扩展促进了科学与技术的发展,进而导致新的工程时代的出现。20 世纪初迎来了"电气化时代"和第二次产业革命。20 世纪中叶随着计算机的发明,人类逐渐进入"信息时代",信息工程成为推动社会进步的重要力量。进入 21 世纪,移动互联网、云计算、物联网、大数据、人工智能等新一代信息技术快速发展,推动人类世界、物质世界之间的广泛互联,自动机器和智能机器不断出现,繁重的体力劳动和简单重复的信息处理工作,正在为基于人工智能的新型工具系统所取代,新一轮工业革命和新型工程及工程管理正在产生。

1.1.3　工程的特性

工程是推动人类社会发展的驱动力,是科学技术与人类改造自然活动紧密结合的产物。纵观人类数千年来从事工程活动的基本构成和基本过程,工程和工程活动具有系统性、建构性、集成性、创造性、科学性、经验性、社会性、公众性、效益性和风险性等特性。

1）工程的系统性

系统是由一些元素(要素)通过相互作用、相互关联、相互制约而组成的具有一定功能的整体。工程的系统性指工程具有目的性、整体性、综合性、动态性和适应性。工程是根据自然界的规律和人类的需求规律创造一个自然界原本并不存在的人工事物。工程的系统性不同于自然事物的系统性,它包含了自然、科学、技术、社会、政治、经济、文化等诸多因素。工程存在于自然,又是对自然进行改造的人类活动。因而,工程首先需要顺应自然规律,适应自然环境;同样,工程活动也会对自然形成反作用力,影响自然环境的演变。在这个意义上,工程和自然形成协同演化的关系。其次要创造一个现实存在物,需要人力、土地、资本、科学技术等各种生产要素的参与和高度协同,因而从一般意义上来说,工程涉及人文、经济、社会、科技、生态、政治等各种因素的影响。这些因素相互交织和相互影响,形成一个高度复杂的系统,产生出有别于任何单一因素的复杂结构与功能。因而,必须注重这些因素对工程活动的影响,以及这些因素的相互作用对工程的作用机制。

2）工程的建构性

工程项目是通过具体的设计、建造等实施过程来完成的。任何一个工程过程首先突出地表现为一个建构过程,就是不断改造、创建或者完善一个又一个新结构和新事物的过程。这个建构过程,不仅仅体现在构建"硬"的现实存在物的过程,还表现为设计与构建与之相应的"软"的现实存在物,如工程文化、设计方法、管理制度、工艺文件、维护体系的过程。在这个过程中,"硬"与"软"的相互存在物必须相互配合,相互协同,才能构建出符合自然规律和社会规律,更好地服务于人类发展的存在物。

3）工程的集成性和创造性

集成性是指任何一个工程的构建,都需要来自各个构成要素子系统的高度配合与协同,从而产生有别于个体层面的"1+1>2"的整体结构与功能。创造性是指任何一个工程的建构过程,都是在特定的自然环境下根据特定目的,通过特定的设计与建造过程,实现定制化的现实存在物的构建。这个过程的创造性不仅仅体现在根据特定的自然环境对物质资源进行科学组合以构建现实存在物,实现工程与自然环境协同演化的过程里,还体现在工程理念、工程文化、工程设计、工程实施与管理等软性因素等都需要与特定的工程目的与环境约束进行自适应调整的过程,这个过程本身就体现了工程活动的创造性。

4）工程的科学性和经验性

工程活动,尤其是现代工程活动都必须建立在科学性的基础之上,但同时又离不开工程设计者和实施者的经验知识,这两者是辩证统一的。任何一个工程建造的事物都有其科学原理的根据,特别是工程中运用的关键性技术以及技术群的应用和集成都有其自然科学,甚至是社会科学的原理的依据。工程是在一定约束条件下的技术集成与优化,必须要正确应用和遵循科学规律。同时,由于工程建设是一个直接的物质实践活动,工程活动主体的实践经验是工程活动的另一重要因素,它是工程活动中的科学性的重要补充。工程活动中的经验性也是依赖于其科学性的进步而不断升级的。所以,工程活动中的科学性与经验性是相互依存、相互包含和相互转化的,随着工程活动过程中的科学进步,工程活动中的个体经验所包含的科学因素也不断丰富,工程经验的内涵也不断深化,经验水平也不断提升。

5）工程的社会性和公众性

社会性也是工程最重要的特征之一。工程是因为人类的需要而开展,并因此获得价值。没有人类的需要,没有社会赋予的意义,一切工程都是多余的,也不可能开始。从工程定义我们就可以看出,工程活动是一个将技术要素和非技术要素集成起来的综合性的社会活动过程,任何工程项目都必须在一定时期和一定社会环境中存在和展开,是社会主体进行的社会实践活动。

首先,从整个工程过程分析来看,工程社会性表现为实施工程的主体的社会性,特大型工程,诸如"阿波罗工程""三峡工程"等往往会动用十几万、几十万的工程建设和参与者。工程师和工程共同体成员协同工作,在特定的工程流程、规范和方法的指导之下,有组织、有结构、有分工,大家协调配合,共同完成工程的建设。以 20 世纪 60 年代的"阿波罗"登月工程为例,美国宇航局成功创造了大型工程的社会规划和组织范例。整个工程投资数百亿美元,耗时 12 年,涉及 2 万家企业和 200 多所著名大学,参加人员达 20 万之多;我国三峡工程总工期 17 年,集防洪、发电和航运于一体,静态总投资 900 多亿元,总库容 393 亿 m³,动迁 113 万人,涉及生态保护和经济社会结构变迁。这些都充分说明工程现象不单纯是科学和技术现象,它包含着社会经济文化因素,并且影响社会经济文化的变化。一个大型工程项目的立项、实施和使用往往能反映出不同的阶层、社区和利益集团之间的冲突、较量和妥协。重视工程的社会性有助于更全面、更准确地把握工程概念。

其次,工程的社会性也表现出它的公众性特点。当一个工程项目问世之时,一般会引发社会公众对工程质量和工程效果的关心和评论。他们关心工程项目对自己的生活与工作环境的影响,他们会议论工程项目的风险状况、对生态环境的负面效果、对能源利用的利弊分析以及工程所引发的社会伦理与环境伦理问题等。重要的问题是,尽管公众对工程效应的理解并不一定科学,但公众舆论会影响工程决策和工程建设与工程运行。所以,广泛地宣传工程知识,普及工程知识,推动社会公众全面理解工程,同时争取社会公众对工程建构的参与、监督和支持是当代工程活动的一个重要环节。

6）工程的效益性和风险性

工程实践都有明确的效益目标。在工程实践中,效益与风险是相关联的。工程效益主要表现为经济效益、社会效益和环境-生态效益等。对于经济效益来说,总是伴随着市场风险、资金风险、环境负荷风险;对于社会效益来说伴随着就业风险、社区和谐风险、劳动安全风险;对于环境-生态效益来说伴随着成本风险、能耗风险等。

如果说效益总是伴随着风险,那么进一步看,风险与安全就是此消彼长的两个方面。风险性低就说明安全性高,风险本身就包含了安全的内容。如果一个工程成功的概率是90%,那么,它的风险概率是 10%。有许多工程是要求接近零风险的。工程的安全和风险是指在工程建设和运行过程中所产生的人和财产的损失以及这种损失存在的可能性。任何一项工程都是社会建构的产物,都不可能是理想和完美的,受本时代和本地区经济社会结构等多种因素的综合作用所影响。首先,工程活动作为一个过程包括诸多环节如决策、规划、设计、建设、运行和维护等,不同的环节由不同的社会群体来完成,每一个建设者和参与者不可能都对工程建设进行科学和准确的考虑,诸多环节也不可能完全做到科学、准确和无偏差地整合。其次,建设者和参与者都代表着各自的相关利益,一个完整的工程项目的建设和运行必然存在包括政府部门、企业、工程专家技术人员、工人、社区环境中的居民等多方面利益的协调,只不过他们的利益被工程项目制约在一起,通过他们之间不同利益的合作、协商、竞争等共同造就了工程。这些内在的不一致、多环节和多方利益的妥协使得工程人为地存在不安全和风险。最后,大的项目往往需要在技术上的突破和集成,由于当前科技水平的限制,技术的突破和集成有时可能无法同时判断出它的负效应,因为人们还无法发现它的问题,但这绝不意味着工程没有问题。有时甚至可能意识到了问题,但没有给予重视,这些风险和不安全从一开始就存在于工程本身,需要引起高度重视。

1.2　工程管理概述

1.2.1　工程管理的概念

从远古时代到现代,工程和技术的结合越来越紧密,工程所需动用的人、财、物和科技等资源越来越广泛,工程所涉及的时空范围也越来越广阔,外部环境的动态性也日益增强,这都驱使着人类需要规划、协调、控制工程的各项活动和资源,进行有效工程管理。

人们对工程的概念和内涵的界定不同,就产生了不同的工程管理的界定。美国工程管理学会(American Society for Engineering Management,ASEM)基于对广义的工程概念,将工程管理界定为“工程管理是对具有技术成分的活动进行计划、组织、资源分配以及指导和控制的科学和艺术”。美国电气电子工程师协会(Institute of Electrical and Electronics Engineers,IEEE)工程管理学会则对工程管理的解释为:工程管理是关于各种技术及其相互关系的战略和战术决策的制定及实施的学科。中国工程院对工程管理也做了界定:工程管理是指为了实现预期目的,有效地利用资源,对工程所进行的决策、计划、组织、指挥、协调与控制。

基于前文对工程概念的界定,我们将工程管理界定为,工程管理是对工程活动进行计划、组织、指挥、协调和控制,以实现工程目的的价值的创造活动。通过工程管理,实现对工程所涉及的各类资源的合理、有效配置,计划和协调各类工程活动,从而以更低的成本和更高的效益实现工程目标,满足工程利益相关方的需求。

因而,工程管理既包括对重大建设工程的策划、规划、决策、设计、建造、运行、维护、报废等活动的管理,也包括对重要复杂的新产品、新服务、重要设备、装备在开发、制造、生产过程中的管理,还包括技术创新、技术改造、转型、转轨的管理,产业、工程和科技的发展布局与战略的研究与管理等。

工程管理的概念是随着人们对工程概念与内涵的认识的演变而逐步演变的。早期对工程的概念主要定位于建筑工程领域,这时候的工程管理主要指建筑工程管理,其主要关注建设项目的设计、建造、运营与维护等活动的管理。随着人们对工程概念的外延逐步扩大,工程管理的概念与内涵也随之发生演变。在这个演变的过程中,在工程中科学技术扮演的角色越来越重要,工程管理对科技以及科技活动与工程活动的相互协同关系的关注程度也越来越高。在当今社会,一项工程的顺利完成,选择和使用合适的科学技术,既有可能做到降低工程成本,也同时实现工程进度的加快、工程质量的提升,科技在工程中发挥了催化剂的作用。

工程管理需要注重"硬"系统与"软"系统管理的协调。工程具有系统性,这就要求工程管理必须采用系统工程的方式,构建起系统思维模式与系统管理框架。在工程"硬"系统层面,通过工程优化实现工程技术性能目标;在工程"软"系统层面,通过不断加深对工程所处的自然、社会、经济、技术,以及政策环境的认识,综合权衡各方需求,不断改进与寻优,从而寻求到各方满意解决方案的过程,这既有科学性的一面,也有艺术性的一面。

1.2.2　工程管理的内涵

(1) 工程管理是多目标管理,需要协调不同目标之间的关系,解决其相互冲突。工程的成功,不仅要满足工程的技术性能等指标,还需要满足工程的成本、时间、质量等指标;与此同时,还需要满足工程利益相关方关于环境、政策、社会等方面的要求。因而,工程管理活动是一个多目标管理活动,其需要在一定的时空范围之内,通过科学的计划和合理的活动安排,去解决这些冲突,实现不同利益相关者的诉求。

(2) 工程管理是全寿命周期管理,它包括对工程前期的谋划、策划、决策、规划的管理,也包括工程中期的设计、构建、施工等活动的管理,还包括工程后期的运营、维护、升级、拆除等活动的管理。这些管理活动之间相互影响,互为制约,需要统一规划和协调。

(3) 工程管理需要满足利益相关者的需求。工程管理不仅仅要实现工程所确定的"硬性"设计指标,还需要满足自然环境约束、政府监管、供应商的经济诉求、客户的需求,以及社会大众对工程的诉求。

(4) 任何具体工程的管理都是一次性活动的特点。任何一个工程都具有其独特性,都是在一定的时空范围内发生的一次性活动。这个一次性活动都是在特定的社会经济条件和时空约束下,由来自不同利益主体以及承担不同职能的作业者的共同参与而完成。因而,工程管理往往是通过组织一个临时性的、专门性的强项目导向型组织,在一定的时空范围之内对工程过程进行有效的计划、组织、指挥、协调和控制。在工程的目标得以完成,工程使命结束的时候,这个临时性组织就会解散。

(5) 工程管理活动涉及的对象与领域众多,既包括工程技术、质量、进度、安全、环境等硬性要素的管理,也涉及信息、成本、采购、沟通、法律、人力资源等软性要素的管理。它们共同构成工程管理活动的主要内容。

1.2.3　工程管理的主体

工程管理的参与主体会随着工程性质的不同,存在一定的差异。总体来看,任何工程管理的参与主体,主要覆盖工程全寿命周期的研发、建设、运行、维护等活动的投资者(投资方、业主)、构建者(项目管理方、具体构建活动的承担者)、运行及维护者(日常运营者、维护升级者)、监管者(监管、认证),以及受到工程活动影响的社会大众。

从典型的建设类工程来看,其参与主体主要包括投资者、业主、项目管理单位(监理单位）、承包商、工程运行与维护单位、工程的审批与监管单位、社会大众等。

（1）投资者：投资者主要为工程筹措并提供资金，为了实现投资目的，要对投资方向、投资的分配、融资方案、投资计划、工程规模、产品定位等重大和宏观问题进行决策，从工程运营中获得收益，以提高投资效益。投资者的管理工作主要是在工程前期策划阶段进行工程投资决策，在工程建设过程中进行投资控制，在运营工程中进行宏观经营管理。在工程立项后，投资者通常不具体地管理工程，而是委托业主或项目管理公司（或代建单位）进行工程管理工作。

（2）业主：工程立项后，投资者通常委托一个工程主持或工程建设的负责单位作为工程的业主，承担工程建设过程总体的管理工作，保证工程建设目标的实现。业主在工程中的管理深度与广度是依据工程承（发）包方式和管理模式决定的。通常，为了减少管理复杂性，大多数业主并不承担具体的工程微观活动的管理，主要承担工程的宏观管理、阶段性里程碑以及必须由业主出面的外部协调事务等。

（3）项目管理单位：项目管理单位通常承担工程具体活动的管理，主要包括监理、造价咨询、招标、代建等，其受业主委托，提供工程管理服务，完成包括招标、合同、投资（造价）、质量、安全、环境、进度、信息等方面的管理工作，协调与业主签订合同的各设计单位、承包商、供应商之间的关系，并为业主承担工程中的事务性管理工作和决策咨询工作等。其主要责任是保护业主利益，保证工程整体目标的实现。

（4）承包商：承包商在这里主要承担工程活动中的某个具体环节的工作，如工程设计、工程建设、设备供应、原材料供应等。其在项目管理单位的协调下，实现相互任务的协同，在合同范围内分别完成设计、施工、供应、测试、验收、竣工等任务，负责这些任务的具体执行，并管理这些活动的开展。现代工程通过细致的产业分工，形成了研发、设计、施工、运营及维护、金融、保险、行政管理等高度细分化的行业，不同细分行业的工程承包商在工程活动中承担具体的工程任务，它们对工程的进度、质量、成本等影响最大，其管理活动也最为复杂。

（5）工程运行与维护单位：工程运行与维护单位对已经建成的工程与维护承担管理职责，其工作内容包括对工程运行的计划、组织、实施、控制等，以保证工程设备或设施安全、健康、稳定、高效率地运行。

（6）工程的审批与监管单位：政府及行业协会等通常承担起对工程的审批与监管职责。这些单位通常依据法律和法规对工程进行行政管理，提供工程的完工、质量的认证等服务和监督工作，维护社会公共利益，使工程建设符合相关法律法规的要求和国家发展需要。

（7）社会大众：社会大众既可能是工程投入使用后的实际使用者，也有可能是工程建设过程中的参与者，或者是工程建设、运营及维护过程活动的受影响者。他们通常关注工程能够给自己带来的直接价值和间接价值，通过发表公开的意见或者建议、参与听证会等方式对工程的各个阶段进行评价，施加自己的影响力。因而，工程管理活动必须关注社会大众作为利益相关者的诉求，通过建立起和社会大众的沟通渠道，积极沟通，传达工程对社会大众的价值，取得社会大众的支持。

1.2.4　工程管理的内容

工程管理的总体目标是为了实现工程的顺利完成，建造出存在物，使工程达到成本、技术、质量、功能等方面的各项要求；并对存在物在全寿命周期的运营活动进行管理，实现工程在全寿命周期价值的最大化。因而,工程管理的内容就需要从工程的建设及运营目标出发,面向工程的全寿命周期,构建工程管理组织,行使计划、组织、协调、控制、指挥等管理职能,进行规划、预测、决策、计划、控制、反馈等工作,对工程进行全过程的动态管理,实现工程目标。

从基于职能的视角,工程管理主要包括以下内容。

(1)战略管理:任何工程都起源于工程高层管理者在工程前期根据内外部环境和需求所产生的战略构想、调查研究、战略规划与计划。因而,工程战略管理是工程高层管理者根据政策、经济、社会、技术等宏观环境,以及组织内部条件,提出工程构想、进行工程建设战略决策、确定工程战略目标、确定工程长期计划,并通过组织和协调内外部资源,将这种谋划和决策付诸实施,以及在实施过程中进行控制,从而实现工程战略目标的过程。

(2)工程策划与决策:工程策划与决策是工程决策者(政府、企业或个人)在一定的内外部环境下,提出工程项目的构思,进行工程项目的定义和定位,全面构思一个待建工程项目,即前期工程项目构思策划;以及针对拟建工程项目,根据工程战略目标提出多个备选构建方案,并在多个方案之中进行比较、分析和判断,选择出实施方案的过程,也可称为工程项目实施策划。

(3)工程经济分析:工程经济分析主要是指工程项目的可行性研究、工程项目评价和不确定性分析。具体包括工程项目的必要性分析、工程项目技术方案分析、建厂条件分析与厂址选择、资金估算与资金筹措、成本费用与税金估算、营业收入与税金估算、财务评价、国民经济评价、社会评价、不确定性分析、可行性研究报告等内容。

(4)工程创新管理:工程创新管理指在工程系统观的指导下,结合工程的战略性、复杂性、社会性等特点,针对工程实践中政策、经济、社会、技术、环境等因素,综合运用各种创新管理工具,对工程的设计模式、建设模式、运营—服务—维护模式、管理模式、商业模式等进行集成式创新的管理。

(5)工程标准化管理:工程标准化管理指为了在工程的全寿命周期之中取得最佳的社会、经济和环境效果,依据科学技术和实践经验,在充分协商的基础上,对工程活动中具有多样性和相关特性的重复事物,按一定的程序和形式颁发的统一规定。我国工程标准化实行"统一管理,分工负责"的管理体制。国务院建设行政主管部门统一管理全国工程标准化工作,国务院有关行政主管部门,如交通运输部、水利部等,分工管理本部门、本行业的工程标准化工作。工程标准化管理的任务是制定标准、实施标准和对标准的实施进行监督。

(6)工程规划与设计管理:工程规划与设计管理是指对工程全寿命周期的设计、建造、运营及维护的宏观层面的战略规划,以及在微观层面有技术依据的设计文件、图纸、数据、知识的产生、运用和维护过程的一系列管理活动。

(7)工程建造与施工管理:工程建造与施工管理是以建造、施工企业为主体,以工程构建物为对象,在既定的资源和环境约束下,为了实现施工工程质量、工期和成本目标的整体优化,对工程项目的建造与施工的全过程,进行项目决策、计划、组织、指挥、协调、控制、激励等一系列工作的总称,主要包括项目的进度管理、成本管理、质量管理、人力资源管理、沟通管理、风险管理、采购管理、干系人管理等内容。

(8)工程质量管理:工程质量管理指为保证和提高工程质量,运用一整套质量管理体系、手段和方法所进行的系统管理活动。工程质量管理主要包括确定工程的质量方针、目标和职责,通过构建工程质量体系中的质量策划、质量控制、质量保证和质量改进的组织和功能,使其根据工程目标所进行的管理活动,其主要包括构建工程质量体系、工程质量控制与改进、工程质量监理等。它通常贯穿工程的全寿命周期。

(9) 工程环境管理:工程环境管理是根据确定的工程环境目标,在工程的全寿命周期中,构建、制定和实施环境管理体系,开展工程建设前的环境评价、工程建造现场的环境管理以及在工程运行与收尾阶段的工程环境影响后评价等管理活动,规范工程利益相关方的环境表现,使之与社会经济发展相适应,改善生态环境质量,减少人类各项活动所造成的环境污染,节约能源,促进经济的可持续发展。

(10) 工程供应链管理:工程供应链管理是为了实现以最低的成本达到工程项目目标,在工程项目的实施过程中,对工程项目的物流、资金流、信息流进行系统管理,覆盖计划、采购、库存、配送、销售、服务等环节,以实现工程全寿命周期运营所需的资源的有效供给的计划、组织、协调、实施和控制的管理活动。

(11) 工程安全管理:工程安全管理是工程的各个利益相关方为了实现安全生产目标,对工程建设活动进行的计划、组织、指挥、协调和控制的一系列活动。安全管理的对象是生产中一切人、物、环境的状态管理与控制;主要实现方式是运用现代安全管理原理、方法和手段,分析和研究各种不安全因素,从技术上、组织上和管理上采取有力的措施,解决和消除各种不安全因素,防止事故的发生;目的是保证生产处于最佳安全状态。

(12) 工程组织管理:工程组织管理是根据工程目标和工程特点,建立组织结构,规定职务或职位,明确责权关系,以使组织中的成员互相协作配合、共同劳动,有效实现工程目标的过程。工程组织管理是对工程各利益相关方建立健全管理机构,合理配备人员,制定各项规章制度等工作的总称。具体地说就是为了有效地配置工程组织内部的有限资源,为了实现工程目标而按照一定的规则和程序构成的一种责权结构安排和人事安排,其目的在于确保以最高的效率,实现组织目标。组织管理的具体内容是设计、建立并保持一种组织结构。组织管理的内容有三个方面——组织设计、组织运作、组织调整。

(13) 工程财务管理:工程财务管理主要就是对工程项目过程中的资金进行管理,其对象是工程项目过程中的资金流转,以及由此形成的财务关系。工程财务管理涵盖工程建设资金运动的全部财务管理,包括资金预算、融资、资产管理、成本和费用管理以及这些过程中的风险控制。

(14) 工程风险管理:工程风险管理指识别和分析工程全寿命周期中可能存在的风险,并采取应对措施的系统性管理活动,主要包括风险识别、风险评估、风险应对和风险措施实时控制。这些程序不仅相互作用,且与其他一些区域内的程序互相影响。

(15) 工程信息化管理:工程信息化管理是根据工程目标,将现代信息技术与先进的工程管理理念相融合,通过信息管理系统把工程全寿命周期的设计、采购、建造、制造、财务、营销、经营、管理等各个环节有效集成,实现信息和资源共享,从而推动工程组织的商业模式、生产模式、运营模式和组织方式的优化,以更好地支持决策科学化、智能化和实时化,以更低的成本、更快的速度和更好的环境友好性,实现工程目标,快速响应外部环境变化,增强工程组织市场竞争力的管理活动。

从工程全寿命周期的角度,工程管理可以划分为:工程策划与决策管理、工程设计管理、工程实施管理、工程运行管理、工程维护管理、工程评估管理、工程退役管理等。

1.3　案例

中国载人航天工程是中国航天事业创立以来规模最庞大、系统最复杂、可靠性和安全性要求最高的工程。它是中国人为了探索太空,依据物理学、天体力学、航天医学等自然科学知识,航空航天、自动控制、计算机、通信等现代技术,以及工程管理理论与方法,科学组织100多家单位和数万人历经数十年协同攻关的现代工程。中国载人航天工程由航天员、空间应用、载人飞船、运载火箭、发射场、测控通信、着陆场和空间实验室八大系统组成。它是衡量一个国家综合国力和工程管理能力的重要标志。

中国载人航天工程发展战略:中国政府于1992年决定实施载人航天工程,并确定了三步走的发展战略。第一步,发射载人飞船,建成初步配套的试验性载人飞船工程,开展空间应用实验;第二步,突破航天员出舱活动技术、空间飞行器的交会对接技术,发射空间实验室,解决有一定规模的、短期有人照料的空间应用问题;第三步,建造空间站,解决有较大规模的、长期有人照料的空间应用问题。

中国载人航天工程的发展阶段:自1992年起,中国载人航天工程经过8年的技术和工程开发,"神舟号"系列飞船分别于1999年11月20日、2001年1月10日、2002年3月25日和2002年12月30日成功进行了4次无人试验发射,2003年10月15日成功实现了载人飞行。2005年10月12—17日,神舟六号载人航天飞船实现"两人飞天"的载人航天飞行。2008年9月25日,成功发射神舟七号载人飞船,顺利完成空间出舱活动和一系列空间科学试验任务。2011年11月1日,顺利发射神舟八号飞船,3日凌晨飞船与天宫一号成功实现首次交会对接。2012年6月16日,成功发射神舟九号飞船,圆满完成载人交会对接任务。2013年6月11日,成功发射神舟十号飞船,开创了中国载人航天应用性飞行的先河。

神舟五号和神舟六号飞行任务的圆满成功,标志着实现了工程第一步任务目标。神舟七号飞行任务的圆满成功,标志着我国掌握了航天员空间出舱活动的关键技术。天宫一号与神舟八号和神舟九号交会对接任务的圆满成功,标志着我国突破和掌握了自动和手动控制交会对接技术。神舟十号飞行任务是工程第二步第一阶段任务的收官之战。

中国载人航天工程的组织管理体系:为加强对工程的领导,中国政府设立了中国载人航天工程办公室,实施大型系统工程专项管理,统筹协调工程各系统110多家研制单位、3000多家协作配套和保障单位的有关工作。中国载人航天工程办公室的基本职能是统一管理中国载人航天工程的发展战略、规划计划、总体技术、科研生产、条件建设、飞行任务组织实施、应用推广、国际合作和新闻宣传等工作。

中国载人航天工程按行政、技术两条指挥线组织开展研制、建设工作,设立了总指挥、总设计师联席会议制度,由联席会议研究决定工程实施过程中的重要问题,重大决策报请国务院批准后实施。工程总指挥、副总指挥分别由总装备部、工业和信息化部、中国科学院和航天科技集团公司领导担任。工程总设计师、副总设计师由技术专家担任。

中国载人航天工程办公室按照工程总指挥、总设计师联席会议的决定,对工程的计划、技术、质量等进行全系统、全过程的管理,统筹协调工程各部门、各系统的工作,主要负责组织指导、协调各任务单位开展研制建设和试验任务,在技术方案、科研计划、条件保障、质量控制、运营管理上实施全方位、全过程、全寿命的组织管理。办公室对外代表中国政府与世界其他国家(地区)航天机构和组织开展载人航天国际合作与交流。

中国载人航天工程的八个子系统分别由不同行业领域的专业单位在中国载人航天工程办公室的统一指挥和协调下协作完成。载人飞船系统和空间实验室系统由航天科技集团公司第五、第八研究院为主负责研制,运载火箭系统由航天科技集团公司第一研究院负责研制;空间应用系统由中国科学院有关研究所为主负责研制;航天员、发射场、测控通信及着陆场系统由相关研究单位负责研制建设;测控通信设备主要由电子科技集团有限公司有关厂所负责研制。

中国载人航天工程的价值:载人航天工程的实施,使中国突破了飞船研制技术、高可靠性的运载火箭技术、轨道控制技术、回收技术等国际航天界公认的技术难题,具备了这一领域的核心竞争力,带动了基础学科、应用学科和技术学科各方面的发展;形成了具有管理创新的航天型号项目管理模式和综合管理体系;培养和造就了航天科技骨干队伍,奠定了中国进军航天高尖端领域的人才基石;建设了一大批具有世界先进水平的空间实验室,提升了航天科研生产能力和水平;建立了一整套具有自主知识产权的载人航天工程标准和规范,为航天科技的可持续发展积累了经验。

载人航天工程的成功,体现了中国的综合国力和整体科技水平,表明中国完全有能力独立自主地掌握尖端技术,攻克难题,使中国成为继俄罗斯和美国之后,世界上第三个自主发展载人航天技术的国家;提升了中国航天大国的地位,为探月工程和深空探测奠定了坚实的基础。自中国载人航天工程实施以来,广大科研人员、部队官兵和职工艰苦奋斗、顽强拼搏,铸就了"特别能吃苦、特别能战斗、特别能攻关、特别能奉献"的载人航天精神。

思考题

    1. 工程和工程活动包括哪些特性?

    2. 工程管理的内涵包括哪些内容?

    3. 工程管理的主体包括哪些?

    4. 阐述工程管理的目标和内容。

参考文献

[1] 中国载人航天工程办公室. 中国载人航天工程简介[EB/OL]. [2021-08-01]. http://www.cmse.gov.cn/gygc/gcjj/.

[2] 杨盛标,等. 工程范畴演变考略[M]//刘则渊,王续琨. 工程·技术·哲学,大连:大连理工大学出版社,2002:35.

[3] 中国工程院. 我国工程管理科学发展现状研究:工程管理科学专业领域范畴界定及工程管理案例[C]. 北京:中国工程院咨询课题,2009.

[4] HARMS A A,et al. Engineering in time[M]. London:Imperial College Press,2004.

[5] 殷瑞钰,汪应洛,李伯聪. 工程哲学[M]. 3版. 北京:高等教育出版社,2018.

[6] 朱京. 论工程的社会性及其意义[J]. 清华大学学报(哲学社会科学版),2004(6):45.

第2章

工程系统分析

工程系统可包括工程技术系统、工程全寿命周期过程、工程环境系统和工程利益相关者。

2.1 工程技术系统结构

工程作为一个整体系统而言,具有一定的功能。它通常由许多分部组合而成,是具有一定系统结构形式的综合体。工程技术系统是具有一定使用功能或实现价值要求的系统。它占据一定的空间,有自身的系统结构形式。不同种类的工程,其系统构成形态是相似的。一个工程通常由许多分部组合而成,可以按照系统方法进行结构分解,得到工程系统分解结构。

(1)功能面。工程是由许多空间分部组合起来的综合体。这些部分有一定的作用,在总系统中具有一定的使用功能,如提供特定产品(或中间产品)或服务,通常被称为功能面。

(2)专业工程系统。每个功能面是由许多有一定专业属性的系统构成的,各个专业工程系统在工程系统中有不同的作用。例如,学校的教学楼提供教学功能,它包括建筑学、结构工程、给水排水工程、电力工程、消防工程、通风工程、通信工程、控制工程、多媒体、语音、智能化、电梯等专业工程系统。这些专业工程系统不能独立存在,必须通过系统集成共同组合成教学楼的功能。

在工程管理领域,工程技术系统是一个十分重要的概念。

(1)由于工程的策划、建设和运行都是针对工程技术系统的,在工程全寿命周期中,工程技术系统有如下作用。

① 工程规划就是对工程技术系统的各功能区的规模和空间布置定位,应以工程技术系统为依据。

② 各专业工程设计就是按照工程技术系统对各专业工程系统进行技术说明。工程技术系统决定了设计单位的专业组织,以及设计成果(如图纸、规范)的分类。

③ 工程技术系统决定了工作分解结构(work breakdown structure,WBS)。在工程项目管理中,必须先将工程系统分解到足够的细度,得到工程技术系统,再分析工程技术系统在经过项目各阶段时需要完成的活动,归纳这些活动,就得到 WBS。这样才有工程项目中的各项职能管理工作。

④ 工程运行是各个功能区和专业工程系统综合作用的过程,工程的维护、更新改造、健康诊断都是针对工程技术系统的。

⑤ 作为工程全寿命周期管理的对象,如工程全寿命周期费用的核算和评价,必须基于按照标准化的工程技术系统进行费用统计、分析和核算。

⑥ 工程技术系统作为贯穿于工程全寿命周期的唯一载体,工程全寿命周期信息应该在工程技术系统上汇集。

(2) 工程技术系统定义了工程的系统结构,作为各个工程专业和工程管理专业共同工作的对象,对各个专业具有统一性,能够为工程中各个专业、各个参加者共用。

对一个工程,在工程功能规划完成后,工程技术系统的框架就确定了,如果没有重大的规划和设计变更,以及在运行过程中没有进行更新改造、改建或扩建,则工程技术系统基本上是不变化的。所以,在工程全寿命周期中工程技术系统具有统一性和稳定性。

不同类型(领域)的工程管理的差异将仅仅是工程系统结构的不同。

(3) 在一个工程领域中,工程技术系统具有一致性和确定性。如两栋教学楼,它们的外形、结构、高度可能存在差异,但它们所包含的专业工程系统结构却几乎是相同的。针对一个工程领域,工程技术系统的标准化是专业工程系统标准化和相关职能管理标准化的基础,同时又是工程全寿命周期管理标准化的基础。

(4) 工程技术系统有效应用需要解决的问题。工程技术系统为工程全寿命周期各阶段、各专业、各种管理职能提供一个共同的平台。

2.2　工程全寿命周期过程

不同类型和规模的工程全寿命周期都可以分为如下五个阶段。

2.2.1　工程构思阶段

1) 工程的构思

工程构思是对工程机会的思考,它常常出于组织(如国家、地区、城市、企业)现存的问题和发展战略上。不同的工程可能有不同的起因。

(1) 社会系统运行存在问题或困难。如城市道路交通拥挤不堪,这些问题和困难都可以用工程解决,产生对工程的需求,可能是新建工程,也可能是扩建工程或更新改造。

(2) 为了实现组织的发展战略。例如,为了实现国家、地方的社会和经济发展战略,通常是通过工程实施的,则必然有许多工程需求。如为了实现大湾区的发展战略,需要建设连接海峡两岸暨香港、澳门的基础设施,如港珠澳大桥。一个国家或地方的发展战略,或发展计划常常包含许多新的工程。重大科技工程立足于国家重大战略需求,如500m口径球面射电望远镜(five-hundred-meter aperture spherical radio telescope,FAST)工程。

再如,企业通过市场调查研究发现新的投资机会,有利的投资地点和投资领域。工程应以市场为导向,应有市场的可能性和可行性。所产生的对工程所提供的最终产品或服务的市场需求,都是新工程机会。

2) 确定工程要达到的预期总体目标和总体实施方案

(1) 工程建设项目总目标是工程建设和运行所要达到的结果状态,它将是工程总体方案策划、可行性研究、设计和计划、施工、运行阶段的管理依据。

工程建设项目总目标通常包括功能目标(功能、产品或服务对象定位、工程规模)、技术目标、时间目标、经济目标(总投资、投资回报)、社会目标、生态目标等指标。这些目标因素通常由上述问题的解决程度、上层战略、环境的制约条件等确定。

(2) 工程总体实施方案是对工程系统和实施方法的初步设想,包括工程总的产品方案和设计、实施、运行等,如工程总布局、设计方案和总体建设方案、工程建设项目阶段划分、融资方案等。

3) 提出工程建设项目建议书

工程建设项目建议书是对工程构思情况和问题、环境条件、工程总体目标、工程总体实施方案等的说明和细化,同时提出需要进一步研究的各个细节和指标,作为后续可行性研究、技术设计和计划的依据。它已将工程目标转变成具体的实在的工程建设任务。

4) 进行工程建设项目的可行性研究和评价

可行性研究是对工程建设项目总目标和总体实施方案进行全面的技术经济论证,看能否实现目标。它是工程前期策划阶段最重要的工作。

5) 工程立项决策

根据可行性研究和评价的结果,由上层组织对项目立项做出决策。

2.2.2 工程的设计和计划阶段

从工程批准立项到现场开工是工程的设计和计划阶段。这是工程形象的形成阶段,通过设计文件(图纸、规范、实物模型)虚拟化描述工程的形象和运行功能,通过计划文件描述建设和运行状况。不同的工程领域,由于工程系统的差异性,这阶段的工作任务和过程有一定的差异,通常包括如下工作。

1) 工程建设管理组织的筹建

工程立项后,就应正式组建工程建设管理组织,也就是通常意义上的业主,由他负责工程的建设管理工作。

2) 工程规划

工程规划指对整个工程系统进行总体布局。

工程规划是按照工程任务书和总目标的要求,进行工程功能分析,进而确定工程系统的范围和结构,确定各个功能区的空间位置和规模。对于建设工程,工程规划必须按照城市规划对工程的要求(包括用地范围的建筑红线、建筑物高度和密度的控制等)进行。

工程规划的最终结果主要是工程规划图、功能分析表,以及工程的技术经济指标。

(1) 规划图描述工程的空间位置和范围(用红线描述工程界限),并将工程的主要功能面(如分厂、车间、道路)在总平面图或空间上布置。

(2) 功能分析表是按照工程的目标和最终用户需求构造工程主要功能和辅助功能,以及它们的子功能,进行空间面积分配。

(3) 建设工程规划的技术经济指标主要包括规划的用地面积、建筑面积、建筑密度、建筑覆盖率,有时还包括停车位数量等的统计和归纳。

3) 工程勘察工作

工程勘察是指采用专业技术手段和方法对工程所在地的工程地质情况、水文地质情况进行调查研究,对工程场地进行测量,以对工程地基做出评价。它为工程的地基基础设计提供参数,对工程设计和施工以及地基加固和不良地质的防治提出具体的方案和建议,对工程的规划、设计、施工方案、现场平面布置等有重大影响。通常勘察工作的成果包括勘探点平面布置图、综合工程地质图或工程地质分区图、工程地质剖面图、地质柱状图或综合地质柱状图、有关测试图表等。

4）工程技术系统设计

按照工程规模和复杂程度的不同,工程的技术系统设计工作阶段划分会有所不同,一般经过如下过程。

（1）方案设计。方案设计是在工程系统规划的基础上深化各个专业工程的实现方案,如主要的建筑方案、结构方案、给水排水方案、电气方案等。确定工程内部各种使用功能的合理布置,还要考虑和处理建筑物与周围环境的关系,建筑物与城市交通或城市其他功能的关系,使工程符合城市规划的要求,成为城市有机整体的组成部分。

（2）初步设计。初步设计是在方案设计基础上的进一步深化,重点要解决实现方案设计的技术难点,有时初步设计做得较深入,也叫扩大初步设计。初步设计最终提交的文件包括设计说明书、初步设计图纸、概算书等。

（3）技术设计。对技术上比较复杂的工业工程,需要增加技术设计过程。技术设计又叫工艺设计,对于不同的工程而言,技术设计具有不同的内容。

（4）施工图设计。施工图是按照专业工程系统（如建筑、结构、电气、给水排水、暖通等工程）对工程进行详细描述的文件。在我国,施工图是设计和施工的桥梁,是直接提交施工招标的文件,是施工单位进行投标报价、制定施工方案和安排施工的技术文件。

施工图不仅要描述各个细部的构造方式和具体做法,还要具体体现细部与整体、各个专业工程系统之间的相互关系。

施工图设计文件包括所有专业工程的设计图纸（含图纸目录、说明和必要的设备、材料表）和工程预算书。施工图设计文件的深度根据不同的工程,有不同的要求。

5）编制工程实施计划

编制工程实施计划,即对工程建造过程进行全面、系统的计划,做出周密的安排。

（1）按照批准的工程项目任务书提出的工程建设目标、规划和设计文件编制工程总体实施规划。总体实施规划是对工程建设和运行的目标、范围、实施策略、实施方法、实施过程、费用（投资预算、资金）、时间（进度）、采购和供应、组织、管理过程做出全面的计划和安排,以保证工程总目标的实现。

（2）随着设计的逐步深化和细化,按照总体实施规划,还要编制工程详细的实施计划。详细的实施计划要对工程的实施过程、技术、组织、费用、采购、工期、管理工作等分别做出具体详细的安排。

随着设计的不断深入,实施计划也在同步细化,即每一步设计都应有相应的计划。如对工程费用（投资）,初步设计后应做出工程总概算,技术设计后应做出修正总概算,施工图设计后应做出施工图预算。同样,实施方案、进度计划、组织结构也在不断细化。

2.2.3 工程实施阶段

工程实施阶段从现场开工到工程竣工、验收交付为止。这是工程实体的形成阶段,工程施工单位、设计单位、供应商、项目管理公司通力合作,按照实施计划和合同完成各自任务,将设计蓝图经过施工过程一步步形成符合要求的工程实体。

1）实施前准备工作

现场平整和临时设施搭设，使现场具有可实施条件。图纸会审和技术交底。通过这些工作，使业主、设计单位人员、施工人员互相沟通，使施工单位熟悉和了解所承担工程任务的特点、技术要求、工程难点以及工程质量标准，充分理解设计意图，保证工程施工方案符合设计文件的要求。编制各分项工程详细施工方案、工期计划，并进行施工过程模拟。组织施工资源进场，并按照施工计划要求持续地保障资源的供应。

2）实施过程

实施过程中有许多专业工程的施工活动。例如，一般的房屋建筑工程有如下工程施工活动。土建工程施工，如工程定位放线、基础和地下工程施工、主体结构工程施工等；配套设施工程施工，如给水排水、电气、消防、暖通、除尘和通信工程的施工活动，它们常常要与主体结构施工搭接；工程设备安装，如电梯、生产设备、办公用具、特殊结构、钢结构吊装等施工活动；装饰工程施工，包括外装修和内装修；楼外工程施工，如楼外管道工程、道路工程、绿化景观工程、照明工程等。

在工程施工中要安排好各个专业搭接，如在结构工程施工中要为设备安装预埋件，为给水排水工程、暖通工程、电气、智能化综合布线工程预埋管道和预留洞口等。

3）竣工验收

当按照工程建设任务书，或设计文件，或工程承包合同完成规定的全部内容，即可以组织工程竣工检验和移交。

（1）工程验收准备工作。包括进行逐级逐项检查，看是否按设计文件及相关标准完成预定范围的工程（建筑物、构筑物、生产系统、配套系统和辅助系统），是否有漏项；拆除各种临时设施，清理施工现场等。

（2）竣工资料的准备。包括竣工图的绘制，竣工结算表的编制，竣工通知书、竣工报告、竣工验收证明书、质量检查等各项资料（结构性能、使用功能、外观效果）的准备。

竣工资料是竣工验收和质量保证的重要依据之一，也是工程交接、运行维护和项目后评价的重要原始凭据。有些资料还是城市建设历史档案，要向城市建设档案管理部门提交。因此，工程资料验收是竣工验收的前提条件，只有资料验收合格，才能开始竣工验收。

（3）工程竣工验收。在所属各功能区（单项或单体工程）和专业工程系统（或单位工程）竣工验收基础上进行整个工程的竣工验收。需要验证竣工工程与规划文件、规划许可证、设计和工程建设计划等的一致性。验收合格后签发竣工验收报告，并进行工程竣工验收备案。

（4）工程移交工作。移交过程有各种手续和仪式。这标志着整个工程施工阶段结束，业主正式确认工程产品、服务或成果已经满足预定的要求，并正式接受合格的工程，工程系统进入运行（使用）阶段。对工业工程，在此前要共同进行试生产（试车），进行全负荷试车，或进行单体试车、无负荷联动试车和有负荷联动试车等。

（5）进行工程竣工决算。竣工决算通常包括竣工财务决算说明书、决算报表、工程造价分析表等资料。

2.2.4　工程的运行阶段

运行阶段是工程从建设阶段结束，投入使用，到报废拆除的过程。在这个阶段，工程通过运行实现它的使用价值。

在运行阶段有如下工作：工程的使用单位投入原材料、能源、劳动力、技术、信息等，通过工程运行过程生产产品或提供服务，满足人们的需要。在运行过程中需要对工程进行正常性维护管理，以确保工程系统处于正常的健康的运行状态，能够安全、稳定、低成本、高效率运行，并保障人们的健康，节约能源、保护环境。在这一阶段要对工程进行经常性和阶段性维修，这对于保证工程良好的运行状态，延长工程使用寿命有很大作用。就像人一样，要有经常性体检，经常性健康诊断，发现病症就要治疗。由于工程的各个专业工程系统的寿命期是不一样的（如高层建筑的设计寿命为 100 年，而其中的电梯设计寿命为 15 年），所以在运行过程中还要对已经达到使用寿命或已经损坏的专业工程系统进行更新。由于社会要求的变化，产品转向，常常需要扩大功能，更新产品或使用功能等，需要对工程进行更新改造、扩建等工作。

2.2.5　工程寿命周期结束阶段

最终，工程寿命周期结束，退出运行，报废，被拆除，工程实体灭失。对于不同的工程，遗址会有不同的处理：①在遗址上建设新的工程，这是最常见的，需要进行原工程的拆除、原工程基础的处理等工作。工程的拆除和遗址的处理工作通常由新工程的建设者负责。②在原址上不进行新工程建设，直接遗弃，或通过环境工程的方法进行生态复原，如现在许多地方对废弃的矿山进行生态复原，打造休闲景点。③在遗址上进行改造，使原有工程功能甚至实体形态进行彻底转换，如将废弃的工业厂房改造转变成艺术家工作室。有些工程，如核电工程运行寿命周期不长，一般为 30～50 年，但运行后不能拆除，需要对报废的工程遗址进行长期维护。

2.3　工程环境系统结构

工程环境是指对工程的建设、运行有影响的所有外部因素的总和，它们构成工程的边界条件。

1）自然环境

自然地理状况，如自然风貌、地形地貌状况；地震设防烈度及工程建设和运行期地震的可能性；地下水位、流速；地质情况，如土类、土层、容许承载力、地基稳定性，可能的流砂、暗塘、古河道、溶洞、滑坡、泥石流等。生态环境，主要是指工程所在地及周边的动物、植物、微生物等多种生命形式构成的有机体系统，如动植物分布、物种和物候情况。气候条件，指可以供工程使用的各种自然资源的蕴藏情况。

2）经济环境

经济环境指社会的发展状况：该国、当地、该城市处于一个什么样的发展阶段和发展水平；国民经济计划的安排，国家工业布局及经济结构，国家重点投资发展的工程领域、地区等；国家的财政状况，赤字和通货膨胀情况；国家及社会建设的资金来源，银行的货币供应能力和政策；市场情况，如市场对工程或工程产品的需求，市场容量、购买力、市场行为，现有的和潜在的市场，市场的开发状况等。

3）政治环境

政治环境指工程所在地（国）的政府和政治制度。政治局面及其稳定性，如有无社会动乱、政权变更、种族矛盾和冲突,宗教、文化、社会集团利益的冲突。政府对本工程态度,提供的服务,办事效率,政府官员的廉洁程度。政府是现代社会运行的组织者和管理者,在一些社会工程和重大工程的规划、决策、设计、实施、评估等环节,政府扮演着极其重要的角色。与工程有关的政策,特别对工程有制约的政策,或向工程倾斜有促进的政策。

4) 法律环境

法律环境是指工程在一定的法律环境中实施和运行,适用工程所在地的法律,受它的制约和保护。法律的完备性,法制是否健全,执法的严肃性,投资者能否得到法律的有效保护等;与工程有关的各项法律和法规,如规划法、合同法、建筑法、劳动保护法、税法、环境保护法、外汇管制法等;国家的土地政策;对与本工程有关的税收、土地、金融等方面的优惠条件;各项技术规范和规范性文件。

5) 文化环境

建筑文化环境,如当地传统的建筑风格。社会人文方面,如工程所在地人们的观念、文化素质、价值取向、商业习惯、风俗和禁忌、诚实信用程度等。周边组织(如居民、社团)对工程的需求、态度,对工程的支持或可能的障碍情况。技术环境,包括涉及工程建造和运行相关的技术水平、技术政策、技术标准、技术规范、新产品开发能力以及技术发展动向,工程相关的技术教育和职业教育情况等。工程所需的规划人员、设计人员、管理人员和劳务人员的技术熟练程度、工作效率、吃苦精神、团队精神、遵章守纪情况等。

6) 其他方面

如工程周围基础设施、场地交通运输、通信状况,其中包括场地周围的生活及配套设施,如粮油、副食品供应、文化娱乐、医疗卫生条件;现场及周围可供使用的临时设施;现场周围公用事业状况,如水、电的供应能力、条件及排水条件;现场以及通往现场的运输状况,如公路、铁路、水路、航空条件、承运能力和价格;各种通信条件、能力及价格;工程所需要各种资源的可获得条件和限制。

2.4　工程利益相关者

工程利益相关者包括承担工程相关工作的主体,与工程相关的各利益主体,受工程影响并作为工程环境的社会各方面。他们构成工程相关者,或工程利益相关者。工程相关者是与工程建设和运行过程利害相关的人或组织,有可能通过工程获得利益,也可能受到损失或损害。工程相关者的范围非常广泛,特别是公共工程,涉及社会各个方面,具体构成工程的社会结构。工程相关者在很大程度上反映工程的社会属性。

1) 工程产品的用户

用户即直接购买或使用工程最终产品的人或单位。工程的最终产品通常是指在投入运行后所提供的产品或服务。例如,房地产开发项目的产品使用者是房屋购买者或用户;城市地铁建设工程最终产品的使用者是地铁的乘客。

有时工程的用户就是工程的投资者,如某企业投资新建一栋办公大楼,则该企业是投资者,该企业使用该办公大楼的科室是用户。

用户决定工程产品的市场需求,决定工程存在的价值。如果工程产品不能被用户接受,或用户不满意,不购买,则工程没有达到它的目的,失去它的价值。

2）投资者

工程投资者通常包括工程所属企业、对工程直接投资的财团、给工程贷款的或参与工程项目融资的金融单位（如银行），以及我国实行的建设项目投资责任制中的业主单位。投资者为工程提供资金，承担投资风险，行使与所承担的风险相对应的管理权力，如对工程重大问题的决策权，在工程建设和运行过程中的宏观管理、对工程收益的分配权利等。

在现代社会，工程的资本结构是多元化的，融资渠道和方式很多，如政府独资（如公共工程）、企业独资、中外合资、BOT（建造—运营—转让）方式等。则工程投资者也是多元化的，可能有政府、企业、金融机构、私人、本国资本或外国资本等。

3）业主（建设单位）

"业主"一词主要体现在工程的建设过程中。建造一个工程，投资者或工程所属企业必须成立专门的组织或委派专门人员以业主的身份负责工程管理工作，如我国的基建管理部门、建设单位等。相对于工程设计单位、承包商、供应商、项目管理单位（咨询、监理）而言，业主是以工程所有者的身份出现的。

投资者和业主的身份在有些工程中是一致的，但有时又可能不一致。一般在小型工程中，业主和投资者（或工程所属企业）的身份是一致的。但在大型工程中他们的身份常常是不一致的，这体现出工程所有者和建设管理者的分离，更有利于工程的成功。

4）工程建设任务承担者

工程建设任务承担者包括承包商、供应商、勘察设计单位、咨询单位（如项目管理公司、监理单位）、技术服务单位等。其通常接受业主委托完成工程任务，为工程建设和运行投入管理人员、劳务人员、机械设备、材料、资金、技术，并获得相应的工程价款。

5）工程所在地的政府以及为工程提供服务的政府部门、基础设施的供应和服务单位

政府是现代社会运行的组织者和管理者，在工程中的角色具有多重性，如政府通过颁布相关工程法律、制度等手段，实现对工程活动的监督和管理（如对招标投标过程监督和对工程质量监督），并保护各方面利益，用法律保证工程的顺利实施；作为城市建设的规划者、组织者、审批者，发放工程所需要的各种许可，如立项审批，城市规划审批；为工程提供公共服务；负责大型基础设施、文化教育事业工程、水利工程、科学研究工程、军事工程、环境治理工程、宇航工程，以及一些跨地域工程等的实施。这些工程具有很强的公益性和社会性。

6）工程的运行和维护单位

运行和维护单位是在工程建成后接受工程的运行和维护任务，其直接使用工程系统生产产品，或提供服务。例如，城市地铁建设工程，运行和维护单位是地铁运营公司和相关生产者（包括运行操作人员和管理人员）。住宅小区的运行和维护单位是它的物业管理公司。

7）工程所在地周边组织

工程所在地的周边组织包括工程所需土地上的原居民、工程所在地周边的社区组织和居民等，如被拆迁的人员，为工程贡献出祖居的房屋和土地，要搬迁到另外的地方生活。

8）其他利益相关者

如果由于工程涉及自然环境、社会公众利益，则新闻媒体、非政府组织（如环保组织）、非营利组织等也是利益相关者。

2.5 案例

港珠澳大桥是中国珠三角伶仃洋海域上一座连接香港、珠海、澳门的桥、岛、隧超级集群工程,大桥路线起自香港国际机场附近的香港口岸人工岛,向西接珠海/澳门口岸人工岛、珠海连接线,止于珠海洪湾,总长约 55km。根据粤港澳三地政府达成的共识,海中桥隧工程香港段(起自香港散石湾,止于粤港分界线,下同)、粤港澳三地口岸和连接线由粤港澳三地政府分别建设和运营,主体工程(粤港分界线至珠海和澳门口岸段)由粤港澳三地共同组建的港珠澳大桥管理局负责建设、运营、管理和维护。

1)工程技术系统

大桥主体工程采用桥、岛、隧组合方案,总长约 29.9km,其中穿越伶仃西航道和铜鼓航道段约 6.7km 采用隧道方案;东、西两端各设置一个海中人工岛;其余路段约 23.2km 采用桥梁方案,分别设有寓意三地同心的"中国结"青州桥、人与自然和谐相处的"海豚塔"江海桥,以及扬帆起航的"风帆塔"九洲桥三座通航斜拉桥。双向六车道高速公路标准建设,设计速度采用 100km/h,桥梁总宽 33.1m,隧道宽度采用 2m×14.25m,净高采用 5.1m,全线桥涵设计汽车荷载等级采用公路-Ⅰ级,同时满足香港《道路及铁路结构设计手册》(*Structure Design Manual for Highways and Railways*)中规定的活荷载要求,设计使用寿命 120 年。其他技术标准符合原交通部发布的《公路工程技术标准》(JTG B01—2003)中的规定。通航标准按交通运输部《关于港珠澳大桥通航净空尺度和技术要求的批复》(交水发〔2008〕97号)执行。

2)工程全寿命周期

早在 1983 年,香港著名企业家胡应湘先生首次提出跨珠江口兴建伶仃洋大桥的伟大设想,建筑师出身的他亲自绘图、设计,多次带领团队沿珠江口东西两岸进行实地调研,最终形成初具雏形的《兴建内伶仃大桥的设想》。2003 年 7 月 31 日,在北京召开的第四次内地与香港大型基础设施协作会议上,粤港澳及珠海市代表确认了港珠澳大桥的必要性和迫切性,并一致认为项目应及早启动。2003 年 8 月 4 日,中央政府正式批准粤港澳三地政府成立"港珠澳大桥前期工作协调小组"。2004 年 4 月,港珠澳大桥前期工作协调小组办公室成立。2009 年 10 月 28 日,时任国务院总理温家宝主持召开了国务院常务会议,正式批准了港珠澳大桥工程可行性报告,标志着大桥前期工作已顺利完成。2009 年 12 月 15 日,大桥工程动工建设,进入建设期。2018 年 10 月 23 日,习近平总书记亲自出席大桥开通仪式,宣布大桥正式开通,进入运营期。港珠澳大桥主体工程的设计使用寿命是 120 年。

3)工程环境系统

(1)制度环境。港珠澳大桥主体工程由粤港澳三地共同建设,在"一国两制"下三地在法律法规、技术标准、管理程序等方面存在较大的差异性。

(2)自然环境。港珠澳大桥主体工程所处区域气候复杂多变,台风、暴雨等灾害性天气频发;而且主体工程所在的珠江口是国际海上交通及华南沿海交通的枢纽,日均船舶流量达 4000 艘次,是我国水上运输最繁忙、船舶密度最大的水域之一,也是海上交通事故频发的敏感区域。除此之外,工程建设区域还受到航空管制、景观管制等约束,工程建设环境极具复杂性。

（3）生态环境。港珠澳大桥主体工程处于珠江伶仃洋海域,穿越中华白海豚国家级自然保护区。中华白海豚被称为"海上大熊猫",对环境特别敏感,对海洋水质要求高。若根据中华白海豚的生态环保要求开展工程施工,按原有方案会使工期大幅度延长,但如果重新选择桥位,又很难说服三地政府等利益相关方。主体工程的生态复杂性,如何解决工程建设和中华白海豚保护之间的冲突成为大桥工程建设管理的重大挑战和难题。

4）工程利益相关者

三地政府有各自的设想和规划,对大桥建设目标的认知存在分歧。例如,在大桥落脚点、大桥桥位方案的选择上,三方在一定程度上存在利益冲突,而方案经论证、比较、协调到最后选定耗费了两年多的时间,甚至三地一度无法达成一致意见,项目前期工作出现停滞甚至搁浅的风险。此外,大桥主体工程规模巨大,涉及桥梁、隧道等多项工程,参建单位众多,形成了更为复杂的项目组织,给项目组织管理、协调等工作带来了挑战。

思考题

　　1. 试分析承包商如何从全寿命周期视角参与工程建设实施。

　　2. 试分析全寿命周期视角对费用、质量、进度三者的内涵和边界有何影响。

　　3. 试分析如何有效平衡实施阶段的目标和运营阶段的目标。

　　4. 试分析如何综合考虑工程利益相关者的利益诉求。

参考文献

[1]　成虎,宁延.工程管理导论[M].北京:机械工业出版社,2018.

[2]　汪应洛.工程管理概论[M].西安:西安交通大学出版社,2013.

第<big>3</big>章

工程的价值体系

工程价值是工程活动及其成果对人与社会需要的满足,工程的价值体系由工程价值观、工程的根本目的和使命、工程准则、工程总目标、工程伦理组成。

工程价值观建立在人们对工程、自然、社会和精神的科学认知基础上,在工程活动、工程实践中产生并应用于工程活动,指导工程实践,有助于工程成功;工程的根本目的是认识自然、改造自然、利用自然,满足人们的物质和文化生活的需要,实现社会的可持续发展;目的是使命的驱动力,工程的使命是由工程的目的引导出的,代表着工程建设者所承担的社会和历史责任,集中体现工程的核心价值;工程以"以人为本、敬畏自然、可持续发展、促进社会和谐"为准则规范工程活动,以确保做出正确合理的决策、计划和控制;工程总目标包括符合预期要求、具有良好的工程经济效益、满足工程相关者期望,它是工程的"命题",是对工程实施预期结果的描述,也是对工程最终状况的评价。工程价值是指工程对社会所具有的作用,即工程产品和服务对社会需要的满足关系和满足程度;工程伦理是指导工程活动的思维观念,是工程价值实现过程的操行守则,包含着对社会道德、工程道德等的哲学思考。工程的价值体系是工程和工程管理的灵魂,是整个工程共有的,超越具体工程专业和工程过程。

3.1 工程价值观

工程是人类为了生存和发展,实现特定的目的,有效利用资源,有组织地集成和创新技术,创造新的"人工自然",运行这一"人工自然",直到该"人工自然"退役的全过程的活动。一般来说,工程具有技术集成性和产业相关性。并且,创造新的"人工自然"与改变"自然物"的性状是相辅相成的。

在对工程的认识和实践活动中,人们逐渐形成了对于工程价值的各种看法,并形成了一定的工程价值观。工程活动始自农业文明社会,随着工程理论与工程实践的不断发展,工程价值的核心不断演进,其内涵也不断丰富与拓展,人们对工程活动的认识及价值观也随之不断变化。从历史的角度看,工程价值观经历了从古代价值观、传统价值观(主要指近代工程)到现代价值观的转变。

3.1.1 古代工程价值观

中国古代工程建筑中,以长城、都江堰、风景园林等最为著名。这些工程和建筑构思巧妙,建设精密,并配以完善的造价和质量管理。基于古代工程特点的系统总结,把主导这类工程的价值观归纳为"天人合一"的思想,认为"天人合一"是中国古代工程活动的中心思想,是中国古人的价值观、伦理观、自然观和审美观的综合表达。

3.1.2 近代工程价值观

近代工程价值观形成于工程科学之前,也称传统工程价值观,它缺乏对工程现象的系统研究和科学理论支撑,难免存在一定的局限性。这种局限性主要体现在工程认识视野的狭窄性和工程价值目标的单一性两个方面。在认识上,传统工程价值观把工程单纯地解释为专门技术的运用,认为工程活动仅仅是建设人工自然的实践活动,往往把人以及由人组成的社会过程排除在工程活动之外。在核心价值方面,传统工程价值观片面追求工程经济效益和运行效率的最大化,以质量、成本、工期、安全为四大控制目标。质量控制强调工程自身品质,质量应达到工程产品本身的标准;成本控制强调的是经济效益指标,追求完成工程所需费用最小化;工期控制强调的是效率指标,要求完成工程所需总体时间最小化;安全控制主要是在工程实践中以消除一切事故、避免事故伤害发生为主要目标。

3.1.3 现代工程价值观

在现代社会,可持续发展观已经深入人心,人们越来越关注人与自然、人与社会的和谐发展,从而形成了对工程以及工程活动的新认识,更高层次的现代工程价值观应运而生。现代工程价值观作为一种综合性价值观,"以人为本、天人合一、协同创新、构建和谐"是其核心的顶层理念;在具体内容上,现代工程价值观则是从政治价值、经济价值、社会价值和生态价值四个维度,对工程以及工程活动的价值内涵提出了更高的要求。

(1)政治价值层面。现代工程价值观要求工程管理者对工程所蕴含的政治价值以及工程所产生的政治效益引起高度重视。对政治价值的积极重视,出发点在于让工程或工程活动更好地服务于人民的根本利益,关键是让工程服务于公共利益而非私人利益,具体而言就是更好地改善民生和促进地方或区域的经济发展。与此同时,也要重视工程在追求政治价值时可能产生的私立化问题,避免产生"政绩工程"和"面子工程"。

(2)经济价值层面。现代工程价值观要求以工程的经济性作为工程实施的核心导向。现代工程价值观充分考虑工程以及工程活动的经济属性,要求工程管理者遵循市场机制,从工程的成本、效益、寿命周期等角度对工程的建设和运营进行评价,并加以管理。此外,现代工程价值观对工程经济价值的追求不是片面的,也要求在提高工程经济价值的同时对工程的质量、安全和功能等方面的重视。

(3)社会价值层面。现代工程价值观要求注重工程对社会层面的影响。现代工程价值观中,工程不仅是一种技术活动,还是一种社会活动。在工程活动中,技术要素与社会要素交织融合,技术结构的变化会促使社会关系结构的变革,使之与特定的技术结构关系相适应。同时,工程活动的准则与管理规范又要与特定的文化和社会目标相协调,特定的社会目标又规范着工程活动的模式、过程与特征。社会价值导向下的工程不仅是建设人工自然的过程,也是建设和谐社会的过程。

(4)生态价值层面。现代工程价值观要求将现代的生态诉求引入工程管理理念。对生态价值的追求要求在工程活动中最大限度地节约资源和保护环境,最终实现人与自然、人与社会的共生与和谐。现代工程价值观中对工程生态价值的追求以生态目标为导向,兼顾经济、社会、科技、环境等多重目标,赋予质量、成本、工期和安全等以新的内涵,要求工程管理者考虑节约资源、保护环境等生态方面的诉求,实行全寿命周期管理。

总而言之,现代工程价值观是当代学科交叉渗透的趋势下形成的对工程活动的新认识,反映了当代建设工程文化包容整体社会,同经济、文化、生态交叉融合、协调构建的新趋势,是对传统价值观的扬弃和超越。一方面,拓展了工程的内涵和外延。在内涵上,将科学、技术以及非技术要素融为一体,形成完整的工程活动系统,引领工程活动;在外延上,将生态系统和社会系统纳入工程系统,重视自然的内在规律以及工程对社会结构的影响。另一方面,现代工程价值观是多元的。随着现代工程的发展,工程价值观受到科学、技术、社会、环境以及伦理道德因素的影响,并形成与之对应的价值观,这些价值观相互联系,相互交织,共同指导工程实践。

3.2　工程的目的和使命

3.2.1　工程的目的

工程的目的是工程的初始命题,是工程的“公理”,是引导出其他命题的基本命题,在工程系统内是不需要也无法用其他命题加以证明的。工程是有目的有组织的实践活动,工程往往起源于某个(些)目的,科学健康、理性的目的是一个工程成功的基本出发点。工程的主要目的是改善人类赖以生存的物质条件,满足人类的社会需求。

在人类社会的进步过程中,工程曾经推进了社会的文明进步,并不断改善着人类的物质生活水平。对于一个具体的工程,其目的是通过建成后工程的运行,为社会提供符合要求的产品或服务,满足或实现人们的某种需要。这些需要可能是战略的、社会发展的、企业经营的、科研的、军事的需要,如改善居住、交通、能源应用及其他物质条件,提高物质生活水平;丰富人们的社会文化生活,特别是精神生活的需要;进行科学研究,探索外层宇宙空间,探索未知世界。因此,工程最基本的目的就是通过工程运行发挥功能价值,就是“用”。

3.2.2　工程的使命

1. 工程使命的内涵

使命指重大的任务或责任,工程使命是由工程目的及现代工程的重大影响引导出的,它的具体含义如下。

(1) 满足业主、用户或工程的上层系统(如国家、地区、城市、企业)的要求。工程最重大的责任是通过建成后的运行为业主或用户、为它的上层系统提供符合要求的产品或服务,以解决上层系统的问题,或为了满足上层系统的需要,或为了实现上层系统的战略目标和计划。如果工程建成后没有使用功能,就不能达到这个要求,则失去了它最基本的价值。

例如,建设一个住宅小区,却不能居住,则住宅小区没有完成它的使命;建一条高速公路,却经常损坏,人们不能正常使用,或没有达到预定的通行量和通行速度,则高速公路也没有完成它的使命。

（2）承担社会责任。工程的社会责任是工程对其在社会中存在的应答，包括工程应对社会做出的贡献及因未能履行应有职责而应当承担的过失。工程社会责任是一个历史性范畴，在不同时代由于工程活动的客观性质不同，工程需要担负的社会责任也就有所不同。工程社会责任最初主要担负为社会创造财富、增进民众福祉的责任。随着社会的发展、工程规模的扩大以及复杂性的增强，工程对社会、自然和生态环境的影响也越来越大，工程社会责任随之扩展到了避免危害公共安全、关注公平、维护生态平衡、珍惜天然资源、保存文化资产、实现可持续发展等各个方面。工程社会责任的关注点从注重为善转移到尽量不为恶，从增加社会福祉转变为减少现实的或潜在的公共危害。

（3）承担历史责任。工程的历史责任主要包括两点：一是保证工程质量、造福子孙后代；二是保护生态环境、兼顾后代发展。工程项目不仅要满足当代人的需求，达到其设计寿命，而且要承担历史责任，经得住历史的推敲，显示出它的历史价值。

2. 工程使命的作用

工程使命是工程准则的出发点，工程准则在工程使命的基础上使工程活动中应遵循的基本原则更加具体化。正确认识工程使命，在此基础上制定正确的工程目标，并在工程建设中具体执行和实现，集中体现工程的核心价值。明确工程使命能够帮助工程建设者树立正确的工程观、道德追求，承担社会和历史责任，实现人生理想。

3.3 工程的准则

工程的准则是在工程过程中做决策、制订计划和进行控制，解决一些重大问题所依照的基本原则。它对工程目标和行为有直接的规范作用，因此，工程准则应体现在工程总目标中，作为评价工程成功的尺度，同时又要具体化为工程伦理，作为人们的道德准则，约束人们的工程行为。

工程活动过程中要遵循的准则很多，如技术选择的经济性原则和效率原则，合同风险分配的公平原则和工程招标的公平性原则等。这些原则具体到工程建设过程中的具体环节，综观整个工程相关，一个成功的工程必须处理好工程与自然、工程与人、当代与后代、工程与社会的关系，应坚持"以人为本、敬畏自然、可持续发展、促进社会和谐"的工程准则进行工程活动。

工程都是为人类服务的，且一切工程活动必须依靠人，因此任何工程活动都必须"以人为本"。人是生活在自然环境和社会环境中的，工程活动的开展必须坚持"敬畏自然"的准则，遵循自然规律和法则。在工程建设中，应坚持可持续发展战略，从长远的角度出发，在满足社会经济发展需求的前提下，充分考虑环境的长远影响，兼顾后代发展，推动国家和社会的可持续发展。此外，工程应承担相应的社会责任，为构建和谐社会做出贡献，以当代工程观为指导，遵循科学规律、生态规律和社会规律，充分认识工程与社会、经济、文化、政治、环境相互作用的特点和规律，贯彻于工程全寿命周期，使各个方面的和谐能够综合实现。因此，"以人为本，敬畏自然，可持续发展，促进社会和谐"既是工程活动准则，也是工程管理的目标和核心。

3.3.1　以人为本

"以人为本"是春秋战国时期的管仲所提出的治国思想。"人"是社会构成的关键因素，也是促成社会进步和财富增值的根本动力。人是工程活动的最终目的，工程建设的最终目的是人；同时人是工程活动的根本动力，工程活动的开展离不开人。坚持"以人为本"的准则，处理好工程与人的关系，"以人为本"在工程活动中的重要体现如下。

1. 工程组织

工程组织是在尊重人的前提条件下，以最优的方式将工程人员组成有机整体，以有利于工程有序进行。工程组织的核心是"以人为本"，明确工程组织目标"为人"，为工程建设相关人员及用户利益服务，工程组织还要"管人"，在工程运行过程中运用各种管理职能包括计划、组织、指挥、激励等对工程作业人员进行管理，能够保证工程作业人员的安全、健康，保护其切身利益。工程组织还要"依靠人"，工程活动的开展离不开那些组织能力、工程实践能力、专业理论知识和职业道德品质十分优秀的人。

2. 工程安全

工程安全是工程管理准则中"以人为本"的基本底线。根据工程不同相关主体，工程安全包括人的安全和物的安全，其中最重要的是人的安全。在工程全寿命周期过程中，从安全设施、相关制度到工程产品必须保证工程相关人员的生命安全，将系统及环境中现实的与潜在的、显性的与隐性的各种危险因素、有害因素始终置于有效控制状态，获取安全保障，最大限度地减少人员和财产损失。

3. 工程文化

工程文化是人类在复杂的改变物质的实践活动中所产生和形成的以工程为分析和研究对象的文化。工程文化指工程活动的人性化，是工程中"以人为本"的具体体现，每项工程都有其特定的文化背景和环境条件，工程用户有独特的审美习惯和文化追求。工程的人性化设计不仅要满足人们的基本生活需求，还要满足其精神文化追求。工程文化应顺乎人性，以人为本，并应以追求工程与人、工程与社会之间的和谐为目标导向。此外，工程文化的作用是巨大的，它可以渗透到工程管理的方方面面，在工程建设过程中，加强工程队伍文化建设，不仅有助于工程创新、降低事故发生，更有助于提高工程人员的工作热情与工作质量，从而提升工程的综合效益。

3.3.2　敬畏自然

工程活动要遵循自然规律和法则，与大自然和平共处，建成环境友好型工程。

1. 现代工程解决与自然关系的基本理论

1）生态平衡论

在工程中，以原生态状况为标杆，保证在一定时间和一定区域范围内，生物资源量相对稳定，从而使该生态系统的结构和功能也能处于相对稳定的状态，维护自然界的整体性和生物的多样性。

2）环境友好论

在工程中追求经济、生态、社会平衡发展,最大限度地节约资源、保护环境和减少对生态环境的污染,以达到人与自然、人与社会的和谐发展。

2. 环境友好型工程的基本要求

应用绿色经济和循环经济的理论和方法,通过有益于环境,或与环境无对抗的工程行为,使工程与环境协调,实现工程目标,建立人与环境良性互动的工程关系。

(1)工程活动的影响不应超过生态环境的承载能力,追求工程与自然生态环境的和谐。工程的实施应顺应自然,减少对环境的影响,保护生态平衡,减少污染,降低排放,建设环境友好的、低碳消耗的、绿色的工程。

(2)在达到工程功能目标和保证工程质量的前提下,尽可能节约使用自然资源,特别是不可再生资源,特别要节约使用土地,获得环境友好型的工程系统、工程产品(或服务)。

采用循环经济方法,通过更高效、更经济的技术和流程,把清洁生产、资源综合利用、生态设计和可持续消费等融为一体,对废物做减量化、资源化和无害化处理,使工程系统和自然生态系统的物质和谐循环。在资源使用上体现循环经济三原则。

① 减量化原则,就是使用较少的资源达到或者超过既定的目标。在满足功能要求的情况下,尽量简洁,使工程建设和运行低能耗并低碳。

② 再使用原则,是不仅要延长产品的使用寿命,而且尽可能使工程资源循环重复使用。

③ 再循环原则,充分和循环利用工程中产生的废弃物,包括工程施工中的废弃物,工程运行(生产)中、工程产品消费和报废过程中、工程被拆除后产生的废弃物。

(3)工程要有相应的环境保护系统,有完整的环境保障体系。例如,在工程中加大绿化环境工程的投入,建设"三废"处理的设施,在施工中尽可能采用生态工法,保持工程的生态功能,减少对当地生态环境的损害,应用环保、清洁的施工技术和产品生产工艺。在工程运行中,污染处理设施也应有效运行,不能作为一个摆设。

近几十年来,许多工程纷纷以环境作为热点,如"绿色建筑""生态小区""节能小区""低碳城市"等。我国的奥运工程就以"绿色奥运"作为口号。青藏铁路建设也是环境友好型工程的典范,如为了保护高原植被,在施工前将原高原植被连同表土铲下来,保护好,在工程竣工后再复原;为了保护藏羚羊的迁徙通道,在许多地方建立高架桥。

3.3.3　可持续发展

1987年,世界环境与发展委员会出版的报告《我们共同的未来》,将可持续发展定义为"既能满足当代人的需要,又不对后代人满足其需要的能力构成危害的发展"。工程活动为人类社会创造了新的生活环境,推动了人类文明的进步,成为人类社会现代文明的重要标志,然而工程活动也会占据一些自然环境,消耗一些自然资源,并且会污染环境甚至导致生态失衡,所以在进行工程建设的同时要重视可持续发展战略的实施,在为当代人创造美好生活的同时,兼顾后代的发展。我国自改革开放以来经济得到了快速发展,但是与此同时不可避免地伴随产生高能耗、环境污染问题,导致生态环境遭到了一定的破坏。若一个国家存在大量工程是不可持续的,则不会有国家和社会的可持续发展。

我国可持续发展战略的核心指导思想是,在资源可持续利用和良好的生态环境基础上,保持经济增长的速度和质量,谋求社会的可持续发展,强调在土地和自然资源等方面给后代留有再发展的余地,做到人与环境的和谐相处,社会自然系统协调发展,不仅要满足当代人的经济和社会发展需求,而且要保证后代人的发展余地。工程建设须坚持"可持续发展"准则,保证工程自身可持续的同时,充分考虑工程对环境的长远影响,不损害后代利益。工程"可持续发展"准则的实现体现在工程良好的环境效益、经济效益与社会效益上。

1. 工程的环境效益

工程的环境效益指在工程建设过程中考虑自然环境对工程的承载力,多采用可循环利用的资源,提高资源利用效率,尽量节约使用自然资源,特别是不可再生资源,同时使工程与所在地区的生态系统相适应。特别是在工程建设和运营期,注重保护和修复自然环境,尽量减少对环境的干扰和破坏,不断保持和提高自然环境对工程的承载能力。良好的工程环境效益是保证工程在全寿命周期内经得住历史的推敲,是工程长期存在、取得良好收益的基础。

2. 工程的经济效益

工程的经济效益是指在工程的建设过程中,在考虑环境成本的情况下采用先进的技术和科学的管理方法节约资源和能源,尽量减少资源浪费,提高工程质量,降低工程成本,实现工程自身的可持续发展;同时能够促进国家、地区的社会与经济健康和可持续发展,促进地区经济的繁荣与稳定。工程的经济效益是工程实现良好的环境效益和社会效益的必要因素,也是工程长期存在的条件。

3. 工程的社会效益

工程的社会效益是指工程的建设能够提高当地人民的生活质量、文化水平、健康水平;能够促进社会稳定,有利于社会和谐。工程要求在创造当代社会财富的同时,不损害后代的利益;工程建设不能只顾眼前利益,应充分为后代考虑。工程的社会效益是工程建设的出发点,是工程环境效益、经济效益的最终目的,是工程"可持续发展"准则的核心。

3.3.4　促进社会和谐

"促进社会和谐"是处理工程与社会关系的准则,体现了工程的社会责任。

(1) 工程活动的开展不仅考虑到业主、政府、投资者、用户的需求、目标和利益,而且充分考虑到原址上的居民和周边居民的利益和要求,使各方面满意,赢得各方面的信任和支持,使社会更加和谐。

(2) 工程要关注大众,重视社会基层和乡村,不能围绕"权贵",应有助于社会的转型和文化的发展。

(3) 让社会各方面介入重大工程的决策过程,让公众更好地理解工程,加强工程与社会公众之间的交流。通过各类培训和科普推广等,提高公众的工程文化品位和工程科学素养。现在,公众舆情和公众参与对重大工程的决策和实施影响越来越大。

(4) 在工程的可行性研究和计划制订中,要论证工程的社会价值与应用前景,预测可能的社会影响。在工程实施过程中,及时发现和解决各类偏离和违背社会目标的问题。在工程结束后,应系统评价工程的结果、产出与社会影响,分析其预期社会价值目标的实现情况。

3.4 工程总目标

工程总目标是对工程实施预期结果的描述体系,也是对工程最终状况的评价体系。工程总目标体现了现代工程的作用、工程系统结构、全寿命周期过程的特殊性;体现工程的目的和使用,反映工程准则。工程实施和管理工作的开展就是为了实现总目标,因此,工程总目标是工程的"命题",衍生出工程管理的任务和具体的管理职能工作。基于前文对现代工程的目的、使命和准则的描述,能够看到工程总目标应是多维的,各目标具体阐述如下。

3.4.1 符合预期要求

现代工程追求在全寿命周期过程中工程质量、最终整体功能、产品或服务质量的统一性。

1. 符合预定的功能要求

从总体上说,工程的总目标是通过工程的建设和运行提供符合预定质量和使用功能要求的产品或服务实现的,这是工程使用价值的体现。因此工程必须达到预定的功能要求,包括满足预定的产品的特性、使用功能、质量要求、技术标准等,实现工程的使用目的。工程的整体使用功能符合预定要求,能够均衡高效率地发挥作用,保质保量地提供预定的产品或服务。例如,汽车厂生产的汽车,以及相应的售后服务要符合质量要求;长沙地铁的作用是为乘客提供服务,则必须能提供安全、舒适、人性化的服务。

2. 符合预定的质量要求

工程质量要求包括两点:工程建设过程中的工作质量要求、工程系统运行和服务质量要求。

1)工程建设过程中的工作质量要求

(1)工程规划和设计质量。由于工程的功能以及所反映的文化、造价、可持续发展能力等各方面都是由工程的规划和设计定义的,因此工程的功能和质量在很大程度上是由规划和设计决定的。对工程有重大影响的因素有多个,包括工程系统规划的科学性、设计标准与技术标准的选择、设计工作的质量、设计方案的质量等。

(2)工程施工质量。工程施工过程是工程实体的形成过程,施工质量是工程实体质量的保证。在施工各个阶段建立严格的质量控制程序,对工程的材料、设备、人员、工艺、环境进行全面控制,发现工程质量问题要认真处理,确保工程质量。在施工过程中应认真执行施工质量标准和检查要求,严格按工艺要求做好每一道工序,不符合质量要求的工序要坚决纠正,不留隐患,保证每一道工序都符合质量要求,保证从施工准备到竣工验收每个环节都有严格的检查和监督。在工程竣工时,应及时提供完整的竣工技术文件和测试记录,做到竣工图、数字准确,字迹清楚,以便维护单位使用。

(3)工程管理工作的质量。即通过科学的决策、计划和控制过程,保证工程和工作质量。

2)工程系统运行和服务质量要求

(1)工程的技术系统符合预定的质量要求,达到设计寿命。例如,汽车制造厂的厂房、所用材料、设备、各功能区(单体建筑)和专业工程系统(包括组件如墙体、框架、门窗等)及整个工程都达到预定的质量要求。这是实现工程提供产品或服务功能要求的基本保证。

（2）工程系统运行和服务有较高的可靠性。工程系统的可靠性是指在正常条件下（如人们正常合理操作，没有发生地震、爆炸等自然和人为灾害）在设计寿命周期内可以令人满意地发挥其预定功能。这不仅要求系统运行的可靠性高、平均维修间隔时间长、失败概率小，而且要求系统耐久性好，系统失败所致的不良后果小。

（3）工程系统的运行有较高的安全性，不能出现人员伤亡、设备损害、财产损失等问题。这涉及结构的安全性、机械设备的安全性、工程建设和运行过程中的安全措施等。

（4）工程系统的运行和服务符合人性化的要求，人们可以方便舒适地使用工程。工程设计应符合人体特征、应该使人在使用产品或服务过程中感到舒适。

（5）工程具有可维修性。工程维修是指对工程进行维修保养，使工程保持或恢复到规定状态。可维修性是指能够方便、迅速、低成本地进行工程维修，使维修经济、可达、可视，维修时间短、维修安全，检测诊断准确，有较好的维修和保障计划。

3. 符合预定的时间要求

任何工程的建设和运行都是在一定的历史阶段进行的，而且都有一定的时间限制。因此，时间要求也是工程总目标的一个重要方面。在现代市场经济条件下工程的时间要求也是多方面的。

1）在预定的工程建设期内完成

一般在工程立项前，要确定好工程的建设期，包括两个方面。

（1）工程建设的持续时间目标。任何工程建设都不可能无限期延长，否则这个工程建设是无意义的。例如，规定一个工厂建设必须在4年内完成。但同时必须理性确定工程的建设期限。一般这个期限越短，工程的功能和质量的缺陷就会越多。近几十年来，我国建设工程的建设期普遍较短，特别是政府工程，已经违背了工程自身的客观规律性，造成工程缺陷。

（2）工程建设的历史阶段范围。市场经济条件下工程的作用、功能、价值只能在一定历史阶段中体现出来，这决定了工程的实施必须在一定的时间范围内（如2017年1月—2020年12月）进行。例如，企业投资开发一个新产品，只有尽快将该工程建成投产，产品及时占领市场，该工程才有价值。否则，若因拖延时间，被其他企业捷足先登，则该工程便失去价值。因此，工程建设的时间限制通常由工程开始时间、持续时间、结束时间等构成。

2）达到工程的设计寿命期

延长工程的实际服务寿命。

3）投资回收期

投资回收期用来反映工程建设投资需要多久才能通过运营收入收回，达到工程投资和收益的平衡，这个指标是工程的时间目标、建设投资目标和收入目标的统一。

4）工程产品（或服务）的市场周期

工程产品（或服务）的市场周期是按照工程的最终产品或服务在市场上的销售情况确定的，通常可以划分为市场发展期、高峰期、衰败期。对于基础建设、房地产开发、工厂等工程来说，市场周期常常十分重要，反映了工程价值真实实现的时间，常常比竣工期更重要。

例如，南京地铁1号线工程预定建设期5年，运行初期（市场发展期）8年，达到设计运行能力的时间（市场高峰期）为15年，而设计寿命为100年。又如，房地产开发项目的市场周期是从产品推向市场开始（预售）到售罄为止。一些房地产小区，虽然按期建设完成，但销售不出,最终成为烂尾楼。而有的小区尚未建设完成就预售一空。这样它们虽然同时建成,但有不同的市场周期,体现不同的价值。再如,某桥梁工程质量优良,及时竣工,但由于位置偏远,交付后因长期达不到设计的交通流量,造成亏损。

3.4.2 具有良好的工程经济效益

任何工程都要花费一定的成本(投资、费用),并取得一定的效果(经济效益或社会效益)。现代工程追求全寿命周期费用的节约和优化,追求在全寿命周期中生产每单位产品(或提供单位服务)的平均费用最低。总体要求是,以尽可能少的费用消耗(投资、成本)完成预定的工程建设任务,低成本地提供工程产品和服务,达到预定的功能要求,提高工程的整体经济效益。

1. 工程全寿命周期费用的节约

现代工程追求全寿命周期费用节约和优化,追求生产每单位产品(或提供单位服务)的全寿命周期费用分摊最低。工程全寿命周期费用主要由建设总投资费用和运行期费用等组成。

(1)建设总投资。建设总投资是业主或投资者为工程的建设所承担的一次性支出。任何工程都必然存在与工程建设任务(目标、工程范围和质量标准)相关的(或者相匹配的)投资、费用或预算成本。它包括工程建成、交付使用前所有投入的费用。

(2)在工程使用过程中为工程的运行维护、产品生产和服务所支付的费用。这种费用是在工程运行期中每年(月)支付的。

上述两种费用存在一定的关系。一个具体工程,如果提高工程的质量(或技术标准),增加工程建设总投资,则在使用过程中运行维护费用(如维修费、能耗、材料消耗、劳动力消耗)就会降低。减少工程建设总投资,降低工程质量标准,就会增加工程运行过程中的费用。这就像人们为节约一次性投资选择购买二手车,但在使用过程中油费和维修费会很高,而如果买一部新车,油耗和维修费会低一些。我国工程界一直存在这样一种状况:大家普遍关注建设投资的降低,却忽视了运行费用,导致工程功能和质量的缺陷,使工程在运行过程中的能耗、维护费用增加,工程整体不经济。

2. 工程的其他社会成本低

工程的其他社会成本是指工程全寿命周期中由于工程的建设和运行导致社会其他方面支出的增加,它不是直接由工程的建设者、投资者、生产者等支付的,而是由政府或社会的其他方面承担的。社会成本是多方面的。例如:

(1)在建造或维修一条高速公路期间,由于许多车辆绕路,多消耗了燃料和增加了车辆的磨损开支。如果缩短建设期,此类花费就会降低。

(2)在工程的招标投标过程中许多未中标的投标人的投标支出。一个工程的招标、投标人通常较多,每个投标人都要为投标花费许多成本,如购买招标文件、环境调查、制定实施方案、进行工程估价、编制投标文件等,而最后仅有一个单位中标。则投标单位越多,该项工程的招标社会成本就越高。我国有大量将标段分得很细的工程招标,多采用公开招标方式,投标人较多,这导致大量社会成本的浪费。

(3)工程若使用低价劣质、污染严重的材料,尽管工程的建设投资减少,但会导致工程使用者的健康受损,使社会医疗费用支出增加。

(4) 一些工程为节约投资,减少环境治理设施的投入,导致工程产生的废水、废气和废渣的排放得不到有效治理,导致河流污染,国家需要再投资更多的资金治理环境污染。如20世纪末,我国太湖的污染严重。这在很大程度上就是由周边的工程建设和运行直接向太湖排污造成的。2009年4月,江苏省政府推出的《太湖流域水环境综合治理实施方案》确定,治理工程将投资1083亿元,确保到2012年,太湖湖体水质由2005年的劣Ⅴ类提高到Ⅴ类;到2020年,基本实现太湖湖体水质从Ⅴ类提高到Ⅳ类的目标。截至2019年,这一目标已基本提前实现。2019年1月15日,江苏省政府推出的《江苏省打好太湖治理攻坚战实施方案》确定,到2020年,太湖湖体高锰酸盐指数和氨氮稳定保持在Ⅱ类,总磷力争达到Ⅲ类。这些治理资金投入实质上就是过去在太湖周边的工程建设和运行的社会成本。一个成功的工程应尽力减少对其他方面的负面影响,减少由它引起的社会成本。这体现了工程的社会责任和历史责任。

3. 取得高的运营利益

工程是通过出售产品或提供服务,向产品和服务的使用者收取费用,取得工程效益。工程的运营收益目标有许多指标,如产品或服务的价格、工程的年产值、年利率、年净资产收益、总净资产收益、投资回报率等。

3.4.3 满足工程相关者期望

1. 重要性

(1) 在现代企业管理和工程管理中,相关者满意已经作为衡量组织成功的尺度。使工程相关者满意体现了工程的社会责任,是现代工程伦理的基本要求,要求在工程中不仅要保证投资者和业主的利益,而且要照顾工程相关者其他方面的利益,对社会有贡献。

(2) 这是工程顺利实施的必要条件。工程的成功必须经过工程相关者各方面的协调一致和努力,他们参与工程,都有各自的目标、利益和期望。他们对工程的支持力度和在工程中的组织行为是由他们对工程的满意程度决定的,而这个满意程度又是由他们各自的期望和目标的实现程度决定的。如果没有各方面的支持,则不可能有成功的工程。例如,被拆迁居民或周边居民的抗议就会打乱整个工程计划,造成工程的拖延和费用(投资)的增加。在国际工程中人们经过大量的调查发现,工程成功需要许多因素,其中参加者各方的努力程度、积极性、组织行为、支持等是最重要的。

(3) 要使工程相关者满意,必须在工程全寿命周期中照顾到各方面的利益。工程总目标应包容各个相关者的目标和期望,体现各方面利益的平衡。这样有助于确保工程的整体利益,有利于团结协作,克服狭隘的集团利益,达到"多赢"的结果,才能够营造平等、信任、合作的气氛,更容易取得工程的成功,这也是社会和谐的具体体现。

(4) 在工程中,工程管理者必须研究:本工程的利益相关者是谁?他们有什么目标?他们期望从工程中得到什么?如何才能使他们满意?因此,在工程全寿命周期中需要注重与利益相关者的沟通。

2. 工程相关者各方面的期望

在工程中,不同的工程相关者(单位、机构、人)有不同的期望或需求,这种动机可能是简单的,也可能是复杂的;可能是明确的,也可能是隐含的(表3-1)。

表 3-1　主要工程相关者的目标或期望

工程相关者	目标/期望
用户	产品或服务价格、安全性、产品或服务的人性化
投资者	投资额、投资回报率、降低投资风险
业主	工程的整体目标
承包商和供应商	工程价格、工期、企业形象、关系(信誉)
政府	繁荣与发展经济、增加地方财力、改善地方形象、政绩显赫、就业和社会问题
生产者	工作环境(安全、舒适、人性化)、工作待遇、工作的稳定性
工程所在地的周边组织	保护环境、保护景观和文物、工作安置、拆迁安置或赔偿、对工程的使用要求

(1)用户。用户的期望是获得价格合理的工程产品和周到、完备、安全的服务。这要求工程必须在功能上符合要求,同时讲究舒适性、安全性、健康、可用性。能提供周到、完备、人性化的服务,体现"以人为本",符合人们的文化、价值观、审美要求等,达到"用户满意"。

在所有工程相关者中,工程产品的用户是最重要的,因为他们是所有工程相关者最终的"用户"。对整个工程来说,只有他们的"满意"才是真正的"用户满意",工程才有价值。当用户和其他相关者的需求发生矛盾时,应首先考虑用户的需求。在工程的目标设计、可行性研究、规划、设计中必须从产品用户的角度出发,进行产品的市场定位、功能设计,确定产品销售量和价格。

(2)投资者。投资者参与工程的动机是实现投资目的,他的目的和期望有:①以一定量的投资完成工程建设,在工程建设过程中不出现超投资现象;②通过工程的运行取得预定的投资回报,达到预定的投资回报率;③较低的投资风险。由于工程的投资和回报时间间隔很长,在这个过程中会有许多不确定性。投资者希望投资失败的可能性最小。

(3)业主。业主的目标是实现工程总目标和全寿命周期整体的综合效益。他不仅代表和反映投资者的利益和期望,而且反映工程任务承担者的利益,注重工程相关者各方面利益的平衡。

(4)工程任务的承担者,如承包商、供应商等。他们希望取得合理的工程价款;降低施工、供应或服务的成本,赢得合理利润;尽可能在合同工期内完成合同义务;与业主搞好关系,赢得企业信誉和良好形象。

(5)政府。政府注重工程的社会效益、环境效益,希望通过工程建设和运行促进国家(地区)经济的繁荣和社会的可持续发展,解决当地的就业和其他社会问题,增加地方财力,改善地方形象,提升政府政绩。

(6)工程的运营单位(生产者)。它要求工程达到预定功能,如预定的生产能力、预定的质量要求、符合规定的技术规范要求;生产能力和质量保持稳定;工程运行维护方便,低成本;能提供安全舒适、人性化的工作环境;能提供较好的工作待遇。

(7)工程所在地的周边组织。这些组织的要求是保护环境,保护景观和文物,增加就业机会,得到拆迁安置或赔偿,工程的负面影响小。

以上这些工程相关者的利益常常存在矛盾、冲突,他们之间利益的平衡是现代工程的难点之一。

3.4.4 与环境协调

1. 重要性

按照工程的使命和准则,工程与环境的协调必然成为重要的总目标之一。在工程界,环境目标已越来越具体化、定量化,对工程费用、工期、功能和质量的影响也越来越大。

(1) 从工程管理的角度,环境是多方面的,不仅包括自然和生态环境,还包括工程的政治环境、经济环境、市场环境、法律环境、社会文化、风俗习惯和上层组织等。

(2) 工程与环境的协调涉及工程全寿命周期,包括工程的建设过程、运行过程、最终拆除,以及将来的土地生态复原。

(3) 由于工程的全寿命周期很长,环境又是变化的,因此必须动态地看待工程系统与环境的关系,要注重工程与环境的交互作用。

(4) 工程环境问题不仅仅着眼于工程红线内的环境,更要着眼于大环境。例如,有的城市为了绿化环境,搞生态城市,将农村或深山里的大树移栽过来;某市的住宅小区为了建设生态小区,花费很高的费用从南美移栽一些特种树木来绿化小区,这些都违背了环境保护和生态工程的基本理念。

所以,工程的环境问题不仅要关注对最终产品的评价(如绿色建筑),而且要关注工程过程评价(如生态工程),追求两方面的统一性。它涉及各个工程专业和学科,是现代工程领域研究、开发和应用的热点,如工程结构设计和材料的生态化,生态施工工法、生态工艺的生态化,工程拆除后的生态还原,以及工程遗址的处理过程、技术和方法的研究。

2. 工程与环境协调目标的主要内容

(1) 工程与生态环境的协调,是人们最重视的,也是最重要的。工程作为人们改造自然的行为和成果,它的过程和最终成果应与自然融为一体,互相适应,和谐共处,达到"天人合一"。这涉及以下五个方面。

① 在建设、运行(产品的生产或服务过程)、产品的使用、最终工程报废过程中不产生或尽量少产生环境污染,或者影响环境的废渣、废气、废水排放或噪声污染等应控制在法律规定的范围内。这需要污水处理、固体垃圾回收和处理、降排降噪等设施的建设。

② 工程的建设和运行过程是健康和安全的,尽量不破坏植被或减少对植被的破坏,尽量避免水土流失、动植物灭绝、土壤毒化、水源污染等,保障健康的生态环境,保持生物多样性。例如,在油气田的勘探开发过程中,不可避免地会对水环境、大气环境、土壤和生态环境产生土地退化、水资源紧缺、水质恶化、植被破坏、生物多样性减少及咸水入侵等人为环境问题,破坏人类的生存环境,损害人类健康甚至危及人类生命。特别是近年来,随着我国油气需求的持续增长,油气供需矛盾日益加剧,油气资源的过度开发导致环境负荷过大,资源和环境问题日益突出,资源开发中的经济收益和环境治理之间的矛盾更为尖锐。为促进油气勘探开发与生态环境的可持续协调发展,应积极推进油气资源的清洁生产,加快油气回收进程,循环利用水资源,建立油气田环境恢复保障机制,并不断提高节能的意识和水平。

③ 采用生态工法,减少施工过程污染,在建设和运行过程中使用环保的材料等。例如,某体育馆,直接采用清水混凝土,不使用油漆。这样不仅在施工中减少油漆对人的污染,而且在工程运行中不再需要经常性地更新油漆。

④ 工程方案要尽量减少土地的占用,节约能源、水和不可再生的矿物资源等,尽可能保证资源的可持续利用和循环使用。例如,房地产小区应该有中水回收利用设施,利用中水浇灌花木,以节约用水、提高用水效率。

⑤ 建筑造型、空间布置与环境整体和谐。

(2) 继承民族优秀建筑文化。工程建设不仅不应损害已有的文化古迹,而且在建筑上应体现对民族传统文化的继承性,具有较高的文化品位、丰富的历史内涵,符合或体现社会文化、历史、艺术、传统、价值观念对工程的整体要求。

(3) 工程与上层系统有较好的协调性。例如,在能源的供应、原材料的供应、产品的销售等方面与当地的环境能力相匹配。

(4) 避免工程的负面社会影响,不会造成社会动荡,不破坏当地的社会文化、风俗习惯、宗教信仰和风气等。

(5) 在工程的建设和运行过程中符合法律法规要求,不带来承担法律责任的后果。

3.5　工程多元化价值

现代工程尤其是重大工程活动,往往涉及经济、科技、社会、自然、文化、政治等多方面因素,兼具自然性和社会性。这既决定了工程管理目标的复杂性,也影响了工程活动多元价值取向。任何一项工程活动选择的价值观,都是工程的经济价值、科技价值、社会价值、文化价值和政治价值等相互博弈与综合协调的结果。因此,工程管理需要从战略高度,全面审视与系统整合工程实践的多元化价值,实现工程价值最大化。工程的多元化价值包括如下几个方面。

1. 经济价值

工程的经济价值,主要指通过工程实践活动不断创造出产品与服务,满足人们的需要,进而获得相应的收益。工程管理与工程活动作为一种经济组织行为,可以而且必须具备盈利能力。因为利润不仅是经济组织行为的驱动力,而且是经济组织存在与发展的前提与基础。工程管理与工程活动如果不能实现与投资成本相匹配的利润水平,不仅工程活动自身难以为继,而且其社会功能的发挥将受到影响,更难以实现与社会功能相关的大众福祉。例如,南水北调作为缓解中国北方水资源严重短缺局面的重大战略性工程,不仅极大地缓解了我国北方水资源严重短缺的问题,而且促进了南方与北方在经济、社会、科技、人口、资源、环境、文化等多方面的互补与协调,对于扩大内需,保持全国经济的快速增长,均具有重要的战略意义。

2. 社会价值

工程的社会价值,是指工程活动应当承担必要的社会义务,充分考虑并尊重公众的利益诉求与情感依托,最终促进整个社会系统的和谐运行与健康发展。事实上,任何工程活动都不是孤立存在的,它需要融入错综复杂的社会关系中,协调处理好各种关系与多方利益。现代工程活动与工程管理,需要充分考虑公众的利益与情感,将可能发生的利益冲突消除在萌芽状态,促进整个社会体系的和谐与健康。

3. 生态价值

工程的生态价值,是指工程活动过程应当以生态环境为依托,充分考虑与体现对生态环境与自然环境的尊重,探索工程实践的可持续性,实现工程与自然、人与自然的和谐。随着人类的发展与社会的进步,人类认识世界与利用世界的能力在增强,在为高能耗、高污染、高消费发展模式付出惨痛代价的同时,逐渐意识到发展过程中的生态支撑与生态约束关系。工程生态价值的实现,需要重新审视生态系统的整体价值、重新审视人与自然的和谐,树立正确的工程价值观,以"天人合一、构建和谐"的理念为指导。历史上的系列著名工程如都江堰工程、万里长城、京张铁路等均表明,只有实现了与自然规律高度协调的工程,才能取得最佳的工程效果。一项伟大工程,绝不能以破坏生态环境与生态系统为代价,而是要最大限度地从工程实践中实现和提升工程的生态价值。正是由于考虑到工程的生态价值,保护脆弱的高原生态系统与生态环境,青藏铁路工程为野生动物修建迁徙通道,为藏羚羊留下了回家的路,也为人类自身可持续发展留下了机会。

4. 科技价值

工程的科技价值,是指通过工程实践活动,不断实现科学发展与技术进步:促进与提升工程科学、管理科学、社会科学等科学发展,自主实现重大技术变革与技术创新。特别地,现代工程尤其是大型工程实践需要以先进的管理科学、管理方法、工程技术等作为核心支撑,不断解决新的科学与技术难题,创新发展工程管理科学与工程管理技术。

5. 人才价值

工程的人才价值,是指通过工程管理锻炼培养出卓越的工程管理人才。在某种意义上讲,工程管理是"成物"与"成人"高度统一的实践过程。大型工程活动,不仅能够创造出十分珍贵的物质成果,即"成物"过程;而且能够培养出各级各类优秀人才,即"成人"过程。例如,经受了大型工程严格考验的工程管理者,其思想境界往往更为高远,其攻克难关的能力显著增强,是工程活动"成人"过程的典型代表。

6. 文化价值

工程的文化价值,是指通过工程实践创造出具有标志性的工程成果,这一成果具有三个方面的显著特征:具有重大文化内涵、彰显时代精神、经得住历史与时间考验。任何一项工程活动与工程管理实践,都应该传承人类文明与民族精神,既充分发挥先进文化的感召力,又加强文化建设与积淀,以便更好地提升工程活动水平与层次。例如,我国的万里长城是人类建筑史上罕见的古代军事防御工程,是一座稀世珍宝,也是艺术非凡的文物古迹,是中华民族与整个人类的骄傲,象征着中华民族坚不可摧的意志和力量。始建于明朝永乐十五年(1417年)的天安门,不仅在建筑艺术上极为讲究:城门五阙、重楼九楹,而且高度浓缩了中国古代文明和现代文明进程,已经成为中华人民共和国的象征,成为中国人民乃至世界人民神往的地方。

3.6 工程伦理

在追求发展速度与经济效益,推崇个人成就与自我超越的时代,何为人类存在的本质,何为生活真正的幸福,对这些问题的反思与省察,决定着人的道德伦理观念如何演进。工程作为一种"社会性试验"必须得到伦理的辅佐。但是,对于工程是否需要伦理,业界依旧存在较大争议,这已成为阻碍工程管理取得良好绩效的一大障碍。工程与伦理的融合,既有利于实现"把好的工程做好"的善举,也有益于工程伦理持续繁荣,还有助于工程界真实落实"把公众健康、安全、福祉放在首位"这一人本价值理念。

3.6.1 工程伦理的本质

中文"伦理"的含义解释大体可分为两种形式:一是"伦理",表示一门学科,是对人类道德现象的理论研究;二是"伦理道德",指人们相处的行为规范,包括人们关于道德的思想言行等。基于含义一,工程作为一种社会实践,必然具有其内在的伦理维度。正如唐·威尔逊(Don Wilson)所言,"工程伦理是为工程这一职业所接受的与工程实践有关的道德准则"。基于含义二,工程师作为一种职业,应当具有其独特的职业伦理。阿尔伯特·弗洛里斯(Albert Flores)提出的"工程伦理是从事职业的人们的权力与责任"即是明证。从这些颇具代表性的定义中,不难解读出工程伦理作为社会实验的实践性特征以及作为伦理准则的规范性特征。

迈克·W.马丁(Mike W. Martin)和罗兰·辛津格(Roland Schinzinger)指出,工程伦理是"应当被工程从业者同意且经过论证的关于义务、权力和理想的一套道德原则,发现此原则并将其应用于工程实践是工程伦理学学科的中心目标"。该定义涉及"工程从业者""义务、权力和理想""道德原则""应用于工程实践""学科"五个关键要素。

1. 工程从业者

"工程从业者"意味着工程伦理的研究对象不仅限于工程师。其寓意为:一方面,虽然工程师是工程决策的参谋者,工程方案的提供者、阐释者,工程活动的设计者、执行者以及监督者,其"发动机"作用无可替代;但工程偏重"集体性活动",工程活动的主体是由工程师、投资者、管理者、工人以及其他利益相关者构成的工程共同体,工程伦理的研究对象面向工程共同体及与之相关的伦理问题。工程共同体分为"工程活动共同体"与"工程职业共同体":前者指具体实施项目建构的"参与者联盟",强调"组织各成员一起开展工程活动";后者指行业协会,属于职业共同体范畴,侧重于从业人员合法权益的维护。另一方面,工程伦理学的研究起点是工程师职业伦理——"关于工程师的职业伦理",即基于狭义视角研究工程师在职业活动中对雇主、公众、环境、社会所担负的责任。工程主体的多元化构成使得工程伦理研究应从广义视角予以考虑,即"关于工程的伦理",注重对"工程共同体"的决策伦理、管理伦理和工程活动的环境、经济、政治、社会等伦理问题的研究。

2. 义务、权力和理想

"义务、权力和理想"表明工程伦理有助于实现"把好的工程做好"的善举,主要包括两个层次:一是指引工程向善的方向发展。工程活动强调以人类利益为导向,应用科学原理最优化地将自然资源转换为"人工自然"。它并不是以解决技术问题为宗旨的应用科学知识的求解过程,而是一个摸索和试错的过程,是非善恶等伦理问题渗透其中。工程本身并不直接具有道德意义上的善。工程伦理涉及"义务、权力和思想"等价值判断,能为工程师面对善恶摇摆时的伦理抉择提供道德法则。二是促进良善工程的实现。在面临道德问题时,工程人员易遭遇难以正确识别道德问题的尴尬,时常陷入伦理抉择的两难困境。内化的伦理敏感性不但是及时发现和厘清工程中伦理问题的关键,而且对工程师慎重进行伦理决策具有潜移默化的影响。而工程伦理恰恰在培养工程人员"道德敏感、道德抉择"等方面效果显著。

3. 道德原则

"道德原则"是指工程伦理包含一定的规范和原则。《牛津英汉百科大辞典》界定"伦理是道德规范",是"人际关系中所共同遵守的规范"。相应地,工程伦理必然包含关涉道德责任和义务的行为规范,其首要意义在于"建立工程人员应有的认知与实践原则,以及工程人员之间或与团体及社会成员互动时应遵循的行为规范"。工程师可经由"判断力"将伦理学建立的道德原则应用于个案,或依据"实践智慧"对具体情境加以审慎衡量。工程伦理规范言明了工程人员应利用专业知识和实践经验善尽其责,达成增进社会福祉的目的,发挥"服务和保护公众,教育、激励、支持负责任的专业人员,提升职业形象"等重要作用。

4. 应用于工程实践

"应用于工程实践"强调工程伦理学不仅是理论伦理学,更是实践伦理学。一方面,如德尼·古莱(Denis Goulet)所言:"真正的伦理学是一种实践,它对一个人社会行为价值观的内容与意义做出批判性思考。"工程伦理学集道德理论研究与实践问题解决于一体,在助推伦理理论建构与发展的同时,提高个人对伦理抉择和价值判断的道德敏感,促进"负责任的工程实践"。另一方面,工程伦理并非将一般伦理理论简单、机械地应用于实际问题,而是建构于工程实践性和伦理规范性的相互渗透、融合,聚焦于工程问题的真实情境,凭借工程师明智的道德判断力和坚强的伦理意志力,达到"工程是一种社会实验"的实现性目的。

5. 学科

"学科"意指工程伦理还应被视作对工程中所涉及伦理问题进行理论研究的一门科学。"伦理"既包含个人的道德观念、"栖居之所"的价值理念以及人际交往的行为规范,还包括学科意蕴,即对人类道德现象进行理论研究的"伦理学"。与之相对应,工程伦理(学)可理解为指导工程实践的道德价值、解决工程中道德问题以及论证与工程有关的道德判断的活动和学科,其研究内容聚焦于五个方面:①建立工程伦理体系的核心和基础问题;②分析工程活动各阶段面临的价值冲突、道德冲突和整合问题,引起领导者、管理者以及工程师对工程活动中伦理课题的关注;③探讨工程技术领域的典型伦理问题;④伦理审视工程活动过程,重点探讨在一般工程环节的运作中涉及道德审视与约束的内容;⑤提出工程从业者应具备的道德素养和伦理规范。

马丁和辛津格的研究突破了狭义的工程伦理——工程师的职业伦理——的限制,更倾向于从工程多元化主体——工程的共同体——的广义视角探究工程伦理问题。但是,广义视角下工程伦理学的内涵并非仅限于此。如上所述,工程伦理是指工程共同体以可持续发展为旨归,基于保护公众健康、安全、福祉及对环境的责任承担,对全寿命周期内涉及的工程伦理问题加以伦理考量和道德抉择的规范和准则以及对其进行系统性理论研究的学科。工程伦理学的产生,赋予工程师努力以积极意义,增强工程师在工程中有效处理复杂性道德问题的能力,增进工程师的道德自治。其作用不仅在于对工程的事后理论反思,更在于使伦理考量渗透到工程建造的全过程,进而创造出更加合意的人工自然,造福人类社会。

现代工程伦理的研究存在两条途径:一是从科学和技术的角度将工程视为技术的应用;二是从职业和职业活动的角度将工程伦理归结为工程师的职业伦理。无论沿用以上何种视角,工程伦理研究极易陷入以工程师为起点,通过关注工程师个体的伦理素养以及工程师应承担的伦理责任,为工程伦理学的研究确定初始外观的境地,即狭义工程伦理学。例如,菲利普·J.赫梅林斯基(Philip J. Chmielewski)认为"工程伦理是指向工程研究和设计人员的伦理,而工程研究和设计人员最主要的群体就是工程师,他们是工程事业的主要参与者,也是工程活动的主体"。工程师作为工程伦理的唯一对象,须确保"促进一种负责任的工程实践"。这表明探索"工程师如何成为有德之人"以及解决"如何培养工程师自愿选择作当责者",是狭义工程伦理学不能回避的问题。然而狭义工程伦理学过于注重伦理观念对工程师职业行为的影响,既不能促进工程师更好地理解技术转型日新月异的移动互联网时代所出现的全新工程伦理问题,也未能帮助工程师彻底脱离传统情境下两难困境的"达摩克利斯之剑"。狭义工程伦理带来的更严重影响是这种囿于工程师"单一主体"的研究,使得工程伦理突围的努力沦为徒劳挣扎。李伯聪也指出,工程伦理学研究应当从"狭义"走向"广义",研究主题从对"工程师职业伦理"的研究转变为对"工程决策伦理""工程政策伦理""工程过程的实践伦理"的研究。工程伦理学的发展急需将伦理主体由工程师个体转变为工程共同体。

3.6.2 工程活动中的伦理问题

工程与人类生活密切相关,其中涉及人与自然、人与社会和人与人之间复杂的关系,而伦理问题就蕴含其中。工程中的伦理问题,已成为哲学家和工程师所公认的重要研究领域。而在做出任一专业伦理判断之前,首先必须能够发现潜在的伦理问题;倘若未能对潜藏于工作环境中的伦理问题有所察觉,那么之后可以作为对策之道的专业伦理行为也就不可能产生。

伦理因素是工程的内在蕴涵,工程中本来就存在大量复杂、开放和含混的伦理道德问题,并非伦理学家把伦理维度硬塞给工程,或者戴着伦理学的变色眼镜把工程视为道德负载。但是,"在工程活动中,'纯粹'的伦理问题一般来说不存在",伦理问题常常和其他问题"密切结合"在一起,在研究和分析问题时,必须把伦理分析和其他维度的分析结合起来。否则,对工程中伦理问题的分析就难免要陷入"浪漫主义"的幻想或"空中楼阁"式的会谈。马丁甚至认为,"能够熟练地识别出工程中的伦理问题,这是学习工程伦理学的第一个重要目的,也是培养和提高道德意识的必由之路"。

工程实践中的伦理问题是当代世界所面临的主要社会问题之一。这缘于工程为社会提供的技术产品或设计方案等服务具有中间性、双重性和过渡性等特征:"中间性"指技术所追求的效用价值处于价值阶梯表中的较低层次,并非最终的善或目的,而是实现最终善的手段;"双重性"指工程既可为善的目的服务,也可被恶的目的控制,其使用价值的善恶难以简单判断;"过渡性"指"工程产品如同商品一样是为了用户的最终消费和使用"及"工程师将从事工程工作视为晋升经理或领导者的台阶而非最终的归宿"。上述特征使得工程中的伦理问题具有复杂性和间接性,易被遮蔽。对于工程伦理究竟应当解决哪些问题,什么才是突出的工程伦理问题以及责任伦理问题,学者的观点存在"微观视角"与"宏观视野"的分歧。

从"工程师的伦理"这一微观视角分析,工程师的伦理问题是工程伦理问题研究的基础和重点。由此,工程中的伦理问题聚焦于三个方面:一是工程师与伦理关系问题,表现为许多工程师应提升对伦理问题的关注,意识到工程中道德问题的复杂性,避免陷入伦理困境;二是工程师的责任问题,表现为工程师既有义务向公众告知技术应用可能产生的危害公共安全的不利后果,又要实现履行职责所赋予道德责任的自治;三是工程师的角色冲突问题,表现为扮演复杂、多重角色的工程师如何化解冲突并实现利益均衡。上述工程中的伦理问题均与职业伦理息息相关。但是,工程师的多元角色使工程伦理关涉的问题更为复杂。一方面,医生和律师以个体为主要单元从事执业活动,具有实行独立专业判断的较大空间。而工程师大多受雇于公司,与营利性企业具有不可消解的关联。作为雇员,工程师需以雇主利益诉求为目标采取行动,即对雇主承担"忠诚责任"。另一方面,作为工程活动的主体,工程师承载着专业人员的角色,还需以专业知识为依托,遵循客观规律,营造利于人类生存的环境,即承担起"独立的职业责任"和"真正的社会责任"。工程师角色显示出技术及经济的双重效用,这种工作环境使得技术价值与商业价值紧密纠缠,工程决策与管理决策相互交错;加之工程师在职场上明显处于弱势地位,常常导致其陷入忠于雇主与履行社会责任的价值冲突中。

工程实践的过程性及其主体的多元性导致工程活动蕴藏的伦理问题复杂多变,要准确辨析工程伦理问题就还要从"工程的伦理"这一宏观视野分析。"工程的伦理"指向处理产业中工程师的角色、工程师所在组织中的伦理、职业工程社团(学会)的伦理,以及职业的伦理责任等伦理问题,覆盖工程师的职业伦理、工程的责任问题、工程的伦理规范、工程中利益关系的协调、工程活动各要素间的关系等方方面面。还有研究者依其属性进一步将其分为五类:一是明显违反道德上的"善"的问题;二是灰色领域内非黑非白的道德问题;三是无明显违反法律与道德,但积重难返的"陈规陋习"问题;四是不容于法律,但不易被察觉或不便依法执行的问题;五是关系利益冲突——抉择两难的问题。

我国台湾学者对此做了更具体的研究。王晃三将工程专业中比较常见的工程伦理问题整理分为两种:一种是在工作职场常会遭遇但并非工程人员所独有的问题,包括据实陈述问题、隐私权问题、回扣问题、公务私用问题等共12项;另一种则是与工程师专业中经常会遭遇或专业关联性特别高的问题,包括胜任问题、业务机密问题、文字签署问题、身份冲突问题等共12项。冯道伟归纳出土木工程师最可能面临的专业伦理问题共27项,并将其分为三类,即专业相关伦理、工作伦理和管理伦理。江政宪归纳出营造工程伦理道德常见问题共39项,经过提请专家反复勾选,最后,统计出工程安全问题、工程质量问题、工程污染问题、黑道介入问题、专业技师分工的冲突问题、利益团体施压问题等共计16项主要伦理议题。林铁雄则从分析"9·21"大地震着手,归纳我国台湾地区工程界常见的工程伦理问题有七大要项:①借牌现象;②施工马虎、监工不实;③黑道介入问题;④民代关说包揽工程;⑤白道绑标;⑥抢标的问题;⑦公务人员的心态问题。同时林铁雄还指出,要确保工程专业能力得以发挥,必须具备健康的工程生态环境,也就是要建构具有工程专业能力与工程专业伦理的工程师与从业人员所组成的工程界。

国外学者同样重视伦理问题的识别和辨析,其研究既包括工程中所蕴含的一般伦理问题,即把工程作为一个整体考查其中涉及的伦理问题;又涵盖具体工程领域的伦理问题。例如,罗萨·B.品库斯(Rose B. Pinkus)等人认为,工程项目在费用、风险和工期之间的权衡产生出现实的伦理问题。而马丁和辛津格更是在《工程伦理学》一书中专门用一章论述"工程是一种以社会为对象的试验,风险是工程的内在属性,所以工程富含深刻的伦理问题"。展望21世纪,沃尔夫认为工程伦理问题将愈加突出。技术创新速度越来越快,工程系统日益复杂,势必出现以往工程师所不曾碰到的伦理问题。这不仅限于工程师个人的行为是否恰当,而且关系到工程职业整体的行为是否恰当。全球化浪潮下工程伦理问题呈现新的特质,其研究聚焦于两个方面的问题:一是工程师置身于国际背景下,即在涉及不同文化传统、不同经济技术发展水平的国家之间进行工程工作时会遇到的伦理问题；二是工程的影响跨越国界，如环境污染、军事技术等。例如，查尔斯·E.哈里斯（Charles E. Harris）就强调，"工程师跨国工作所遇到的最重要的问题或许是贿赂问题。应该把贿赂问题同索贿、打点和礼物区分开来"。可见工程伦理问题不仅是国内外研究者研究的重点课题，也是难点之一。

3.6.3　工程师的职业伦理

工程师的职业伦理是工程伦理学的基本组成部分。职业伦理不同于个人伦理和公共道德，是指职业人员在从业范围内所采纳的一套行为准则。工程师的职业伦理规定了工程师职业活动的方向，它能够培养和提高工程师在面临义务冲突、利益冲突时做出判断和解决问题的能力，前瞻性地思考问题、预测自己行为的可能后果并做出判断的能力。一些工业发达国家把认同、接受、履行工程专业的伦理规范作为职业工程师的必要条件，我国随着科学技术突飞猛进和工程教育体系的日渐完善，工程界对工程师职业伦理的研究也更加深入，对工程师职业伦理的实践情况更为重视。

从我国现代工程师职业伦理实践状况来看，承担工程质量与安全责任、恪守诚信准则、合理处理多种角色导致的利益冲突、忠诚于专业与雇主，是现代工程师职业伦理特别关注的问题。

1. 承担工程质量和安全责任

质量是工程的技术产品发挥功能，实现其内在的和外在的价值的基础。几乎所有的工程规范都要求把公众的安全、健康和福利放在优先考虑的地位，保证良好的工程质量是实现这一目标的基本条件。劣质工程和产品则会给国家和人民的财产和健康、生命安全带来巨大的伤害。世界多个国家在大地震后研究和分析造成人员伤亡原因时发现，放宽建筑标准和未按规定进行检测常常是许多建筑物倒塌的直接原因，而在其"深层"则存在伦理观念、伦理责任方面的原因。

影响工程质量的原因是复杂的、多方面的，在工程活动的每个环节都有不同机构和人员参与其间并承担着不同的责任。虽然工程师通常并不掌握工程的决策权，但是，由于工程师直接参与了工程活动，并且掌握着专业知识，他们了解更多的具体情况，可以有更多的"发言权"，因而理应比"外行人"承担更大的伦理责任。

2. 恪守诚信准则

诚信是保证人际交往和社会生活正常运行的一个重要条件。在科学和工程活动中，诚信（包括诚实、正直、严谨）是基本的行为规范，也是科学家、工程师、医生所必须具备的一种基本道德素养。具体到工程活动，很多行业的工程伦理章程要求工程师必须"诚实而公正"地从事他们的职业。例如，美国全国职业工程师协会（National Society of Professional Engineers，NSPE）的"工程师伦理章程"要求工程师"只可参与诚实的事业"。章程的"导言"中要求"工程师提供的服务必须诚实，公平，公正和平等"；其六项基本准则中，第三、四、五项均涉及诚信，即"仅以客观的和诚实的方式发表公开声明""作为忠诚的代理人和受委托人为雇主和客户服务"和"避免发生欺骗性的行为"，其实实践规则部分给出了更为详尽的职业行为原则。美国电气与电子工程师协会伦理章程的准则三要求其成员"在陈述主张的基于对现有数据进行评估时,要保持诚实和真实",准则七要求其成员"寻求、接受和提供对技术工作的诚实批评"。

3. 合理处理利益冲突

工程活动是在社会的多种合力的驱动下进行的,由于工程师在社会中有着多种角色,承担着多种责任,因而也经常处于利益冲突的境况中。利益冲突的存在本身并不意味着一定会导致人们犯错误,但它确实是一个可能以多种方式对人们的正常职业判断力产生影响的因素。工程师在自己的职业判断中必须保持客观和公正,因为他或她常常是在代表职业和其他人(客户乃至公众)做出判断。

在当前的社会环境和条件下,工程活动中的多种多样、形形色色的利益冲突往往更加突出和引人注目,面对这些复杂的利益冲突,特别是面对经济利益的引诱,企业家、管理者、工程师等各种"社会角色"都必然要经常不断地接受伦理和"良心"的考验。在这些伦理考验面前,有的人给出了令人赞赏的回答,也有人在这些考验面前倒了下去。为避免产生不利的影响,通常所采取的对策有回避、公开、制定有关规则、审查和教育。

4. 具备"双重的忠诚"

一般来说,工程师都服务于(或受雇于)一定的组织——在古代是军事机构,在现代主要是企业。工程师的职能就是运用他们的技术知识和能力来提供对组织及其"顾客"有价值的产品和服务。由于近代工程自诞生之日起主要就是与企业联系在一起,于是,"对雇主(或委托人)的忠诚"在很多国家都成了工程师职业伦理的一个基本原则。

作为专业人员,工程师不但必须忠诚于雇主(或委托人),他们还必须坚持其专业所要求的道德准则,这首先是对公众和社会负责。而这两种要求并非总是一致的。相反,常常可能发生冲突。

在发生矛盾冲突时,究竟应该服从于公司的决定,还是服务于自己的职业良心和坚持自己"忠诚于社会"的义务?这是工程师常常会遇到的问题。工程伦理学把这种处境称为"义务冲突"。工程师由于身兼两种(或两种以上)职业角色,他们常常难以避免地陷入这种"义务冲突"的困境之中。

当然,人们可以说,企业本身的利益与对社会的伦理义务在根本上是一致的,但现实情况往往并不这样简单。工程的社会价值目标与企业价值目标或工程的商业价值目标中的营利性产生不利影响。这种冲突会直接地影响到工程师和企业管理者的复杂关系。企业管理者往往更关注组织的经济效益,而这主要是用经济指标来衡量的。他们看重对投入产出关系的评价,其行为更受经济关系的支配,有时甚至是个人价值观念的支配。而工程师则往往对技术和质量问题有特别的关注。工程师具有"双重的忠诚",工程师对社会和职业的忠诚应该高于和超过对直接雇主的狭隘利益的忠诚。

从伦理和职业的角度看,最主要的冲突围绕着这样的问题而展开:在决策过程中,什么情况应该听从管理者的意见?在什么情况下应该听从工程师的意见?特别是有时候冲突会在同一个人身上内在化。由于多种原因,在工程活动中,有些工程师在进行技术决策时,不敢坚持正确的意见,违心地顺从"上级意见"或"领导意图"、盲目"跟风",这种情况并不鲜见。

对雇主保持忠诚并不意味着必须放弃对工程的技术标准和伦理标准的独立判断。工程伦理学中倡导的是一种"批判性的忠诚"。当冲突发生时,工程师应该以建设性的、合作的方式去寻求问题的解决。但在组织内部的一切努力均告无效的情况下,在事关重大的原则问题(如违反法律、直接危害公众利益或给环境带来严重破坏)上,工程师应该坚持自己的主张,包括不服从、公开揭露和控告。这应该被视为工程师的一项基本权利。

应该强调指出,工程伦理不但涉及了许多伦理问题,更涉及了工程活动中的许多现实伦理问题。工程伦理的灵魂是要在工程活动的实践中体现出高尚、健全的伦理精神,摒弃道德上的丑恶、低下的行为。

3.6.4　解决工程伦理问题的方法

解决工程伦理问题的方法并非唯一和既定,工程师既要做到伦理自律,提高主动发现伦理问题的敏感力和深入了解伦理问题的洞察力;又要充分利用他律,根据伦理原则和伦理规范,灵活选择应对之策,增强选择恰当途径的判断力和切实解决问题的执行力。自律强调工程师自觉地遵守职业道德规范,自主地进行自我约束,自发地采取必要的纠偏措施。具体体现为,工程师既要拥有内化伦理规范进而形成价值取向和道德追求的能力;又要具备良好的伦理想象能力,开阔伦理视野,超越技术思维的局限性。他律强调以强制性的正式规则来约束工程师的恣意妄为。具体体现为工程师既要合理遵循和运用伦理规范,既注重企业组织文化、规范项目管理内容以及研讨伦理规范问题;又要善用共识与协商,同利益相关方取得共识,包括目标共识、程序共识和道德共识。协商是达成共识的手段,而共识是进入协商的基础。共识与协商的最终目的是达成利益相关者的和谐相处。基于商谈伦理学,工程伦理学对话包含三种不同的层面:职业、舆论、制度。职业层面的对话在工程技术人员之间进行,致力于保证具体工程项目中利益分配的公正;舆论层面的对话在工程技术人员之间进行,致力于保证具体工程项目中利益分配的公正;舆论层面的对话在工程技术人员与公众和媒体之间进行,致力于从社会舆论层面对工程实践开展实时监督;制度层面的对话在工程技术人员和管理人员之间进行,致力于通过制度化途径为公众利益的有效实现提供制度保障。目前关于工程伦理问题解决的措施和策略研究比较零散,其发挥的效果也不甚明显。实现自律与他律的完美结合,才是工程师解决伦理问题的最有效方法。

最早解决伦理问题的方法,源于美国工程伦理学家 M. I. 曼泰尔(M. I. Mantell)在 20 世纪 60 年代提出的一种将工程方法调整为伦理方法的思路。他认为,伦理问题与工程伦理问题差不多一样复杂,而且都是应用原理解决问题:工程应用的原理是科学技术理论,伦理应用的原理是伦理理论。工程方法在解决人类物质问题方面获得了极大成功,将这种方法稍加调整来处理伦理问题,也一定会在解决人类精神生活的问题方面取得极大进展。在曼泰尔思想的启发下,1990 年在芝加哥举行的工程伦理教育会议(Conference on Engineering Ethics Education,CEEE)上,与会者提出了一种处理伦理问题的决策模式。其决策过程有七个步骤:①识别和界定伦理问题,并准备随时做出修正;②调查和核查事实;③形成备选处理方法,并继续核查事实;④根据备选处理方法所需要的资源及它们可能产生的结果来分析这些备选处理方法;⑤构建理想的选择,并说服其他人或与之协商,以便付诸实施;⑥预测理想选择的缺陷或不如意的结果,并采取措施做好预防;⑦采取行动(回到第①②步,查看是否解决了伦理问题,并检查有无遗漏任何事实)。

除了七步法之外,国外工程伦理已经研究开发出工程伦理决策的其他一系列方法,如哈里斯等人建议的划界法(line-drawing)和创造性的中间方法(creative middle way)以及汉斯·伦克(Hans Lenk)提出的解决各种责任之间冲突的优先次序原则等。

工程师面对伦理考量时需遵循三个步骤：一是明确识别工程的伦理意蕴,辨析工程伦理问题,这是开展工程伦理学研究的前提和基础;二是具体判断工程的伦理性质(是好还是坏,正负价值大小如何),并采取相应的解决之道;三是检测所做决定是否合理。

3.7　实现现代工程价值的辩证思考

工程的多元化价值包括经济、社会、生态、科技、人才、文化价值等,任何一个工程选择的价值观都是多种工程价值互相博弈、综合协调的结果。因此要建设一个成功的工程必须处理好多元化价值错综复杂的关系与矛盾,科学地处理这些辩证关系,实现现代工程价值的辩证思考。

3.7.1　理论与实践的互动发展

工程管理实践是工程管理理论的起点和落脚点,以现有的人工自然为基础,进行一系列的工程活动,实现工程目标,直至最终退役。当代工程管理过程,就是不断从工程活动中提炼工程管理理论,继而将工程管理理论应用于工程活动;工程活动也是检验、校正理论的过程,理论和实践在双向互动中协同发展,建设更高水准的工程。

当代工程活动具有高科技性和高复杂性两个方面的特征,面临着更多的不确定性,往往带来更高的风险。因此以科学的理论做指导,不断规范工程活动、完善工程管理手段,预测和控制工程活动的可能结果,有利于降低工程活动风险,实现工程的多元价值。过去,人类社会的某些工程乃至重大的工程活动,由于在早期决策论证阶段缺少了多元价值元素考量等工程理论指导,最终导致这些工程不仅没有达到预期效果,反而带来了一系列的自然破坏、生态失衡等问题。据此,工程理论指导是否恰当已经"先验"地决定了工程活动能否取得成功,直接影响到其未来的命运。随着工程技术的突飞猛进,工程管理理论也需要不断创新和突破,才能更好地指导工程实践。工程管理者应当立足于当代工程实践,不断变革工程管理理念,创新与发展工程管理理论,用以有效指导工程管理实践,最终提升工程质量,实现工程活动目标和工程价值。

3.7.2　理念与模式的深度融合

工程管理理念是工程管理者用于工程管理活动的基本思维,它以有形规则或无形渗透两种不同方式影响到各级管理层的行为模式,贯穿于整个工程建设过程,影响到工程管理的规范、模式、方法和效果。工程管理模式是为实现工程管理理念而实施的管理方式。主要通过管理策略、管理技术、管理方法和管理工具进一步显现出来。工程管理理念与工程管理模式之间存在深度融合与相互促进的关系。一般地,工程管理理念影响与决定了以怎样的工程管理模式、方法和技术去实现特定的工程目标,也决定着体现出怎样的工程价值以及如何实现工程价值。在工程管理实践中,工程管理模式、方法和技术的综合运用又会进一步孕育出新的工程管理理念,同时也是实现工程价值的手段。

工程活动就是通过工程管理理论指导工程管理实践,有目的、有计划、有步骤地实现工程目标与工程价值,不断满足人类与社会发展的需要。工程管理理念将影响工程管理活动全过程,决定了工程的发生、发展与结果。在当今社会,经济转轨、社会转型与生态危机等各种效应叠加,工程管理理念也由追求单一经济价值转向多重工程价值目标,这将实现引导工程管理活动朝着人与自然和谐共处、人与社会和谐发展、人与人和谐相生的方向不断迈进。此外,随着现代科学技术特别是信息科学与技术的发展不仅为工程管理活动提供了强有力的管理技术与管理工具,也深刻影响着人们的思维方式转变以及思想境界的提升,能够进一步提升工程管理理念、工程管理模式、工程管理方法和最终的工程价值。

3.7.3　体系与细节的协调统一

工程管理体系是指在工程活动过程中,在一定的时空范围内,各种工程管理要素和各个工程管理环节按照一定秩序与方式组合而成的整体。相应地,工程管理细节是指构成工程管理体系的各种构成要素总和以及各个环节划分。从空间角度来看,工程管理体系与工程管理细节之间是整体与部分的关系,前者包容后者;从时间角度来看,两者是过程与环节的关系,彼此相互依赖。总体来看,若工程管理过程中某个环节功能状态低下,就会成为整个工程管理体系的"瓶颈",削弱工程管理体系的整体功能发挥,对工程价值造成负面影响,产生"木桶效应"。哲学层次的整体与部分、过程与环节相关理论,要求在工程管理实践中既要建立完善的工程管理体系,明晰管理理念、严格管理模式,又要规范细节管理,以细节管理的"小善"获得工程管理体系的"大美",实现工程的"远大"价值。

现代大型复杂工程,其工程管理体系结构出现了几个方面新的特征:由简单结构向复杂结构、静态结构向动态结构、显性结构向隐性结构、层次结构向网络结构等的方向不断演化与发展。此外,现代工程活动范围越来越广泛,远远超出了传统的纯粹农业活动或工业活动,逐渐演变成大规模创造人工自然的活动。在这些大型复杂工程活动中,其建立的工程管理体系往往涉及科学、技术、经济、社会、自然、文化、伦理等多元异质要素,需要组建多个层次各异、功能互补的复杂系统,对现代工程管理提出了新挑战。基于此,现代工程管理必须做到工程管理体系与工程管理细节高度协调统一。一方面,需要从战略高度建立完善的工程管理体系。这要求工程管理者具备较高境界和远大眼光,善于冲破传统的束缚,创新思维、更新理念,能够敏锐发现工程活动中不断产生的深层问题,抓住问题的主要矛盾与矛盾的主要方面。另一方面,需要通过细节管理来达到工程多维价值目标。工程细节管理,不仅是一种实践行为,还能带来客观的经济利润与社会效果。它更是一种态度,能促进工程管理组织建设与文化氛围形成。因此,工程细节管理能够起到"四两拨千斤"的效果,有利于整个工程活动既定目标和工程价值的实现。

3.7.4　规范与创新的互相促进

工程管理规范是为实现工程价值和工程目标时,工程管理者遵循的行为准则,主要由各种规章、制度、标准、办法、守则、条例等构成。一个科学合理的工程管理规范,可以保证现代工程活动正常进行与可持续发展,促进现代工程管理水平的提高,达到工程既定价值目标。但是,工程管理规范不是也不应该一成不变,随着时代的发展、工程实践的深入、管理水平的提高,工程管理规范也会不断地提升和完善,最终实现工程管理创新。工程管理创新是指在工程管理过程中,对原有的工程管理理念、组织、制度、方法、技术、工具等诸多方面的突破与改进,产生可以为工程管理规范所接受的工程管理活动,表现为工程管理规范由"破"到"立"的动态调整与动态变化。例如,在现代工程实践中,必须遵循经济、科技、社会、生态等多个方面的统筹兼顾,体现多元价值目标,辩证地否定了工业文明时代片面追求经济效益的弊端。

与以往任何时代相比,现代工程价值目标设定更明显地表现出多元性。在日益复杂的现代工程实践中,如何尊重与实现工程多元化价值,需要细致考虑多元价值目标之间的轻重缓急等关系,要求工程实践者自觉践行科学的工程管理规范,进而形成工程建设"合力"。可以说,任何工程管理规范都不是永恒不变的真理,其合理性与科学性具有一定的时空界限。因此,工程管理必须依据现代工程活动的主体需要、客体对象、技术装备等实际情况,不断改进与完善工程管理规范,促进工程管理规范与工程管理创新的辩证统一与互动发展。

3.7.5　队伍与制度的共同提升

工程管理者或工程管理队伍,既是工程管理制度的制定者,也是工程管理制度的实践者。工程管理制度能够规范工程管理者的行为、提升工程管理者的境界。而工程管理者的每次提升又能进一步洞悉工程管理制度的品质,促进工程管理制度的与时俱进与协调发展。因此,工程管理者与工程管理制度存在相互作用、共同提升的关系。一个科学合理的工程管理制度,能够规范整个工程活动,可以及时地处理和协调工程活动出现的各种关系与各种矛盾,提升工程活动的节奏与效率。在实践中,工程管理制度的确立需要得到大多数工程实践者的认同和理解,这种认同能够进一步促进工程管理制度的自我强化,使其逐渐由外在的强制转变为内在的自觉。

随着工程管理实践的深入,工程实践活动的复杂性不断增强,迫切需要大量优秀的工程管理人才。优秀工程管理人才的涌现,除需要不断提高我国高校工程管理教育的水准外,还需要不断完善工程管理制度。在科学合理的工程管理制度推动下,可以培养、锻炼与造就出一支高素质的新型工程管理队伍。这支高素质的工程管理队伍,可以站在更高的层面上,以远大的眼光重新审视并修正现在的工程管理制度,保证其科学性和合理性,实现工程价值最大化。这一辩证过程,恰恰体现了工程活动"一切为了人""一切依靠人"以及二者的统一,最终实现"以人为本"的工程管理核心宗旨。

3.8　案例

3.8.1　中国航天工程的现代工程价值

以中国航天工程为例,中国航天事业的发展原则是:"中国将发展航天事业作为增强国家经济实力、科技实力、国防实力和民族凝聚力的一项强国兴邦的战略举措,作为国家整体发展战略的重要组成部分,保持航天事业长期、稳定的发展。"可见,评价载人航天工程的价值不能只局限于其经济价值,必须综合考虑其对国家经济、科技、国防、民族凝聚力以及国家的整体发展战略的影响。简要概括,发展载人航天工程具有如下五大价值。

1. 载人航天是国家综合实力的体现

可以说,载人航天是当今世界技术最复杂、难度系数最大的人类工程,依赖于众多高科技支撑和强大经济实力作为后盾。如果没有强大的科技支撑体系和雄厚的经济实力,无法实施载人航天工程。因此,开展载人航天工程,有助于充分展现我国的综合实力,增强中华民族的自信心、自豪感与国际影响力。

2. 载人航天可以促进科学技术的进步

载人航天工程不仅涉及近代力学、地球科学、空间科学、天文学、航天医学等学科,还涉及系统工程、自动控制、通信、遥感、新能源、新材料等众多高科技领域。我国的载人航天工程在火箭、飞船以及测控系统等方面研制过程中,创新了系统工程理论与方法,攻克了一系列核心技术难题,取得了大量自主创新科技成果,促进了我国科学技术水平的迅速发展与全面进步。

3. 载人航天有利于推动国民经济的发展

目前,虽然载人航天工程难以直接推动国民经济建设与国家经济发展,但发展载人航天工程对国民经济有着深远的影响。一方面,科学家可以利用太空的微重力、高洁净、全真空等特殊环境,进行一系列的科学试验,探索技术创新和方法创新,为地面生产提供借鉴。例如,利用太空诱变技术进行航天育种,可以生产高产、优质、多抗的青椒、番茄、水稻、小麦等农作物新品种;另一方面,发展载人航天工程,可以直接带动一大批与空间相关的产业发展,优化产业结构。

4. 载人航天培养了一大批尖端科技和管理人才

发展载人航天工程,能够培养科技队伍。据统计,在载人航天工程中,35 岁以下的年轻人已经占到科技人员队伍的 70% 以上。这些精英人才的存在,为我国航天科技事业的可持续发展提供了坚实的保障。在载人航天工程实施过程中,一大批中青年骨干得到锻炼、迅速成长,不仅成为航天事业的中坚力量,也成为国家科技支撑体系的领军人才。

5. 载人航天有利于保障国家安全

一方面,载人航天工程的发展,实现了从太空中观察地球的夙愿,人们可以更深入地了解地球全貌及其构造,准确预报洪水、飓风、地震等自然灾害的发生,预防灾害发生、降低灾害损失;另一方面,实施载人航天工程展现的综合国力能够给敌对分子足够的威慑。有人比喻载人航天是当代的万里长城。万里长城是一个象征、一个符号,代表着中原王朝的先进生产力,象征着拒敌于国门之外的坚强意志,其象征意义远大于实际功用,但威慑力量与军事价值同样重要。

总而言之,现代工程价值观是当代学科交叉渗透的趋势下形成的对工程活动的新认识,反映了当代建设工程文化包容整体社会,同经济、文化、生态交叉融合、协调构建的新趋势,是对传统价值观的扬弃和超越。一方面,拓展了工程的内涵和外延。在内涵上,将科学、技术以及非技术要素融为一体,形成完整的工程活动系统,引领工程活动;在外延上,将生态系统和社会系统纳入工程系统,重视自然的内在规律以及工程对社会结构的影响。另一方面,现代工程价值观是多元的。随着现代工程的发展,工程价值观受到科学、技术、社会、环境以及伦理道德因素的影响,并形成与之对应的价值观,这些价值观相互联系,相互交织,共同指导工程实践。

3.8.2 都江堰水利工程的工程价值

战国时期(前256年)修建的都江堰水利工程,位于四川省都江堰市西,坐落在成都平原西部的岷江上。它由秦国蜀郡太守李冰主持修建,至今仍能正常使用。

1. 都江堰的近代经济价值

都江堰位于岷江由山谷河道进入冲积平原的地方。由于河道狭窄,岷江和其他支流水势会随山洪暴发而骤涨,往往会泛滥成灾,而洪水退去,又是沙石千里。受玉垒山阻碍,形成"东旱西涝"的局面。

蜀郡守李冰在职期间,通过深入调查研究,总结已有治水经验,最终在岷江出山流入平原的灌县,建成了都江堰。都江堰工程的当期经济价值主要体现在:有效解决了"东旱西涝"的问题,使成都平原成为"沃野千里,天府之上"的粮食产区。都江堰工程竣工后,成都平原逐渐成为全国重要的经济中心。

2. 都江堰的远期经济价值

都江堰水利工程的远期经济价值主要包括防洪灌溉价值、生态功能价值与旅游价值。都江堰水利工程充分利用当地的自然条件和地理环境,根据特殊的地形、水脉、水势,因势利导,无坝引水,自流灌溉,科学地解决了江水自动分流、自动排沙、控制进水流量等问题,可以说都江堰水利工程是一项伟大的"生态工程"。都江堰水利工程除防洪、灌溉、水运等效益外,还有相当高的旅游价值。目前,都江堰已经成为世界文化遗产、世界自然遗产、世界级风景名胜区、国家5A级旅游景区,这是当年都江堰工程项目设计时并没有想象到的远期经济价值。

3. 都江堰的社会价值

在现代化的今天,都江堰的治沙思想仍具有现实的借鉴意义。这种现实意义不仅体现在针对具体的水利工程建设上,而且有助于我们构建和谐社会。构建和谐社会包括两个方面的内容,即人类社会内部各层次之间的和谐以及人与自然之间的和谐。秦国在水资源利用过程中所反映的就是人与水即人与自然之间的和谐关系。科学地利用水资源不仅是我们今天构建和谐社会的重要内容,而且是我们平衡人类社会内部各阶层之间关系、构建完全意义上的和谐社会的重要参考。

4. 都江堰的伦理价值

都江堰是中国生态伦理文化在水利工程中的具体体现,生态伦理生动地体现在工程规划、结构与材料、建造、维修的各个环节。传统都江堰工程中的水利伦理文化在处理水利工程涉及的利益问题时,不但考虑了当代人的利益,而且考虑了后代人的利益,以道法自然为水利工程的伦理前提,是一种水利工程生态伦理文化。

5. 都江堰的文化价值

从广义上说,水文化是人水关系的文化,是人水互动形成的物质和精神财富的总和。都江堰水利工程,不仅是一座影响深远、利及千秋的水利生态工程,更是中华民族治水史上的文化丰碑和水文化遗产。都江堰水文化的思想精神内涵十分丰富,永远值得后人挖掘、传承和发展。具有"道法自然"的哲学观,"天人合一"的思想观,"以人为本"的发展观,"道风仙

气"的文化观。通过工程本身表现出来的都江堰水文化思想博大精深,也正是这些思想,在
都江堰的设计、建设与修缮过程中发挥了重要的引领与主导作用,从而造就了成都平原"天
府之国"的美誉。无论是从物质层面还是从精神层面看,都江堰水文化都具有旺盛生命力,
其内核要义与当今生态文化发展总体要求基本一致,与水生态文明建设背景下现代水文化
建设方向高度契合,是促进人水和谐、"社会、经济、自然"复合生态系统健康可持续发展的
文化。

6. 都江堰的科学价值

都江堰水利工程的治水思想是"循自然,顺水势",主张人与自然的和谐统一,在尊重自
然规律的基础上发挥人的主观能动性,利用不同的水脉和地形,无坝分水,壅江排沙,因地制
宜,自流灌溉。都江堰水利工程的规划、设计、施工和管理,都体现着一个指导方针,即"乘势
利导,因时制宜"。这是对长期治水经验的总结和利用,蕴含着深刻的哲理和科学方法,更是
中国古代朴素唯物主义思想的结晶。

思考题

1. 阐述现代工程价值观的内涵与特点。
2. 如何理解工程的准则?
3. 论述工程总目标和工程目的的关系。
4. 现代工程包含哪些价值?
5. 工程活动中存在哪些伦理问题?
6. 为什么说规范与创新的相互促进体现了现代工程价值?

参考文献

[1] 何继善.工程管理论[M].北京:中国建筑工业出版社,2017.
[2] 毛如麟,贾广社.建设工程社会学导论[M].上海:同济大学出版社,2011.
[3] 张小飞,陈莉.现代化视域中的工程本质与价值选择[J].西南石油大学学报(社会科学版),2009,
    2(1):59-63.
[4] 成虎,宁延.工程管理导论[M].北京:机械工业出版社,2018.
[5] 朱颖超.油气生产与生态环境协调发展的对策建议[J].价值工程,2011(11):41-42.
[6] 杨善林,黄志斌,任雪萍.工程管理中的辩证思维[J].中国工程科学,2012(2):14-24.
[7] 李世新.工程伦理学研究的两个进路[J].伦理学研究,2006,26(6):31-35.
[8] MARTIN M W,SCHINZINGER R. Ethics in Engineering[M].Boston:McGraw-Hill,2005.
[9] 王进.论工程与伦理的融合[J].工程管理学报,2015(1):23-27.
[10] 王进.工程共同体视角下的工程伦理学研究[J].中国工程科学,2013(11):97-102.
[11] 李世新.工程伦理学概论[M].北京:中国社会科学出版社,2008.
[12] 肖平.工程伦理学[M].北京:中国铁道出版社,1999.
[13] 牛津英汉百科大辞典编辑部.牛津英汉百科大辞典[M].台北:百科文化公司,1985.
[14] 李伯聪.绝对命令伦理学和协调伦理学[J].伦理学研究,2008(5):42-48.
[15] 宁先圣.工程技术人才观探析[D].沈阳:东北大学,2006.
[16] 江政宪.营造工程伦理与职业道德研究[D].台北:朝阳科技大学,2001.

[17]　王晃三.融入各工程专业课程的伦理教学设计[R]//国科会研究计划报告,1994.

[18]　林铁雄.建构台湾之伦理环境:九二一集集大地震建筑物震害之省思[R]//义守大学土木系技术报告 ST90.3,2001.

[19]　马丁,辛津格.工程伦理学[M].李世新,译.北京:首都师范大学出版社,2010.

[20]　何继善,王孟钧.工程与工程管理的哲学思考[J].中国工程科学,2008(3):9-12+16.

[21]　何继善,王孟钧,王青娥.工程管理理论解析与体系构建[J].科技进步与对策,2009,26(21):1-4.

[22]　朱思红.都江堰的科学价值[J].秦始皇帝陵博物院,2012(00):377-382.

[23]　邓仁.都江堰与水利工程伦理[J].华北水利水电学院学报(社科版),2010,26(4):108-113.

[24]　郑大俊,王炎灿,周婷.基于水生态文明视角的都江堰水文化内涵与启示[J].河海大学学报(哲学社会科学版),2015,17(5):79-82+106.

第4章

工程管理基础理论

本章主要介绍现代工程管理基础理论,包括系统论、控制论、信息论、最优化理论等及其在工程中的应用,并结合组织行为科学的发展,介绍工程管理基础理论的发展前沿和趋势。

4.1 基础理论概述

工程管理基础理论是指在工程管理理论体系中起基础支撑作用,具有根本性、稳定性、普遍性特点的理论。这些基础理论的思想和应用贯穿于整个工程管理专业和学科体系中。

工程管理基础理论主要产生于现代管理学理论,是现代管理学理论在工程领域的具体应用,其中最广泛和最核心的是系统论、控制论、信息论和最优化理论。由于工程和工程管理的特殊性,基础理论还涉及现代工程学、经济学、数学、信息科学、社会学、艺术学、法学等理论。

系统论是研究系统的模式、原则和规律,并对其功能进行定量化描述的理论;控制论是研究各类系统的控制和调节的一般规律的综合性理论;信息论是研究信息的提取、变换、存储与流通等特点和规律的理论;最优化理论旨在讨论决策问题的最佳选择的特性,构造寻求最佳解的计算方法,研究这些计算方法的理论性质及实际计算表现,对于给出的实际问题,从众多的方案中选出最优方案。

在现代工程管理实践日趋复杂的环境下,工程管理面临许多规模巨大、关系复杂、参数众多的问题。在此环境下,工程管理基础理论为解决复杂的工程管理问题提供了新思路和新方法,并促进了各门科学的快速发展。

下面主要讨论工程管理中最为基础和常用的理论:系统论、控制论、信息论和最优化理论。

4.2 系统论

4.2.1 系统论概述

1. "系统"的定义

"系统"一词源于古希腊语,是由部分构成整体的意思。作为工程界应用最为广泛的词语,专家和学者从不同角度对系统进行了定义。

系统论或一般系统论的创始人路德维希·冯·贝塔朗菲(Ludwig von Bertalanffy)认为:"系统可以定义为相互关联的元素的集合。"钱学森等学者对系统的定义是:"系统是由相互作用和相互依赖的若干组成部分结合而成的、具有特定功能的有机整体。"尽管不同专家和学者对系统的定义不同,但他们都注重系统的三个基本特征。

(1) 整体性(集合性):一个系统由两个或两个以上元素构成。

(2) 相关性:构成系统的各元素之间是相互依存、相互制约的关系。

(3) 元素及元素之间的关系决定系统整体的特定功能。

系统是"过程"的复合体。系统是不同要素组成的组合,但这种组合并不是要素的简单堆积,而是为了适应环境和系统所预期的整体功能的要求,按照一定方式或规则进行的组合,进而提高系统的整体性能,更加有效地实现系统目标。其目的是最大化地提高整体功能,适应环境要求,更好地实现系统目标。

系统是普遍存在的。我们就处在由各种系统所构成的客观世界,如自然生态系统、国民经济系统、城市系统、企业系统、教育系统等。

2. 系统工程和系统论

系统工程是指运用科学的方法,从整体出发,合理策划、设计、实施和运行工程系统,使系统在最优状态下运行。钱学森于1978年给出了系统工程的定义:"系统工程是组织管理系统的规划、研究、设计、制造、试验和使用的科学方法,是一种对所有系统都具有普遍意义的方法。"

1937年,贝塔朗菲提出了一般系统论原理,奠定了系统论的理论基础。系统论是研究系统的结构、特点、行为、动态、原则、规律以及系统间的联系,并对其功能进行定量化描述的理论。

系统论认为,虽然系统是一个内涵十分丰富的概念,但不同系统之间也存在共性。整体性、关联性、复杂性、开放性、动态性等是所有系统的基本特征。系统论在研究和解决问题时,将处理对象作为一个整体对待,以系统为对象,从系统的整体性出发研究构成系统各要素的关系,进而明确研究对象的特定结构和功能,最优化地解决问题。

系统论整体性的观点,改变了人类解决和处理问题的方式,为工程管理实践提供了新的方法论和分析体系,对工程管理实践产生了深刻的影响。同时,工程管理实践中的反馈又进一步更新和完善了系统论的内容,推动着系统论和工程管理实践的动态发展。

3. 工程管理系统及特性

工程管理是在工程主要活动过程中产生的开展和完成一系列特定管理活动的集合。从工程管理所涉及的知识来看,工程管理既有很强的技术专业性,又有很强的社会性,是多学科的交叉;从工程管理的时间范围来看,工程管理活动贯穿于工程可行性研究、工程设计、工程施工、工程运营等工程的全寿命周期过程;从工程管理的作用来看,工程管理不仅影响工程自身的进度、效率,还会影响到工程所在的社会、环境。因此,应该采用系统工程的思想来指导工程管理的全部活动。

任何一个工程都是一个系统。工程管理系统包含以下四个要点。

(1) 系统及其要素。系统是由两个以上要素组成的整体,构成这个整体的各个要素可以是单个事物(元素),也可以是一群事物组成的分系统、子系统等。系统与其构成要素是相对的概念,取决于所研究的具体对象及其范围。

(2)系统和环境。任一系统又是它从属的一个更大系统(环境或超系统)的组成部分,并与其相互作用,保持较为密切的输入输出关系。系统连同其环境或超系统一起形成系统总体。系统与环境也是两个相对的概念。

(3)系统的结构。构成系统的诸要素之间存在有机联系,在系统内部形成一定的结构和秩序。结构即组成系统的诸要素之间相互关联的方式。

(4)系统的功能。任何系统都有其存在的作用与价值、运作的具体目的、特定的功能。系统功能的实现受到其环境和结构的影响。

工程管理系统具备整体性、动态性、复杂性、普遍性、目的性、多目标性、开放性、人本性和战略性等9个一般特性。其中,整体性是系统的核心特性。具有相对独立功能的系统要素以及要素间的相互关联、能量转换、空间与时间优化,是根据系统功能依存性、逻辑统一性和技术规范性的要求,协调存在于系统整体之中。各系统整体中,即使并不是每个要素都很优越,但它们也可以通过特定的集成方式,使之协调、综合成为具有良好功能的系统;即使每个要素都是良好的,但作为整体,由于集成协调不当却不具备某种良好的功能,这也不能称为完善的系统。工程管理系统的整体性强调基于系统的综合集成创新。

现代工程系统中除属性与功能多样、系统与环境的关系紧密等特性之外,还存在内部结构与运行行为复杂的特性。在一般系统中,如果系统组成要素之间的关联比较复杂,系统结构形成了不同的层次,或其他原因导致该系统不能通过"分解再叠加"的还原论来认识,我们称这样的系统为复杂系统。复杂系统是指规模庞大、结构复杂的系统,其庞大、复杂程度需要根据问题、知识、解决手段等方面共同确定。目前主要基于其递阶层次结构和子系统分解、分布式信息处理和控制的基本思想和方法论来加以定性。这类系统的主要特征可以概括如下。

(1)系统的功能和属性多样,多重目标往往导致矛盾和冲突,导致目标间出现相互消长的现象。复杂系统的构成要素种类多、数量大、不同质,其状态变量维数通常高到难以集中处理的程度。

(2)系统中信息是分散、分布式、多时间尺度的,且信息量大至难以完全采集和处理的程度。

(3)子系统数量多,时空变化范围大,并具有多层次和分散的控制结构。

(4)各子系统控制和优化的目标是多种、多层,甚至互相冲突的,它们常代表其中不同人群的利益和价值标准,从而导致多人决策和博弈论方法的应用。

此外,复杂系统还具有经济性突出等特点。工程管理所面临的问题,大多数为大规模复杂系统。工程管理项目的系统复杂性主要体现在以下几个方面。

(1)项目结构复杂性

结构复杂性主要是指工程项目不同要素间、不同子系统间以及它们与系统环境间作用方式的多可能性和复杂性。例如,在项目实施中,环境不确定性的增加导致项目实施过程中不可预见因素增多,形成对项目的外部干扰,这些干扰会使项目的目标、项目的成果、项目的实施过程有很大的不确定性。工程项目整体所覆盖的地域面积广阔,客观上带来施工环境的复杂多变。同时由于工程空间涉及面广、工程标段众多、工程任务之间的衔接环节多,不同工程标段的任务协调和进度控制难度加大,对项目的范围管理、质量管理、风险管理、沟通管理等内容造成了更多困难。例如,苏通大桥的主体工程由北引桥、主桥、辅桥、南引桥组成,在主体工程标段划分的决策中,不仅要照顾到工法一致、保证质量、便于承包商施工和设备的利用,同时要考虑到便于业主管理。

(2)项目过程复杂性

工程项目,特别是大型工程项目,其建设周期一般比较漫长,有的历时几年、十几年,甚至更长时间。例如,港珠澳大桥工程计划建设周期 8 年,三峡工程从批准建设到完工共历时17 年。超长的建设周期增加了项目建设过程中的不确定性,对工程项目的计划控制、进度管理、成本管理、风险管理等带来了巨大的挑战。工程项目的过程复杂性主要是因为项目随时间演进呈现出波动的特征,主要体现在:一是项目不同实施阶段的工程管理项目组织架构呈现出多变、各异的特性;二是项目管理者必须及时对项目过程中的动态变化做出实时响应,并根据具体情况采取动态的项目管理调控措施。如世界最长的斜拉桥苏通大桥工程建设周期长达 5 年,其间历经了数次大宗施工材料(如钢材、水泥等)的价格浮动,使得合同费用变更频繁,承包商成本风险加大。

(3)项目主体复杂性

工程项目参与主体指围绕项目建设目标,在一定的协作规则下从事工程建设及相关管理活动的个体和组织,主要包括政府、业主、承包商、分包商、设计单位、监理单位、投资者等。大型工程管理项目的参与主体众多,可能成百上千,而且在空间分布上一般是分散的,可能是跨省市、跨国家的。工程项目建设期间,这些利益主体需要相互很好地协作,才能支撑工程项目的顺利建设,但由于利益主体的价值目标不同,极易引发主体间的合作博弈和利益冲突。众多参与主体带来的项目主体复杂性也对工程组织管理模式和组织结构设计提出了新的挑战。

(4)项目专业知识复杂性

工程管理项目施工难度大、缺乏足以满足施工需求的成熟技术,因此必须通过工程技术创新应对施工建设方面的挑战。例如,苏通大桥是世界上同类型跨径最大的桥梁,存在许多世界级的技术难题,技术创新成为苏通大桥建设的支点。在建设过程中,苏通大桥坚持自主创新、博采众长,以集成创新为主,辅以引进消化吸收再创新的技术创新模式,攻克了一批大跨径桥梁建设的关键技术,解决了一批世界级建桥技术难题。

(5)项目实施环境复杂性

工程管理项目实施所面临的环境既包括社会经济环境,又包括自然环境。开放的工程项目实施环境,包括社会、经济及法规、自然环境等方面给工程项目实施的组织设计、运行机制及实施主体之间关系的处理上,都带来了多方面的复杂性。环境复杂性包括开放性和动态性。任何工程项目都是在一定的社会历史阶段,一定的时间和空间中存在的。在它的发展和实施过程中一直是作为社会大系统的一个子系统,与社会大系统的其他方面(环境)有着各种联系,有直接的物质、信息、能量的交换。另外,由于项目所在地的政治环境、法律环境、经济环境、国家政策、社会文化以及技术发展创新环境、气候等方面具有动态性,这些动态性通过层层关系造成了项目实施环境的复杂性。

(6)项目管理目标复杂性

工程管理项目中相同或不同管理主体对工程项目具有多方面的价值诉求,如工程建设的质量、安全、成本、进度、范围等,构成若干个独立而又相互联系的管理层次目标,并形成复杂的工程目标体系。在这一体系中,目标地位、权重不同,表述方式有定性,有定量,有些目标之间还存在约束、矛盾甚至冲突,不能根据还原论把多个目标简单地归并为单个目标,从而增加了项目管理目标的复杂性。

现代大规模复杂的工程系统往往意义重大,对一个组织的发展,对区域社会、经济、科技、环境,甚至国家战略,都会产生全局、稳定、持续、深层次的影响。许多重大工程系统问题已从微观层次上升到了宏观层次,从战术问题上升到了战略问题。工程理念和价值观正在发生变化,工程观及发展战略对工程科学、工程技术和工程管理具有支配作用。现代工程师也应具有战略眼光,其中的领军人物必须具有战略家的知识和素质。

4.2.2 系统论基本原理

系统论主要通过数学、经济学等工具建立分析模型,针对实际中的问题,研究系统运行的模式、原则和内在规律,分析和推断系统的整体特征,进而达到对实际问题最优计划、最优组织、最优控制和最优管理的目的。

1. 系统基本原理

1) 系统基本定律——系统性能、功效不守恒定律

"不守恒"是指当系统发生变化时,物质、能量守恒,但性能和功效不守恒。构成系统要素之间的关系发生变化时,系统的特定性能和功效也会发生变化。

(1) 系统的性能和功效是通过系统运行所展现出的信息来判断的,这些信息可能会因外部环境的干扰而失真,影响对系统功能的判断。

(2) 构成系统各要素之间的组合,如物质、能量、信息、数据等资源,在时间和空间上会发生重叠抵消、互补或互相干扰,从而影响系统的功能,如增强、减弱、消失、质变、产生新功能等。

2) 系统构成原理

任何系统都具有整体性,是由两个或两个以上要素之间相互关联而形成的具有特定功能的整体。构成系统的各要素之间的关联关系会优化整体系统的功能,呈现出各独立要素并不具备的性质。一般来说,较多要素构成的高层次系统具备较少要素组成的低层次系统的功能,但同时又具备低层次系统所不具备的新功能。

3) 系统整体和子系统的关系

(1) 子系统最优,未必整体系统最优。子系统保持最优状态的要素组合并不一定满足整体系统最优的要求。

(2) 系统整体最优,子系统未必最优。整体系统的最优运行可能会牺牲某些子系统的利益。

(3) 对构成系统的要素进行重新整合,可以使不完善的子系统优化为一个性能完善的系统。

2. 系统论处理问题的基本观点

系统论处理问题的基本观点就是把所处理的对象当作一个系统去分析,根据系统论的方法体系,分析系统的要素组成、结构、组合方式、功能等特点,进而优化系统。在工程管理实践中,系统论处理问题具备整体性、综合性、折中性(最优或满意)、动态调整性、具体问题具体分析等基本观点。

1)整体性

系统论以优化整体系统为目标。系统要素之间的相互关系及要素与系统之间的关系以整体为主进行协调,局部服从整体,使整体效果最优。系统论处理问题时首先应明确系统运行的整体诉求和目标,在此基础上,从整体到局部逐层分解,再从局部到整体逐层综合,进而达到协调局部、最优化整体的目标。

在工程管理实践中,系统论的着眼点在整体,要具有战略性的眼光和规划,强调工程的总目标和总效果。不同工程具有的整体目标不同,工程的整体常常指工程的全寿命周期,甚至还包括工程的整个上层系统。

2)综合性

综合性是指系统的各部分各方面和各种因素联系起来,考察其中的共同性和规律性。任何复杂的系统都是可以分解的,将其分解到每个子系统和单元就可能使问题变得简单,进而更容易解决。在处理系统问题时,要统筹全局,避免个人判断或个人意志所带来的片面性和主观性,应站在整体、客观的立场、综合分析问题的各个部分,进而把握系统运行的规律性,揭示和推断系统的整体特征。

例如,工程中要修改某部分方案,则必须要考虑到此部分方案修改前后对相邻,甚至整体工程原方案实施的影响,还要考虑到其对其他关联工程带来的发散影响。工程中每次方案的变化都会对外界环境释放一个信号,且信号在工程不同阶段的传递可能存在失真,进而对整个系统的运行产生影响。

3)折中性(最优或满意)

工程是一个复杂的系统,是人、技术、社会、经济、政治、文化、自然生态环境等要素的组合系统。一般情况下,人掌握和处理信息的能力有限,即使结合现阶段先进的信息技术手段,也不可能全面掌握工程系统的所有信息和状态,进而较难做出使系统达到最优的决策。对很多工程系统而言,使系统达到最优是比较困难或者不现实的。此时,相较于投入大量人力、物力、财力等资源追求最优方案,反而会达不到好的效果。在工程管理实践中,问题最好的解决方案就是使大家满意。所以在工程管理中,应注重折中性,妥善处理最优和满意之间的关系,因为很多时候,大家对方案的理解和接受比方案本身的优化更为重要。

4)动态调整性

系统作为一个运动着的有机整体,其稳定状态是相对的,运动状态是绝对的。系统应该对外开放,充分估计到外部环境对系统的种种影响,努力在动态调整中扩大系统从外部吸收的物质、能量和信息,进而适应环境,甚至改善环境。

系统论所面临和解决的工程管理问题,往往在解决过程中会受到很多不可控因素的影响,如自然条件变化的不确定性、经济环境波动的不确定性、人力物力财力等资源约束的变化性、个人判断的不稳定性等。此时,应根据工程系统运行所处阶段的实际情况,以优化系统整体为目标,综合考虑系统所面临的环境,动态调整工程实施方案,进而更好地优化整体系统。

5)具体问题具体分析

系统论解决的是工程管理实践中面临的实际问题。在工程管理实践过程中,无法保证系统运行一直按照最初的计划进行。系统论在工程实践中观察问题,结合系统方法论体系,基于优化系统整体的总目标,对实践中遇到的具体问题进行具体分析。

4.2.3　工程管理的系统方法

工程管理实践中所面临的问题多为大规模复杂系统,系统论作为研究和解决系统问题的方法论,贯穿于工程管理领域的各个阶段中,是处理工程和工程管理问题最有效和最基本的方法。

1. 工程系统分解方法

工程问题的解决一般遵循从整体至局部分解、再从局部至整体综合的逻辑,这也是系统论在工程管理中的具体体现。系统论在工程问题解决上的应用不仅体现在工程总体上,在各个局部也有着深刻的思想体现。系统分解是指将系统从整体到局部进行分解,从而更有效率地优化系统整体目标。

1）结构化分解

工程系统非常复杂,由多个具有不同功能的子系统相互关联构成,每个子系统具有不同的职能结构,共同维系着整个工程系统的运行。一般来说,工程中最重要的系统有工程目标系统、工程技术系统、工程行为系统、工程组织系统、工程管理系统等,它们共同决定着工程的形象。

任何工程系统都有其结构,都可以进行结构分解,分解的结果通常为树形结构图,如:

(1) 工程目标系统可以分解成目标、子目标、可执行目标,得到目标分解结构。

(2) 工程技术系统可以按照一定的规则分解为功能区和专业工程系统,得到工程系统范围和结构。

(3) 工程全寿命周期过程可以进行工作结构分解,得到工程分解结构。

(4) 工程组织可以分解为投资者、业主、承包商、设计单位、供应单位、工程监理单位等,得到组织分解结构。

(5) 工程的总成本可以分解为各成本要素,形成工程成本分解结构。

(6) 工程管理系统可以分解为各个职能子系统,如计划管理子系统、合同管理子系统、质量管理子系统、成本管理子系统、进度管理子系统、资源管理子系统等。还可以按照工程全寿命周期阶段分解为前期决策管理系统、中期建设管理系统、后期运行管理系统等。

此外,还有环境系统分解结构、资源分解结构、合同分解结构、风险分解结构、管理信息系统分解结构等。

2）过程化分解

工程系统运行的活动产生工程过程。得到工程分解结构后,在每个分解出的子结构中,构建系统运行活动之间的逻辑关系,进而得到子结构中的工程过程,每个工程过程还可以分解为相互依赖的子过程。

在工程管理中,可以从如下几个角度进行过程分解。

(1) 工程全寿命周期过程分解。根据系统原理,把工程全寿命周期分解为若干发展阶段,如工程的前期策划、中期的设计和施工、后期的系统运行和维护等。在按照全寿命周期分解的每个阶段中,还可以进一步对每个阶段进行更加细化的过程分解。

（2）专业工作实施过程分解。在一个工程或者工程系统及其子系统的实施过程中，会产生一系列的专业动作过程，可以细化为很多具体的专业操作。举例来说，在一个住宅小区的设计施工过程中，前期的策划可能会涉及住宅小区的总体面积设计、小区内部构造设计、施工图设计、质量管理策略设计等；中期的施工可以分解为打地基、支模板、砌墙、安排水电线路、封顶等专业工作。这种分解对于工程系统的高效率、高质量、高满意度运行是十分重要的。特别地，在工程系统中的专业工作实施过程分解中，各专业工作实施过程通常是循序渐进、不可逆转的过程。下一项专业的实施过程通常需要在上一过程完成的基础上进行。

（3）管理工作过程分解。按照工程系统运行中不同阶段所具有的不同性质，工程系统可以按照不同阶段所需要的管理职能的不同分解为计划管理、进度管理、质量管理、成本管理等，每一种管理职能都可以分解为相应的计划、组织、控制、反馈、创新等管理活动，形成管理过程。不同的管理职能有不同的工作内容，但具有统一的管理过程。

（4）事务性管理工作分解。工程系统的运行非常复杂，其间具有烦琐的事务性工作，如工程前期申报中与政府、社会各界之间的沟通和交流，工程前期审批的过程，工程批准后的招商引资、招标投标，工程实施中的质量检测、资金兑付，工程完成后的审查、评价等。

工程管理就是对工程运行过程和运行过程中产生活动的管理。因此，根据工程运行的不同时间阶段、过程阶段，使用流程图逐渐成为表达工程管理工作过程和思维方式最常用的方法。

2. 工程系统相关性分析

从系统论的角度来讲，构成工程的各系统之间相互关联、相互影响，内部结构和关联性错综复杂。因此，对工程系统的相关性进行分析，梳理工程系统内部各系统之间相互影响的本质和规律，有助于工程系统的管理和高效率运行。工程系统的基本逻辑关系，即系统出现的时间先后次序关系，如图 4-1 所示。

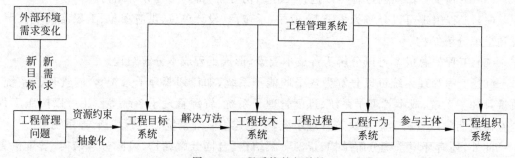

图 4-1　工程系统的相关性

（1）工程问题来源于对外部环境的需求。系统论解决社会实践中产生的问题，当外部环境系统发生变化时，就会产生新的工程需求，进而导致工程系统产生新的目标。外部环境系统对工程系统中的技术系统、行为系统、组织系统和管理系统均有着决定性影响。

（2）工程系统问题源于外部需求，可以根据系统论抽象为工程目标系统，然后通过工程技术系统的运行来实现。

（3）工程技术系统是为解决工程目标系统运行中遇到的问题、实现工程系统运行目标而设计建造出来的，其目的是维护工程系统的运行。

（4）工程行为系统是指利用工程技术系统解决工程目标系统运行问题时所进行的工程活

动的集合,如设计、施工、供应、运行维护和工程管理等工作。其行为主体是工程组织系统。

(5)工程组织系统是工程行为系统的主体。每一项工程行为都需要行为主体的参与,进而形成工程组织系统。

(6)工程管理系统由工程的目标系统、技术系统、行为系统、组织系统等联合组成,是由一整套过程及其相关管理职能组成的有机整体。工程管理系统有如下作用:对工程目标系统进行前期策划、工程可行性分析、制定工程控制策略等一系列准备工作,保证工程系统运行目标的实现;对工程技术系统应具备的基础和特殊功能进行构思设计;对工程行为系统进行组织、领导和控制;对工程组织系统进行设计、沟通、协调和指挥。

在进行整体工程管理系统设计和问题分析时,除上述逻辑关系具有重要影响外,系统要素的相关性也不容忽视。例如,对一个工程项目进行风险识别,必然是依托工作分解结构、环境结构、组织结构,最终得到风险分解结构。再如,工程技术风险分析必须依托工程系统范围和结构;工程活动(过程)风险分析必须依托工程分解结构;工程环境风险分析必须依托环境结构;工程组织风险分析必须依托组织分解结构;工程合同风险分析必须依托工程合同结构等。此外,许多工程系统之间还存在映射关系,如目标系统和组织系统、工程分解结构与组织系统、工程分解结构与风险结构之间存在映射关系。

4.2.4 其他系统论方法

在基于系统论处理工程问题时,通常采取跨学科跨专业、定性分析与定量分析相结合的处理方法。常用的方法如下。

1. 系统的集成化管理

工程管理实质上就是遵循系统思维方式,将工程中彼此分离但却相关的子系统、要素集成起来,形成有序的工程过程,以达成最终目标。

工程领域的集成化管理与制造业的集成化管理,以及一般项目管理中的综合管理有很大区别。其特殊性是由工程产品和服务、工程系统、工程实施方式等特性所决定的,如工程的单件性、施工过程的不均衡性、工程组织的复杂性、工程系统的社会性和历史性等。

系统的集成化管理内涵广泛,是理念(系统思维)、组织、过程、技术、方法、信息系统的综合,已渗透到工程实施过程和工程管理过程的方方面面。

(1)将工程构思到工程拆除的整个工程寿命周期各个阶段综合起来,形成工程全寿命周期一体化的管理过程,即"前期策划—工程规划—设计—施工—运营—维护管理"一体化。

集成化工程管理要求进行工程全寿命周期的目标管理、综合计划、综合控制、良好的界面管理、良好的组织协调和信息沟通。这是工程管理中最为重要的系统思维,要求建立全过程、全方位、全要素的管理体系。

(2)把工程的目标、各专业子系统、资源、信息、活动及组织整合起来,使之形成一个协调运行的综合体。

(3)将工程管理各个职能集成,关注工程管理系统的整体性,如将成本管理、进度管理、质量管理、合同管理、信息管理、资源管理、组织管理等综合起来,形成一个有机的工程管理系统,解决各职能管理系统之间的界面问题。

（4）集成化的工程组织和责任体系建设。

① 通过工程全寿命周期目标系统设计、组织责任体系的建立和合同策划等，将投资者、业主、承包商、设计单位、监理单位、供应商、运行维护单位（物业管理）等组合成一个整体，消除工程组织责任盲区和工程参加者的短期行为，保持整个工程组织责任体系的连续性和一致性。

② 集成化团队构建。建立"设计—施工—运行"一体化的组织运作体系，减少组织界面损失，如各方介入建设计划的制订过程；承包商、供应商和运行维护单位参与设计；实施方案作为设计任务的一部分在设计阶段完成；设计单位介入施工过程，参加施工方案制定并指导施工；在运行过程中，设计单位仍然承担相应的指导、告知、咨询等责任。这种团队协作关系有助于改善组织内的短期行为和组织间的冲突，增强共同抵抗工程风险的意识，提高工程的运行效率。

③ 推行业主投资项目全过程责任制、工程总承包（engineering procurement construction，EPC）和项目管理承包。在可能的情况下让承包商参与项目融资，对运行维护负责。

（5）采用集成化的合同体系设计方法。

20 世纪 80 年代以来，体现集成化管理是新工程合同理念之一，具体表现在许多方面，如：

① 各个合同的起草和签订应符合工程总目标，而不是阶段性目标。

② 在工程合同策划中，注重构建平行合同（如设计合同、供应合同、工程施工合同）和不同层次合同（工程承包合同、分包合同）之间的内在联系，使它们一体化。

③ 通过合同条款设计，构建各方面的关系，减少合同界面的漏洞。

④ 国际咨询工程师联合会（Fédération Internationale Des Ingénieurs-Conseils，FIDIC）土木工程施工合同规定：承包商可以使用业主提供的设备、临时工程，但要支付费用。同时，承包商要听从工程师的指令向其他承包商提供设备和临时工程，使用者要给予补偿。这样将现场不同承包商（供应商）的设备一体化管理，形成资源共享，降低整个工程的成本。

2. 系统建模

系统化解决工程管理问题一般要经过建模、优化、评价、决策等环节。通过成熟的数学、经济学等理论模型，如线性规划、动态规划等方法（4.5 节将介绍常用的系统优化理论与方法），将具体工程问题抽象为模型，借助模型将工程管理问题系统化、可视化和可操作化，进而更加科学、准确、方便地对工程管理问题进行策划、设计和实施。综合采用系统结构模型化技术，主成分分析、聚类分析等数据分析方法，层次分析法、模糊综合评价、灰色系统模型等评价方法，对工程系统运行前期的可行性、中期的技术有效性、后期的绩效等进行分析、优化与评价。

3. 系统组织管理

系统的组织管理方法主要基于组织行为学。组织行为学理论以劳动分工为基础，以提高组织绩效为目的，重点探讨个体、群体以及组织系统对组织内部行为的影响。随着泰勒的科学管理理论、法约尔的行政管理理论、韦伯的结构化理论等对组织行为学理论的不断补充，组织行为管理越来越受到工程管理理论界的重视。

从组织行为学角度出发，工程管理是在特定资源、环境条件下，为实现特定目标，对由个体和群体组成的工程成员组织进行管理。因此，工程效果如何取决于工程系统的组织管理。

工程系统的组织管理涉及组织结构、组织文化、人力资源政策以及工作设计与压力等，下面分别对其在工程管理中的应用进行介绍。

1）工程管理组织结构

组织就是指两个或两个以上的个人，为了达到特定目的，以一定方式有意识地联系在一起，组成一个群体。该群体有一定的分工以及不同层次的权利和责任制度，按一定规则从事各种经济和社会活动。在进行工程组织结构设计时，需要：①确定工程管理目标，工程管理目标是工程组织设立的前提，明确组织目标是组织设计和组织运行的重要环节。②确定工作内容，根据管理目标确定为实现目标所需完成的工作，并对这些工作进行分类和组合。③选择组织结构形式，确定岗位职责、职权，根据工程的性质、规模、建设阶段选择不同的组织结构形式，以适应工程管理的需要，同时根据组织结构形式和例行工作，确定部门、岗位以及其职责，并根据责、权、利一致原则确定相应职权。④设计组织运行的工作程序和信息沟通方式，以规范化、程序化的要求确定各部门工作程序，规定他们之间的协作关系和信息沟通方式，制定一系列管理制度。⑤确定人员配备，按岗位职务的要求和组织原则，选配合适的管理人员，特别是各级部门的主管人员。

2）工程管理组织文化

组织文化是组织全体成员共同接受的价值观念、行为准则、团队意识、思维方式、工作作风、心理预期和团队归属感等群体意识。在工程管理活动中，良好的组织文化鼓励创新、鼓励竞争、鼓励开拓，要求小组与小组之间、员工与员工之间营造一种合作、协调、沟通、互助的氛围，通过团队精神建立和发扬，充分发挥组织的人、财、物资源优势。

3）工程管理人力资源政策

工程管理中的人力资源管理包括工程项目成员的招聘录用与培训、绩效评估、报酬体系、劳资关系的设计及项目完工人员安置等内容。为了提高项目成员的技术、人际关系和处理问题的能力，可采用脱产或在职方式对工程项目成员进行培训。特别是对工程管理人员和从事非常规性工作的项目成员来说，其工作的核心就是分析问题、解决问题，这就需要提高他们处理问题的能力。为了科学地制定人力资源政策，工程管理者需要对工程项目成员进行绩效评估。工程管理者需要注意的是，很多项目成员既受项目组经理的领导，同时又受母体组织的领导，在人力资源政策中，项目成员薪酬、评价、晋升体系相当复杂。

4）工程组织的工作设计及压力管理

按照组织行为学理论，工作方式、工作任务时效性、工作目标的挑战性、工作的灵活程度以及工作面临的压力等，都对工程项目成员的工作绩效有很大影响。这就需要项目管理者合理制订成员的工作计划，并给予一定压力。工程管理实效性强，资源限制多，工程管理者不妨通过给每一个职位增加一定的压力，以提高员工的工作绩效，如鼓励个体参与决策、项目组内部互检、换岗位培训等都是有效方法。当然，压力过高也会产生负面效应，如导致成员焦虑、情绪低落、工作满意度和工作效率降低，甚至产生缺勤和离职行为，这也是项目管理者在设计工作压力时要加以注意的。

4.3 控制论

4.3.1 控制论概述

控制论是由数学家维纳在20世纪40年代创立的，是继系统论之后的又一核心理论。

在控制论中,"控制"的定义是:为了改善某个或某些受控对象的功能或发展,需要获得并使用信息,以这种信息为基础而选出并作用于该对象上,就称作控制。在工程管理中,控制是为了保证工程预定目标的实现,由施控主体(如工程管理者)对受控客体(如工程实施过程)产生的一种能动作用,使受控客体根据工程前期策划的预定目标运动,改善受控对象的功能和系统整体的运行。控制的基础是信息,一切信息传递都是为了控制,进而任何控制又都有赖于信息反馈来实现。信息反馈是控制论中一个极其重要的概念。

维纳把控制论看作一门研究机器、生命社会中控制和通信的一般规律的科学,是研究动态系统在变化的环境条件下如何保持平衡状态或稳定状态的科学,是综合研究各类系统(动物、人类和机器)的控制、信息交换、反馈调节的科学,并且着重于研究过程中的数学关系。

控制论是涉及人类工程学、控制工程学、通信工程学、计算机工程学、一般生理学、神经生理学、心理学、数学、逻辑学、社会学等众多学科的交叉学科。

4.3.2　工程管理中的控制

管理系统是一种典型的控制系统。管理系统有五大职能,包括计划、组织、领导、控制、创新。控制作为最重要的管理职能之一,其实质就是使管理实践活动符合管理的前期计划。计划是控制的标准,控制能够有效确保组织目标和预定计划的实现,使系统稳定和高效率地运行。在管理学中,控制是一个完整的管理过程,包括提出问题、计划、监督反馈等过程。控制工作的首要目的就是将计划实施各阶段的执行结果与管理初始的计划相比较,及时纠正系统运行偏差,实现管理活动的既定目标。

控制过程实质上是通过信息的实时反馈,揭示工程活动中存在的问题和规律性。只有持续获得有效信息,才能对工程进行调节和完善,达到优化的状态。任何系统都是由因果关系联结在一起的元素的集合,元素之间的这种关系称作耦合。控制论就是研究耦合运行系统的控制和调节的,为了控制耦合系统的运行,必须明确系统的控制标准。可以通过对系统的调节来纠正系统输出与标准之间的偏差,从而实现对系统的控制。

此外,控制也可能会产生新的计划和目标。系统运行的外部环境是不断变化的,在管理活动前期的计划工作中,不可能掌握全部的外界环境信息和准确预测外界环境的变化,进而导致计划在执行过程中可能存在无法预料的偏差。在此情况下,管理者根据系统运行过程中产生的信息,就会产生新的目标和计划,从而对原目标和计划进行修订,进而产生新的控制标准,影响整个管理活动。

1. 工程控制的作用

在现代工程管理中,控制具有举足轻重的作用。

(1)工程管理主要采用目标管理方法,无论是前期策划阶段确定的总目标,还是经过设计和计划分解得到的子目标,必须通过控制才能实现。没有控制,目标就无法实现。工程作为多目标系统,常会产生目标冲突,在控制过程中必须保证目标系统的平衡,包括子目标与总目标、阶段性目标与总目标的协调。同时,工程目标具有多重性,工程中的控制范围非常广泛,如工程质量控制、时间控制、成本(投资)控制、各方面满意目标控制、环境控制、安全和健康控制等,彼此间存在复杂的内在联系。此外,工程目标又具有可变性,在工程实施中受到上层组织战略、实施环境、新技术等影响,常常需要修改目标。

工程中的干扰因素可能有外界环境的变化(如恶劣的气候条件、货币贬值、异常地质条件等)、资源供应不足(如停水、断电、设备供应受阻、资金短缺等)、设计和计划的错误、上层组织新的要求、政府新的干预等。这些都会对项目实施造成干扰,使实施过程偏离目标。

(2)现代工程具有规模大、投资大、技术要求高、系统复杂的特点,实施难度大,不进行有效的控制很难保证项目的有序进行。

(3)由于专业化分工,参与工程的单位众多,工程的顺利实施需要各单位在时间上、空间上协调一致。但各工程单位作为不同的利益主体,其工作侧重点各不相同,容易造成行为的不稳定性、不一致性、不协调甚至冲突,使工程过程中断或受到干扰,导致实施状态与目标之间出现偏差。因此,严格的控制十分必要。

(4)工程的设计和计划是基于许多假设条件的,在工程中由于各种意外情况会使实施过程偏离目标和计划,必须不断调整工程实施过程,及时纠正偏差。如果不进行控制,会造成偏差增大,最终导致工程失败。

2．工程控制的层次性

现代工程要求系统地、综合地控制,并形成一个由总体到细节,包括各个方面、各种职能、严密多维的控制体系。

1)不同阶段控制的差异性

(1)在工程的前期策划阶段,对工程构思、目标设计、建议书、可行性研究的审查、批准都是控制工作。而且按照工程寿命周期的影响曲线,前期控制的效果最好,能影响整个寿命周期。所以控制措施越早实施,对工程及其成本(投资)影响越大,效果越好。但遗憾的是,在工程初期,其功能、技术标准要求等详细目标和实施方法尚未明确,使控制的依据不足,所以常常疏于这个阶段的控制工作。

工程前期的控制主要是投资者、企业(上层组织)管理的任务,表现为在确定项目目标、可行性研究、设计和计划中的各种决策和审批工作。

(2)在设计和计划阶段,需要对各种设计方案、实施方案做出选择决策,对设计和计划文件进行审查批准。

(3)在工程施工阶段,因为技术设计、计划、合同等已经全面定义,控制的目标和过程十分明确,所以十分重视这个阶段的控制工作,将它作为工程管理一个独特的过程。

2)不同组织层次控制工作的差异性

从上层投资者到工程的基层操作人员都有控制任务,但他们的控制工作存在很大的差异性。

(1)高层管理者的控制主要采用决策、监督和审批等方法。

(2)项目管理者主要承担工程实施控制工作,直接领导相关的工程组织。他们不仅提出咨询意见、做好计划,而且需要到现场负责工程实施控制工作,是管理任务的承担者。工程管理注重实务,为了使工程控制有效,工程管理者必须介入具体的实施过程,进行过程控制,要亲自布置工作,监督现场实施,参与现场各种会议,而不是做最终评价。因此,现场一经开工,工程管理工作的重点就转移到了施工现场。

(3)在实施层,主要是工作过程控制,如在工作质量、工作进度和费用(包括资源消耗)等方面的控制。

4.3.3　工程控制的内容和过程

1. 工程控制的内容

工程实施控制的内容极其丰富,其对象与前述工程管理涉及的各方面管理内容一致。

(1) 对工程目标的控制,如成本(费用、造价、投资)控制、质量控制、进度控制等。目标控制是基于成果的控制。

(2) 对工程资源相关要素的控制,如技术、资源(设备、材料、资金、劳务)、信息、现场等方面的控制。

(3) 对保障工程顺利实施相关要素的控制,如组织、利益相关者、法律和合同、风险控制。

2. 工程控制的过程

控制是一个积极的持续改进的过程。这个过程具有普遍的意义,即整个工程的实施以及上述各个对象的控制(如成本控制、进度控制等)都具有相似的控制工作过程。工程管理的控制过程如图 4-2 所示。

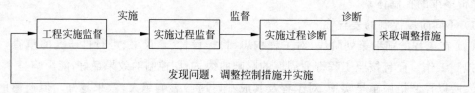

图 4-2　工程管理的控制过程

1) 工程实施监督

监督是实施控制的首要任务,由于工程的复杂性和多变性,必须通过经常性监督以保证整个工程和各个工程活动有效地、经济地实施,达到预定目标。工程监督包括许多工作内容,例如:

(1) 保证按照计划实施工程。工程的每一个阶段和每一项工作都要正式启动,确保每项工作有明确的组织,按计划规定的时间开始。要认真严肃地对待计划,不能随意变更和修改计划,否则会导致工程失控。

(2) 提供工作条件,沟通各方面关系,划分责任界限,处理矛盾。

(3) 监督实施过程,开展各种工作检查,如整个工程要检查、试验、验收,规范现场秩序等。

(4) 预测施工过程中的各种干扰和潜在的危险,并及时采取预防性措施。

(5) 记录工程实施情况及环境状况,收集各种原始资料和实施情况的数据。

(6) 编制日报、周报、月报,并向工程相关者及时提供工程项目信息。

2) 实施过程监督

将反映工程实施情况的各种报告,获得的有关工程范围、进度、费用、资源、质量与风险方面的实际信息,与原工程的目标、计划进行比较和分析,以掌握何处、何时出现偏差。

通过跟踪能够及时地发现偏差,及时分析问题、采取措施,保证有效的控制,使费用或损失尽可能减小。跟踪要关注控制点,控制点通常都是关键点,能最佳地反映目标,例如:

①重要的里程碑事件；②对工程质量、职业健康、安全、环境等有重大影响的工程活动或措施；③对成本有重大影响的工程活动或措施；④合同额和工程范围大、持续时间长的主要合同；⑤主要的工程设备和主体工程等。

3）实施过程诊断

通过实施过程诊断，把握整个工程实施过程的健康状况，为采取纠正偏差或预防偏差的措施提供依据。实施过程诊断需要依靠专家经验做出判断，实施诊断的具体内容如下。

（1）对工程实施状况的分析评价。按照计划、目标的分解、组织责任的指标（如实物工程量、质量、责任成本、收益）等，对工程实施过程和阶段输出结果进行总结和评价。

（2）分析偏差产生的原因，对重要的偏差要提出专题分析报告。偏差可能由目标的变化、新的边界条件和环境条件、上层组织的干扰、计划错误、资源缺乏、生产效率降低、新的解决方案、不可预见的风险等引发。

（3）偏差责任的分析。通过分析，确定是否由于组织成员未能完成规定任务而造成偏差。

（4）实施过程趋势分析。在目前实际状况的基础上，对后期工作做新的费用预算、新的工期计划（或调整计划）。预测包括如下几方面：①偏差对工程的结果有什么影响，即按目前状况继续实施，工程会有什么结果；②如果采取调控措施，以及采取不同的措施，工程将会有什么结果；③对后期可能发生的干扰和潜在的危险做出预测，以准备采取预防性措施。

4）采取调整措施

调整工程实施过程，持续改进。工程实施的调整措施通常有以下两类。

（1）工程目标的修改。即由于新情况的出现或上次组织的战略调整，需要对原定目标系统进行修改，或确定新的目标。例如，调整工程产品范围或功能定位、修改设计和计划、提高质量标准、重新商讨工期、追加投资等，最严重的措施是中断项目，放弃原来的目标。

（2）按新情况（新环境、新要求、项目实施状态）修正原有计划，利用技术、经济、组织、管理或合同等手段，调整实施过程（如增加、减少工程活动，改变逻辑关系），改变施工方案，协调各单位、各专业的设计和施工工作。

4.3.4　常见的工程控制策略

1. 事前控制、事中控制和事后控制

1）事前控制

事前控制也叫前馈控制，是在工程活动之前，根据投入（如工艺、材料、人力、信息、技术方案）和外部环境条件，分析即将产生或可能产生的结果和问题，以确定影响目标实现和计划实施的各种有利和不利因素，一旦预测出工程实施将要偏离预定目标，就采取纠正措施，调整投入和实施过程，以使工程的建设和运行不发生偏离。

工程中常见的事前控制措施有：对可行性研究、设计和计划进行认真的分析、研究、审查和批准；在材料采购前进行样品认可和入库前检查；对供应商、承（分）包商进行严格的资格审查，签订公平和完备的合同；收听天气预报以调整下期计划，特别是雨期和冬季施工；建立管理程序和规章制度；对风险进行预警等。

2）事中控制

事中控制是指在工程实施过程中采取控制手段，确保工程依照既定方案（或计划）进行。

它通过对工程具体实施活动的跟踪,防止问题出现。例如,通过严密的组织责任体系对实施过程进行监督,在各管理职能之间建立互相制衡的机制,在工程施工过程中进行旁站监理,现场检查,防止偷工减料。

3）事后控制

事后控制是指对当期工程实施结果与预定目标(或计划)进行分析比较,发现问题,提出控制措施,以便对下一轮生产活动进行控制。利用实际实施状况的信息反馈,总结过去的经验与教训,将今后工作做得更好。它是一种反馈控制,但很显然这种控制存在时,即出现问题了再调整,往往也难以免于损失。

事后控制在工程中有着广泛的应用,特别是在质量控制与成本控制中。例如对现场已完工程进行检查,对现场混凝土的试块进行检验以判定施工质量,在月底对工程的成本报表进行分析等。

2. 主动控制和被动控制

1）主动控制

主动控制首先体现在上述事前控制和事中控制上,就是预先分析目标偏离的可能性,并拟定和采取各项预防性措施,以保证计划目标得以实现。主动控制是对未来的控制,它可以尽可能地改变偏差已经成为事实的被动局面,从而减少损失,使控制更有效。

从组织的角度上,要求工作完成人发挥主观能动性,通过自律做好工作。例如,在施工质量和安全管理中,强化实施者的第一责任,首先要求施工人员自我控制,自己设置目标和流程,自我监督、检查和评估;通过合同,加强承包商自我控制的责任和积极性。

2）被动控制

被动控制首先体现在上述的事后控制上,是从工程活动的完成情况分析中发现偏差,对偏差采取措施及时纠正的控制方式。

从组织角度来看,被动控制可以通过工程参与者之间互相制衡和第三方监督检查来实现,如通过旁站监理进行控制。

3）主动控制和被动控制的关系

对工程管理人员而言,主动控制与被动控制都是实现工程目标所需要采用的控制方式。有效的控制系统是将主动控制与被动控制紧密结合,尽可能加大主动控制过程,同时定期、连续地施以被动控制。

4.4　信息论

4.4.1　信息论概述

信息论是一门用数理统计方法来研究信息的度量、传递和变换规律的科学。它主要是研究通信和控制系统中普遍存在的信息传递的共同规律,以及最佳解决信息的获取、度量、变换、储存和传递等问题的基础理论。

物质、能量和信息是构成客观世界的三大要素。信息是客观事物状态和运动特征的一种普遍形式,客观世界中大量存在、产生和传递着以这些方式表示出来的各种各样的信息。

信息通常是指经过加工处理形成的对各种具体活动有参考价值的数据资料。它与材料和能源一样,也是一种资源。

1. 信息管理的概念

信息管理是人类为了有效地开发和利用信息资源,以现代信息技术为手段,对信息资源进行计划、组织、领导和控制的社会活动。简单地说,信息管理就是人对信息资源和信息活动的管理。信息管理是指在整个管理过程中,人对信息收集、加工和输入、输出的总称。信息管理的过程包括信息收集、信息传输、信息加工、信息储存。

2. 管理信息系统

管理信息系统是一个以人为中心,利用计算机硬件、软件、网络通信设备以及其他办公设备,进行信息收集、传输、加工、储存、更新、拓展和维护的系统。管理信息系统是一个交叉性、综合性学科,涵盖计算机学科(网络通信、数据库、计算机语言等)、数学(统计学、运筹学、线性规划等)、管理学、仿真等多学科。

完善的管理信息系统具备以下四个条件:①确定的信息需求;②信息的可采集与可加工;③能通过程序为管理人员提供信息;④能对信息进行管理。

信息是管理工作中一项极为重要的资源。管理工作的成败取决于能否做出有效的决策,而决策的正确性在很大程度上受制于信息的质量。管理信息系统在强调管理、强调信息的现代社会中越来越普及,能否有效地管理信息成为工程管理的首要问题。信息管理能反映组织的运行状况,利用过去的数据预测未来以辅助决策,利用信息控制组织的行为以期达到组织目标。

4.4.2 工程中的信息和信息流

1. 工程中的信息

1)信息的种类

(1)工程项目的基本信息,如参与主体、组织架构、资源情况、技术手段、外部环境等。

(2)工程现场信息,如工程施工阶段出现的问题、资源使用和调配情况、经济政治等环境变化、人员变动等。

(3)沟通、协调、决策方面的信息,如工程组织系统上下级之间的沟通、不同子系统之间的沟通和协调、工程管理者不同阶段的决策指令等。

(4)其他信息。

2)信息的基本要求

(1)真实性。信息要能准确反映工程现阶段基本情况。

(2)专业性。要以工程常用术语传递和接收信息。

(3)及时性。信息所体现出的工程情况要及时,便于管理者处理和决策。

(4)简洁性。在保证真实有效的前提下,信息应尽量简洁,以尽可能简短的语言表达信息。

3)信息的基本特征

(1)依附性。信息是一种抽象、无形的资源,必须依附于物质载体,不能脱离物质和能量独立存在。

（2）再生性。信息在使用中不断扩充、不断再生，永远不会耗尽。

（3）可传递性。信息传递的方式很多，如口头语言、文字、电信等。

（4）可储存性。信息可以储存，以备他时或他人使用。

（5）可浓缩性。对大量的信息进行归纳、综合，就是信息浓缩。

（6）可共享性。信息可以转让和共享。

（7）可预测性。信息能反映出事物的发展趋势，通过现时信息推导未来信息形态，是信息转化为决策的价值所在。

（8）可处理性。信息经过分析和处理会产生新的信息，使信息得到增值。

2. 工程中的信息流

在工程中会产生大量的信息，它们在工程与环境之间、不同工程参与者之间以及不同工程阶段之间传递并使用。例如，工程项目建议书、可行性研究报告、项目手册、各种合同、设计和计划文件、工程实施信息（如日报、月报、重大事件报告、设备、劳动力、材料使用报告和质量报告等），各种指令、决策信息、外部环境信息（如市场情况、气候、外汇波动、政治动态等）。

工程的目标设置、决策、计划、组织资源供应、激励协调组织成员、控制工程实施过程，都是依赖信息实施的。各种工程文件、报告、报表反映了工程的实施情况，反映了工程进度、费用、工期状况；各种指令、计划、协调方案又控制和指挥着工程的实施过程。因此，信息作为工程决策、计划、控制、沟通、评价的基础，必须符合管理的需要，具有适用性、准确性、可靠性，要有助于管理系统的运行。工程管理的效率和有效性取决于信息的收集、传输、加工、存储、维护和使用，以及信息系统的有效性。

信息伴随着工程实施过程、实体形成过程、组织运作过程、资金流动过程等，按一定的规律生产、转换、变化和被使用，并在工程相关者之间流动，形成信息流。在工程管理过程中，存在工作流、物流、资金流、信息流四种流动，这四种流动相互联系、相互依赖、相互影响。信息流有特别重要的意义与地位，它将工程实施工作流、物流、资金流、各个管理职能和组织以及环境结合在一起。信息流不仅反映，而且控制、指挥着其他三种流。只有信息流高效、通畅运行，工程相关者之间才能进行充分、准确、及时的沟通，实现组织协调，减少冲突和矛盾，保证工程目标的顺利实现。

工程中的信息流包括两个最主要的交换过程：与外界的信息交换、与内部的信息交换。

1）工程与外界的信息交换

工程与外界环境有大量的信息交换，包括：

（1）由外界输入的信息，如物价信息、市场状况信息、周边情况信息、上层组织（如企业、政府部门）对工程的指令和干预、工程相关者的意见和要求等。

（2）工程向外界输出的信息，有大量信息必须对外公布，如工程需求信息、工程实施状况、工程结束后的竣工文件及各种统计信息等。

在现代社会，工程对社会各个方面都有很大的影响，市场（如工程承包市场、材料和设备市场等）和政府管理部门、媒体各方面都需要工程信息，要有知情权。对于公共工程，更需要让社会各相关方面了解工程的信息，使工程在"阳光"下运作。

2）工程内部的信息交换

工程内部的信息交换，即工程实施过程中，工程组织成员和工程管理各部门因相互沟通而产生的大量信息流。信息通常是在组织机构内部按组织程序和规则流通的。

（1）自上而下的信息流。决策、指令、通知、计划是由上向下传递，这个传递不是一般的翻印，而是逐渐细化、具体化，直到基层成为可执行的操作指令。

（2）自下而上的信息流。各种实际工程的情况信息是由下逐渐向上传递，这个传递不是一般的叠合（装订），而是经过归纳整理形成的逐渐浓缩的报告。信息若过于详细，容易造成处理量大、重点不突出的问题；而过度浓缩又容易导致对信息的曲解或解释出错。工程管理者就是要做好浓缩工作，以保证信息不失真。

（3）横向或网络状信息流。工程组织结构和各管理职能部门之间存在大量的信息交换。例如，业主、设计单位、承包商、监理单位和供应商之间，项目部内技术部门、成本管理部门、材料和设备部门、合同管理部门等之间，都存在着信息流。工程各参与主体已经越来越多地通过横向和网络状的沟通渠道获取信息，这对于提高工程实施的效率和效益有很大好处。

4.4.3　工程信息管理的作用和任务

1. 工程信息管理的作用

现代工程管理对信息的依赖性加大。通过信息管理，能够将建设过程、管理过程转化为信息过程，实现信息标准化、信息管理规范化、资料数据标准化，为决策、计划、控制反馈提供依据。

（1）利用现代信息技术可以有效地整合信息资源，从而优化资源配置，提高工程管理效率，规避工程风险，有效地控制和指挥工程实施，确保工程成功。

（2）使上层决策者能够及时准确获得决策所需信息，能够有效、快速决策，能够对工程实施远程控制和实时控制。

（3）实现工程组织成员之间的信息资源共享和有效信息沟通，消除信息孤岛现象，防止信息堵塞，达到高度协调一致。

（4）让外界和上层组织了解工程实施状况，更有效地获取各方面对工程实施的支持。

2. 工程信息管理的任务

工程信息管理就是对工程信息的收集、整理、储存、传递与应用进行管理的总称。工程管理者承担着工程信息管理的任务，包括以下主要内容。

（1）建立工程信息管理系统，将工程基本情况的信息系统化、具体化，设计工程实施和管理中的信息和信息流描述体系。

工程信息管理系统是以工程组织为主导，依靠业务流程将数据转化为信息，并进行工程相关信息的收集、传输、加工、存储、更新和维护，用以支持工程项目组织的高层决策、中层控制和基层运作的集成化的人机系统。信息管理系统是寄生于管理系统之上的。

① 按照工程组织和环境组织、工程实施和管理过程，确定工程的信息需求，包括各种资料的格式、内容、数据结构等。

② 在上述基础上建立工程的信息流程，确定工程系统内以及工程外界的信息沟通机制。

③ 制定工程信息分类和编码规则与结构。

④ 落实信息管理的组织责任，各组织部门对信息的采集、流通、处理、提供、储存等承担

责任,并制定工程信息的收集、整理、分析、反馈和传递等规章制度。

⑤ 在工程的各个环节以及各个部门,设置信息收集、传输、处理、储存等的方法和设施。

(2) 通过各种渠道收集信息,如通过现场调查、观察、实验、记录等,获得工程最基础的资料。

(3) 工程信息的加工与处理。

① 对信息进行数据处理、分析与评估,确保信息的真实、准确、完整和安全。通过深度数据挖掘,为管理人员和决策者提供及时、全面、精准的数据支持,提高决策的科学性。

② 编制工程实施状况报告。

(4) 保证信息系统正常运行,保证信息渠道畅通,让信息传输到需要的地方并被有效使用。

(5) 做好信息的储存和文档管理工作,为后续工程阶段和活动以及其他新工程的决策留下资料。

3. 工程信息管理中易忽视的工作

在工程信息管理中,容易过分关注工程中信息技术(硬件、软件)的应用,而忽视如下前导性和基础性工作。

(1) 信息在工程全寿命周期中产生、获取、变换、传输、存储、处理、显示、识别和利用的规律性研究。

(2) 管理信息系统技术与组织结构、组织行为之间互相影响的规律性研究。现代信息技术能够实现大规模的实时沟通与协作,促进组织之间进一步专业化和社会化,推动工程组织重构,使其越来越扁平化,并拓宽了工程相关者对工程的参与度。

4.4.4 工程管理的信息化

信息化是以网络技术、通信技术等高科技手段为依托,以信息资源的开发利用为核心,来调整企业内部的产业结构和管理模式。信息技术在工程管理中的应用,正在从分散的独立系统向集成的互联网甚至物联网系统发展。信息网络作为信息交流和管理不可缺少的工具,在工程管理中起着越来越重要的作用。工程管理信息化就是指从工程项目的规划、设计、招标、预算、计划、合同、进度一直到竣工结算,在工程运营的过程中充分利用现代信息技术和信息资源,逐步提高工程管理集约化的经营管理程度。

近年来,在不少工程企业中已经成功建立了信息网络,并将信息网络作为信息交流和管理不可或缺的工具。有的企业开发了企业管理信息系统,在计算机系统平台上处理各项工作。更多的企业在工作中使用了各类专业软件,例如专业设计软件、招标报价软件、进度计划管理软件、合同管理软件、材料管理软件等。工程管理信息化的发展使得业务流程及其数据的管理已成为一些项目管理中最看重的资产。

工程管理信息化的必要转变就是要以业务数据为中心,全面提升企业的综合管理水平,实现管理创新,提高运作效率。对于企业系统而言,数据是完成业务的关键之一。系统之间需要稳定的连接,并且要有可扩展性的数据访问。当前工程管理信息系统的主流技术以云计算和大数据为代表。云计算是基于互联网的软件服务使用和交付模式,由互联网提供动态、易扩展、虚拟化的资源。狭义云计算指基础设施的交付和使用模式,由网络获得所需资源。广义云计算指服务的交付和使用模式,由网络获得所需服务。随着云时代的来临,"大数据"也吸引了越来越多的关注,其通常指代大量非结构化和半结构化数据。物联网、云计算、移动互联网、车联网、手机、平板电脑以及各种各样的传感器,无一不是大数据的来源或者承载方式。大数据分析通常和云计算联系在一起,因为实时的大数据分析需要向数十台、数百台或甚至数千台的计算机分配工作。因此,从各种各样类型的数据中快速有效地获得有价值的信息成为工程管理信息化能力的重要体现。

4.5 最优化理论

4.5.1 基本概念

最优化就是在一定约束条件下,使系统达到所希望的最优功能的过程。最优化理论是关于系统的最优设计、最优控制、最优管理问题的理论与方法,讨论决策问题的最佳选择,构造寻求最优解的计算方法,研究这些计算方法的理论性质及实际计算表现。对于给出的实际工程问题,从众多方案中选出最优解决方案。

最优化理论在工程管理中具有广泛的应用。最优化理论为工程在内外环境的约束条件下合理调配人力、物力、财力等资源,提供了系统有效的手段。对遇到的问题进行优化处理,优选可行性方案,以解决最优生产计划、最优分配、最优决策、最佳设计、最优管理等最优化问题,对有限的资源做最佳调配,并提高系统效率、降低成本、减少风险。

4.5.2 最优化理论的主要内容

最优化理论可以追溯到十分古老的极值问题。1947 年,乔治·B. 丹齐克(George B. Dantzig)提出求解一般线性规划问题的单纯形法之后,关于最优化理论的研究迅速发展,新方法不断出现,实际应用日益广泛。在电子计算机迅速发展的推动下,最优化理论在工程设计和管理等方面得到了广泛应用,成为一门十分活跃的学科。

最优化理论的内容主要有数学规划、线性规划、非线性规划、整数规划、目标规划、动态规划、随机规划、图论、网络理论、博弈论、决策论、排队论、存储论、可靠性理论等,见图 4-3。

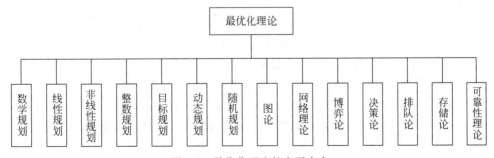

图 4-3　最优化理论的主要内容

1) 数学规划

数学规划是最优化理论和工程管理实践中常用的一种分析和求解方法,其中包括了线性规划、无约束优化、约束优化、多目标规划、整数规划等内容。

数学规划的核心思想是建立数学模型。针对工程管理实践中面临的优化问题，数学规划首先将实际问题抽象为数学问题，按照数学规划的范式进行优化求解，进而达到解决和优化工程系统的目的。在工程管理实践中，很多典型的问题都体现着数学规划的思想。如生产人员安排问题、工厂机器设备安装使用问题、车辆路径问题、背包问题等。此外，数学规划在计算机设计、系统可靠性、编码和经济分析等方面也有一定的应用。

2）线性规划

线性规划是数学规划和运筹学中的重要组成部分，是一门辅助管理者进行科学管理和决策的数学方法。随着计算机技术的迅速发展，线性规划的应用越来越普遍和方便。

在现代工程管理实践中，往往面临着人力、物力、财力等资源的约束。线性规划为工程管理过程中管理者利用有限资源进行最优决策提供了有力工具，辅助管理者利用有限资源，更好、更优地实现工程系统预定目标。

3）非线性规划

非线性规划是一种求解目标函数或约束条件中含有一个或几个非线性函数的最优化问题的方法。这一方法在工业、交通运输、经济管理和军事等方面有广泛的应用，特别是在"最优设计"方面，它提供了数学基础和计算方法，有重要的实用价值。非线性规划是 20 世纪 50 年代才开始形成的一门新兴学科。随着计算机技术的快速发展，非线性规划方法取得了更迅速的发展。

在现代工程管理实践中，工程问题往往具有大规模复杂系统的特性。其中，非线性是工程管理复杂性的重要原因之一。工程管理实践中非线性问题非常常见。例如，如何在动态可变的人力、物力、财力环境下合理安排工程管理过程，进而达到最优的工程管理目标。

4）整数规划

在一般的线性或者非线性等数学规划问题中，很多情况下规划问题的最优解可能是小数或者分数。在工程管理实践中，很多实践问题的最优决策要求必须为整数，如人员安排问题等。为了解决此类问题，整数规划得到了提出和发展。

在整数规划中，如果所有的决策变量和约束变量都必须为整数，则称为纯整数规划；如果仅有一部分变量限制为整数，则称为混合整数规划。整数规划的一种特殊情形是 0-1 规划，它的变量仅限于 0 或 1 两种取值。

5）目标规划

目标规划是一种用来进行含有单目标和多目标的决策分析的数学规划方法，是线性规划的一种特殊类型。其基本原理、数学模型结构与线性规划相同，也使用线性规划的单纯形法作为计算基础。不同之处在于，它从试图使目标离规定值的偏差为最小入手解题，并在表达式的约束条件中对目标和为了代表与目标的偏差而引进的变量进行规定。

工程管理中经常遇到多目标决策问题。例如，企业拟订生产计划时不仅要考虑总产值，而且要考虑利润、产品质量和设备利用率等。有些目标之间往往互相矛盾，如企业利润可能与可持续发展目标相矛盾。如何统筹兼顾多种目标，选择合理方案，是十分复杂的问题。应用目标规划可较好地解决此类问题。目标规划的应用范围广泛，包括生产计划、投资计划、市场战略、人事管理、环境保护、土地利用等。

6）动态规划

动态规划是求解决策过程最优化的数学方法。20 世纪 50 年代初，由美国数学家理查德·贝尔曼(Richard Bellman)等在研究多阶段决策过程的优化问题时提出。动态规划把多阶段过程转化为一系列单阶段问题,利用各阶段之间的关系,逐步求解。

动态规划被提出以后,在经济管理、生产调度、工程技术和最优控制等方面得到了广泛应用,如最短路线、库存管理、资源分配、设备更新、排序、装载等问题。动态规划程序设计是解决最优化问题的一种途径、一种方法。由于各种问题的性质不同,确定最优解的条件也不相同,因而动态规划的设计方法对于不同的问题,有各具特色的解决方法,而不存在一种万能的动态规划算法,能够解决各类最优化问题。

7)随机规划

随机规划是规划论的一个分支,是线性规划的推广。随机规划研究约束条件中的系数和目标函数中的参数为随机变量时的线性规划问题,用于研究具有不确定性的决策问题。随机规划的中心问题是选择参数,使目标的数学期望值达到最优。目前求解随机规划的方法很多。一种方法是在随机变量经过随机模拟之后,把随机规划转化为确定性的规划,应用确定性的非线性规划理论来求解。另一种是采用遗传算法、模拟退火算法、神经网络算法等智能优化算法。

由于工程管理实践中存在大量不确定性参数,且这些参数很难进行精准预测,随机规划在工程管理中具有广泛的应用,如对水库规划及运行进行研究、解决炼油厂的随机供给原材料和生产产品的销路问题、饲料混合问题、资产预算问题、开放存储网络问题等。

8)图论

图论以图为研究对象,是数学的一个分支。图论中的图是由若干给定的点及连接两点的线所构成的图形,这种图形通常用来描述某些事物之间的某种特定关系,用点代表事物,用连接两点的线表示相应两个事物间具有这种关系。

工程管理主要研究对象是大规模复杂系统,其表现为组成系统诸要素之间的相互关联关系复杂,往往需要借助图论与矩阵的手段,建立系统的结构模型,进行系统的结构分析,以求得对问题全面和本质的认识。

9)网络理论

网络理论是在图论基础上研究网络一般规律和网络流问题各种优化理论和方法的学科,是运筹学的一个分支。网络是用节点和边联结而构成的图,表示研究的各对象及其相互关系,如铁路网、电力网和通信网等。网络中的节点代表任何一种流动的起点、运转点和终点(如车站、港口、城镇、计算机终端和工程项目的事件等)。网络中的边代表任何物流或信息流通过的通道(如输电线、通信线、铁路线和各事件之间的次序等)。在网络中每条边上赋予某个正数,称为该边的权,它可以表示路程、流量、时间和费用等。建立网络的目的在于把某种规定的物质、能量或信息从某个供应点最优地输送到另一个需求点去。例如,在管道网络中要以最短的距离、最大的流量和最小的费用,把水、石油或天然气从供应点送至用户等。

10)博弈论

博弈论又称对策论,既是现代数学的一个新分支,也是运筹学的一个重要学科。博弈论主要研究模型化的激励结构间的相互作用,是研究具有斗争或竞争性质现象的数学理论和方法。博弈论考虑个体的预测行为和实际行为,并研究其优化策略。

博弈论探究均衡策略,也即博弈各方均无法单方面改变策略去谋求一个对自己更优的结果。由此可见坏的均衡会使各方陷入陷阱。在工程管理中,往往可以通过研究与设计博弈规则达到好的均衡结果。如在立项会中制定的流程,项目管理办事处制定的各项制度等。

11）决策论

决策论是研究为了达到预期目的,如何从多个可供选择的方案中选取最好或满意方案的学科,是运筹学的一个分支和决策分析的理论基础。一般决策分为确定型决策、风险型决策和不确定型决策三类。确定型决策分为静态确定型决策、动态确定型决策;不确定型决策分为静态不确定型决策、动态不确定型决策。风险型和不确定型等决策问题都是随机型决策问题。

决策论与对策论的不同之处在于,决策论中决策者面对的是自然环境,自然环境是客观存在的,即使有不确定性,往往也有一定的规律性(如统计规律性)。而对策论中,决策者面对的是一个灵活的对手,其会不断变化自己的策略。

在工程管理实践中,决策论通常应用于为了达到某个目的,从多种不同的方案中选择某个确定的行动方案。如企业生产计划的制订及经营方案的选择、投资项目和投资策略选择、年度计划制订等问题,均属于决策论的研究范畴。

12）排队论

排队论又称为随机服务系统理论,是基于对服务对象到达及服务时间的统计研究,得出等待时间、排队长度、忙期长短等数量指标的统计规律,并根据这些规律来改进服务系统的结构或重新组织被服务对象,使得服务系统既能满足服务对象的需要,又能使机构的费用最小化或某些指标最优。它是运筹学的分支学科,也是研究服务系统中排队现象随机规律的学科。排队论广泛应用于计算机网络、生产、运输、库存等各项资源共享的随机服务系统。排队论研究的内容有三个方面——统计推断、系统的性态、系统的优化,其目的是正确设计和有效运行各个服务系统,使之收获最佳效益。

13）存储论

存储论又称库存理论,是运筹学中发展较早的分支。现代化的生产和经营活动都离不开存储,为了使生产和经营活动有条不紊地进行,企业总是需要一定数量的储备物资来支持。例如,工厂为了连续进行生产,就需要储备一定数量的原材料或半成品;商店为了满足顾客的需求,就必须有足够的商品库存;在信息技术飞速发展的今天,又建立了各种数据库和信息库,存储大量的信息。在工程管理实践中,为解决上述实际问题,可根据需求的不同特征,建立相应的库存模型,如经济订购批量模型、随机需求下报重订购模型等。

14）可靠性理论

可靠性理论是研究系统运行可靠性的普遍数量规律以及对其进行分析、评价、设计和控制的理论和方法。可靠性理论以概率论和数理统计为主要研究工具。工程管理中的大规模复杂系统运行是否可靠、可靠程度有多大,是系统设计中的一个重要问题。系统的组成部分越多、关系越复杂,系统运行的可靠性就越低。影响可靠性的因素、可靠性自身的规律、选用怎样的指标评价系统可靠性、如何提高系统可靠性等,都是可靠性理论研究的问题或内容。

4.5.3 运筹学的作用

运筹学是工程管理专业必须具备的基本方法,广泛应用于工程的决策、目标选择和评价、计划、施工管理、运行管理、健康管理中。工程管理中的应用主要体现在以下方面。

（1）施工组织和计划。如施工作业计划、日程表编排、合理下料、配料问题、物料管理等。

（2）库存管理。包括多种物资库存量的管理、库存方式、库存量优化等。

（3）运输问题。如确定最小成本的运输方式（空运、水运、公路运输、铁路运输、捷运、管道运输）、线路、物资调拨、运输工具调度等。

（4）人力资源管理。如对人员的需求和使用预测，确定人员编制、人员合理分配、建立人才评价体系以及人才开发（包括教育和培训）、各类人员的合理利用问题、薪酬的确定等。

（5）财务和会计。如应用于经济预测、预算、贷款和成本分析、定价、投资管理、现金管理等方面。

（6）其他。如厂址选择、工程优化设计与管理、设备维修、更新改造、项目选择、评价以及系统可靠性分析、风险评估等。

下面以运筹学中常见的车辆路径问题（vehicle routing problem，VRP）和经济订货批量（economic order quantity，EOQ）模型，介绍最优化理论在工程管理中的应用。

问题 1：车辆路径问题

VRP 是工程管理中的常见问题，如项目施工过程中原料在不同项目场地间的运输等。由于车辆数的固有属性，VRP 也是一个典型的数学规划问题。

VRP 一般定义为：对一系列装货点和卸货点，组织适当的行车线路，使车辆有序地通过它们，在满足一定的约束条件（如货物需求量、发送量、交发货时间、车辆容量限制、行驶里程限制、时间限制等）下，达到一定问题的目标（如路程最短、费用最少、时间尽量少、使用车辆数尽量少等）。如图 4-4 所示，VRP 可以表示为：给定一个或多个中心点（中心仓库、一个车辆集合和一个顾客集合，车辆和顾客各有自己的属性，每辆车都有容量，所装载货物不能超过它的容量）。起初车辆都在中心点，顾客在空间上任意分布。车把货物从车库运送到每一个顾客（或从每个顾客处把货物运到车库），要求满足顾客的需求，车辆最后返回车库，每个顾客只能被服务一次，怎样才能使运输费用最小。而顾客的需求或已知，或随机，或以一定时间规律变化。

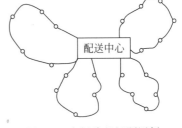

图 4-4　车辆路径问题图例

在 VRP 中，常见的约束条件有：

（1）容量约束；

（2）优先约束；

（3）车型约束；

（4）时间窗约束；

（5）相容性约束；

（6）随机需求；

（7）多运输中心；

（8）回程运输。

容量约束即任意车辆路径的总重量不能超过该车辆的能力负荷，这是 VPR 最基本的约束。此约束下的问题描述及其数学模型为：

某中心车场有 k 辆车，每辆配送车的最大载重量 Q，需要对 n 个客户（节点）进行运输配送,每辆车从中心车场出发给若干个客户送货,最终回到中心车场,客户点 i 的货物需求量是 $q_i(i=1,2,\cdots,n)$,且 $q_i<Q$。记配送中心编号为 0,各客户编号为 $i(i=1,2,\cdots,n)$,c_{ij} 表示客户 i 到客户 j 的距离。求满足车辆数最少、车辆行驶总路程最短的运送方案。

定义变量如下:

$$y_{ki}=\begin{cases}1, & \text{车辆 }k\text{ 访问 }i\\0, & \text{否则}\end{cases} \qquad x_{ijk}=\begin{cases}1, & \text{车辆 }k\text{ 由 }i\text{ 到 }j\\0, & \text{否则}\end{cases}$$

建立此问题的数学模型:

$$\sum_i\sum_k\sum_j \min z=c_{ij}x_{ijk}$$

约束条件(s. t.):

$$\sum_k y_{ki}=1 \quad (i=0,1,2,\cdots,n)$$

$$\sum_i x_{ijk}=y_{kj} \quad (j=0,1,2,\cdots,n;k=1,2,\cdots,m)$$

$$\sum_i x_{jik}=y_{kj} \quad (j=0,1,2,\cdots,n;k=1,2,\cdots,m)$$

$$\sum_i q_i y_{ki}\leqslant Q, \quad (k=1,2,\cdots,m)$$

目前,求解车辆路径问题的方法非常多,基本上可以分为精确算法和启发式算法两大类。

精确算法是指可求出其最优解的算法,主要运用线性规划、整数规划、非线性规划等数学规划技术来描述物流系统的数量关系,以便求得最优决策。精确算法主要有分支定界法、割平面法、网络流算法、动态规划算法。精确算法基于严格的数学手段,在可以求解的情况下,其解是最优的。但由于其计算量一般随问题规模的增大呈指数增长,并无法避开指数爆炸问题,从而使该类算法只能有效求解中小规模的确定性 VRP,并且这些算法通常都是针对某一特定问题设计的,适用能力较差,因此在实际中应用范围很有限。像车辆路径优化问题设计高效的精确算法存在的可能性不大,所以寻找近似算法是必要和现实的,这促进了启发式算法的发展。

启发式算法是在状态空间中的改进搜索算法,它对每一个搜索的位置进行评价,得到最好的位置,再从这个位置进行搜索直到目标。在启发式搜索中,对位置的估价十分重要,采用不同的估价可以有不同的效果。目前已提出的启发式算法较多,分类也相当多,主要的启发式算法有构造算法、两阶段法、智能化算法。

问题 2:经济订货批量模型

EOQ 是目前大多数企业最常采用的货物定购方式。该模型适用于整批间隔进货、不允许缺货的存储问题,用来确定企业一次订货(外购或自制)的数量。通过平衡采购进货成本和保管仓储成本,确定一个最佳的订货批量,以实现最低总库存成本。经济订货批量模型的目标,是要使所考虑物料的相关年总成本最小。经济订货批量模型通过对建筑材料的进货数量和订货次数进行控制的管理方式,来保证每次的订货成本与维持成本的动态平衡,实现低成本高收益的目的。当企业按照经济订货批量来订货时,可实现订货成本与储存成本之和最小化。

EOQ 的假设如下：

(1) 不允许缺货；

(2) 需求量已知，为常量，单位时间需求量以 D 表示；

(3) 一次订货量无最大最小限制，且资金充足；

(4) 订货提前期已知，为常量；

(5) 订货费与订货批量无关。

可以描述为：某种产品单位时间的需求量为常数 D，即存储量为单位时间消耗数量 D，经过时间 T 后，存储量下降到零，此时开始订货并随即到货，库存量由零上升为最高库存量 Q，然后开始下一个存储周期。

经济订货批量的计算原理如图 4-5 所示。

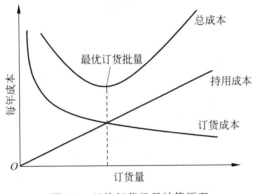

图 4-5　经济订货批量计算原理

经济订货批量的最优解为：$Q^* = \sqrt{\dfrac{2DS}{C}}$，其中，$D$ 为产品单位时间需求量，S 为每次订货成本，C 为单位商品单位时间保管费用。

在工程管理实际中，由于普遍存在数量折扣、资金约束、缺货补货、需求随机等客观条件，经济订货批量模型得到了一定的延伸和调整，如定期订货批量、时间序列批量、随机型经济订货批量等。

4.6　综合案例

长期以来，中国的物流行业一直处于粗放式发展阶段，尤以公路货运最为突出。传统公路货运业务的货与车匹配效率不高，资源利用率偏低，导致物流运输成本长期居高不下，成为实体企业减负增效的一个难点。2019 年国务院政府工作报告提出，要促进平台经济、共享经济健康成长，加快在各行业各领域推进"互联网＋"。作为行业转型的发展方向，"互联网＋物流"引发物流领域革命，从零散到整合、从传统到智慧，物流行业积极推进智慧创新。作为央企混合所有制改革试点的中储南京智慧物流科技有限公司(以下简称中储智运)，在不断探索国企改革的过程中逐步成为物流业创新发展的排头兵。

一直以来，物流货运市场中的小农经济、熟人经济割裂了物流功能链条和服务生态圈，产业链的各方参与者若想在其间生存只能适应市场。同时，物流货运行业"小散乱差"、区域分割、物流成本居高不下更是普遍业态。而且企业信息化和标准化未普及所有企业,不同区域的企业,甚至同一区域中不同企业之间也缺乏统一的信息标准,在各个环节的衔接上带来成本增加。中储智运的出现为物流货运行业长期面临的多种痛点带来极大改观,构建了全新的物流货运行业生态链,形成了普惠整个行业的生态新格局,如图4-6所示。

图 4-6   新供应链生态圈

4.6.1   案例对象简介

中储智运是国务院国资委下属中国诚通集团二级子公司中储股份于 2014 年成立的物流互联网科技公司,是以物流运力智能议价交易为基础的电子商务及供应链生态服务平台。作为国家第一批"无车承运人"试点企业,依靠中储股份遍布全国的物流供应链业务网络,中储智运平台已经拥有 100 多万名专业司机运力,覆盖全国 328 个城市,服务全国上万家中大型货主企业,日均货运量超 39 万 t,覆盖 8000 多条公路运输干线。

中储智运创新地将无车承运人模式与运费议价功能结合,创立了集近百万名专业司机运力、全运途可视化监控、全流程规范化财务、全时段专业化客服于一体的物流运力交易共享平台。通过利用移动互联网、云计算、大数据、人工智能等技术,搭建物流运力竞价交易共享平台,打造了一个闭环供应链服务生态圈,实现了为货主企业平均降本 10%、司机找货时间平均减少 28% 的成绩。

4.6.2   工程管理理论对中储智运发展的助推作用

1. 系统论运用——"五流合一"创新实践

运用信息科技,中储智运实现了每笔业务中信息流、业务流、票据流、资金流、货物轨迹流的"五流合一"，提供安全、便捷、放心的一体化物流运输服务，达到为企业物流降本增效、为货车司机增效减负的目的。

中储智运利用自身作为央企在合规经营方面的优势，率先倡导并落实信息流、业务流、票据流、资金流的"四流合一"，保障业务的真实性，并形成有效的业务闭环，由此获得业务发展优势。同时，不断优化业务流程和运营模式，通过建立车载北斗定位、手机 GPS（全球定位系统）定位、运营商 LBS（基于位置服务）定位"三位一体"的运输轨迹定位体系，实现"货物轨迹流"监控，在"四流合一"的基础上升级到目前更完善的"五流合一"，进一步确保了平台货物运输轨迹的真实、实时、有效，确保货运安全无忧。

"五流合一"的实现需要完善的风险控制体系，人脸识别、"核桃信用分"等信用评价体系的提出，促进了"四流合一"向"五流合一"模式的转变。同时，完善的风险控制体系也是衡量中储智运"五流合一"模式的试金石。

2. 控制论运用——"人脸识别"与"核桃信用分"

物流货运行业由于涉及地域广、操作流程多，建立高度的信任体系和实现良好的风险控制非常必要。事实上，中储智运自成立之初就尤为注重信用体系建设和货运风险管控。

预防是最好的风控管理。在事前，中储智运对于用户信息的前置审核足够严谨。中储智运平台对会员的注册审核非常严格，货主企业需要提供各类企业资质，业务员实地拜访，保证货主企业信息的真实性。同时，个体司机需提供身份证、驾驶证、道路运输许可证、车辆相关照片等资质，进行人脸识别，并与第三方机构、公安机构的信息匹配。中储智运采用人脸识别技术，与公安系统身份证图片库进行对接，实时比对承运人会员认证时提供的身份证件与动态图像，确保承运人会员身份的准确性与合法性。

在事中和事后，中储智运推出了"核桃信用分"评估和控制风险，建立"信用堡垒"。针对司机会员，中储智运利用大数据技术，基于司机身份特质、车辆属性、行为偏好、信用历史等指标维度，在使用随机森林降维后，采用评分卡模型构建了司机信用算法。针对货主会员，中储智运基于货主基础属性、交易历史、财务历史、信用历史等指标维度，使用加权逻辑回归算法构建了货主信用模型。

3. 信息论运用——智慧物流信息系统

中储智运平台通过整合上下游产业链资源以及全国范围内的货源、车源信息，作为承运人承担货物运输的安全与义务、承担法律责任，为客户提供线上货与车船铁路智能匹配、运力议价交易、在途监控、开票结算、语音呼叫等服务。在整合集成的战略思维下，中储智运基于对业务流程的优化设计、信息技术的高度集成和各种资源要素的有效聚集，搭建了智慧物流大数据分析系统——"智运棱镜系统"，提供精准的货、车匹配服务。

平台已与很多企业客户实现数据上的互联互通，不仅能通过实时动态的数据监测、智能信息匹配为用户提供合适的车源，也能为企业客户提供信息化的物流运输管理手段，减少人工管理环节，降低管理成本，提升管理效率。根据货车司机所在位置、常跑运输路线、车型等信息，平台也会智能匹配合适的货源信息并精准推送给司机，让司机有更多的货源选择，甚至不用等待就能找到返程货源，降低返程空驶率。

4. 最优化理论运用——智能配对

中储智运基于大数据平台打造了丰富的大数据产品，开发出决策报表、价格指数、信用体系、风控体系、线路规划、运力规划、智能调度、智能匹配、商品流向、智能定价等多个产品，基本涵盖智慧物流的各个环节。作为中储智运的核心产品，"精准匹配、智能推送"通过大数据对车型、历史承运记录、常跑路线、当前位置、司机画像、货主画像、货源属性等多达十几个维度，以及每个维度的不同变量进行数据建模，将货源与司机进行精准匹配，极大地提高了运输效率。同时，"智能定价"模型采用机器学习方法，基于物价（油价、过路费等）、货品、距离、天气、时间、位置等8个维度60多个变量，从不同角度来预测每笔订单的运费价格。棱镜智慧物流大数据系统（简称"棱镜系统"）汇集了中储智运产生的全部海量数据，可在管理、运营、人员等方面提供多维度、快速、高效的智能分析及预测，优化了平台、人、车、货各要素间的链接流程。

中储智运研发的智运开放平台实现了互联互通，向供应链大数据管理方向不断延伸，通过与货主的企业资源计划（ERP）以及运输管理系统（TMS）进行对接，实现从原材料到生产加工、从发运计划到运力调度全场景数字化智能运营和决策（图4-7）。

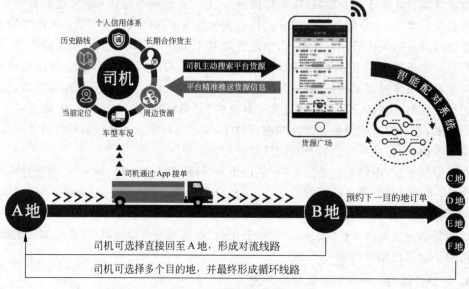

图 4-7　大数据智能匹配
（图片来源：中储智运开放平台）

4.6.3　案例评价

以中储智运平台模式为基础的"新物流生态圈"，其核心是通过物流运力交易共享平台，围绕大量货源、车源开展无车承运人业务，平台承担运输责任、货物安全和全程管控与服务。其中，"物流运力交易共享平台"是基础设施平台，通过智能匹配、精准推送技术，对物流运力供需资源实现精准匹配。而"无车承运人业务"是国家在物流运输行业的试点项目，目的是规范行业管理，汇聚和生产大数据，为物流资源配置提供决策支持。

首先，中储智运以无车承运人业务为基础，开展多式联运、零担业务、国际物流、仓储等各类物流及供应链业务。平台系统与货主ERP系统对接，实现数据互联互通，大大提高货主采购、销售、物流管理质量的效率和效益。

其次,在信用积分和必要条件下,中储智运对符合条件的货主实行有偿账期或第三方融资业务;对车主开展商用车融资租赁、司机运费预付(运费宝)、货物保障服务(货物保险)、司机意外保障服务(意外保)。同时,中储智运积极开展线上 ETC(电子不停车收费)、加油卡、加气卡、卡车零配件服务,以及司机商城、司机之家等各类物流新消费业务。

再次,中储智运通过对大量数据进行整理与分析,向社会提供会员信用、物流价格指数、物流及商品流向与流量、物流设施资源等服务。在提高社会物流运输和管理效率、搭建互联网物流基础设施上,中储智运创造了一个高效协同、互利共赢的生态体系。着眼于行业未来发展,中储智运还在"新物流生态圈"的基础上将物流业务向商品供应链延伸,构建"新供应链生态圈"。其成功实践和市场对平台的认可表明,中储智运坚持交易平台模式的方向正确,随着进一步发展对于物流行业降本增效、促进行业规范的作用将更加明显。

最后,随着互联网和人工智能技术的迅速发展,工程管理过程积累了大量信息和数据,现代工程管理逐步进入大数据时代,数据逐渐成为工程企业的核心竞争力和资源。在现代工程管理决策中,数据是决策者进行决策的重要依据,并对传统的工程项目管理模式和理论产生着深刻的影响。

大量信息数据的收集是工程项目管理的基础。以上述案例为例,缺乏实际运营中所积累的大量数据的支持,仅依靠传统的系统论、控制论、信息论和最优化理论,只能在理论上分析出运单与运力匹配、运力信用评价存在优化的空间和方法架构,但无法将棱镜智慧物流大数据系统、人脸识别与"核桃信用分"等方式切实地应用到实际运营中。

在数据收集的基础上,通过数据处理和分析,能够更好地发现实际运营中客观存在但易被忽略的问题。不同于理论分析,数据是实际运营中真实产生的客观信息,能揭示理论分析中无法发现的问题,并通过数据处理和分析的结果予以解决和优化。

随着大数据技术的发展,工程项目管理也呈现出数据多元化、动态化和信息化的趋势。工程行业是数据量最大、项目规模最大的行业,参与主体多、覆盖地域范围广、耗费时间长、影响因素多等特点决定了工程项目的复杂性。大数据技术借助先进的技术手段来提高数据管理效率,可以为工程项目的效率管理、质量管理、风险管理等提供便利,有助于提升管理效率。另外,也可以找出工程行业庞杂的数据中隐藏着的给项目甚至企业发展带来隐患的各种风险。

现代工程管理应该运用系统工程的观点、理论和方法,在前期对工程项目进行宏观、统筹的架构分析、计划、组织、协调和控制。在项目实际运营阶段,应该结合项目运营过程中不断积累更新的数据,根据不同的应用场景,设计相应数据处理方法,通过数据的处理和分析结果,不断更新和修正项目运营计划,调整协调和控制策略,以达到保证工程质量、加快工程进度、提高投资效益的目的,保障工程项目顺利完成。

4.6.4 案例讨论

1. 中储智运平台的打造如何体现工程管理的系统性?
2. 简述工程管理基础理论在中储智运平台打造工程中的应用。
3. 搜集中储智运平台相关资料,思考该工程对工程管理基础理论发展的影响。

思考题

1. 工程管理包括哪些主要的基础理论？这些理论是如何推动工程管理发展的？

2. 什么是系统？什么是工程系统？并简述工程管理的系统观。

3. 简要分析质量、进度、成本控制过程的一致性。

4. 根据工程管理信息化的特征及意义，结合一个工程实际，分析工程管理信息化在该工程中的应用及可能存在的问题，并给出思考和建议。

5. 最优化理论的主要内容有哪些？结合一个实际例子描述最优化理论在工程管理中的应用。

参考文献

[1] 成虎,宁延.工程管理导论[M].北京：机械工业出版社,2018.

[2] 汪应洛.工程管理概论[M].西安：西安交通大学出版社,2013.

[3] 罗宾斯,贾奇.组织行为学[M].孙健敏,等,译,北京：中国人民大学出版社,2016.

第 5 章

工程管理专业理论与方法

本章基于上文提到的工程管理基础理论,构建了工程管理专业理论框架,并介绍了工程管理中常用的管理工具与方法。其中,5.2节～5.6节分别详细介绍了工程组织管理、工程经济理论、工程质量管理、工程风险管理和工程信息管理这五个重要领域。

5.1 工程管理专业理论构架

工程管理专业理论与方法是以工程活动为对象,以实现工程价值体系、提高工程管理效果为目标,以专业管理效率为导向而形成的管理理论和方法。目前学界已有较为成熟的相关知识体系,如美国工程管理学会(American Society of Engineering Management,ASEM)出版的《工程管理知识体系指南》(*A Guide to the Engineering Management Body of Knowledge*,EMBOK)以及美国项目管理学会(Project Management Institute,PMI)提出的"项目管理知识体系"(project management body of knowledge,PMBOK)等。此外,结合特定行业,许多机构提出了特定领域的工程管理知识体系。例如美国国防部基于PMBOK补充了五个国防知识领域,提出了针对国防工程项目的知识体系DoD-PMBOK;中国建筑业协会工程项目管理委员会在PMBOK基础上补充了安全与环境管理、信息管理两个建筑行业知识领域,出版了《中国建筑工程项目管理知识体系》。这些知识体系对于构建工程管理专业理论和方法体系有着指导意义。

5.1.1 工程管理与项目管理知识体系

1. 工程管理知识体系

美国工程管理学会出版的《工程管理知识体系指南》由国际工程管理认证(Engineering Management Certification International,EMCI)的专家团队开发和编辑,该指南明确提出了工程管理人员应掌握的11个知识领域。除对工程管理、系统工程和工程管理者的职业规范的论述外,该指南包含了领导力与组织管理,战略规划,财务资源管理,项目管理,质量、运营与供应链管理,营销与销售管理,技术、研究与开发管理和工程管理法律问题八大专业知识领域。表5-1展示了工程管理知识体系中八大工程管理专业知识领域的主要内容。

表 5-1　工程管理知识体系中的八大工程管理专业知识领域

知识领域	主要内容
领导力与组织管理	知识型员工的管理和激励，组织结构，领导力，人力资源管理，团队建设
战略规划	战略规划过程，战略管理，战略制定，战略实施，战略绩效测量、控制、评估
财务资源管理	会计，财务，预算，工程经济学，成本收益估算
项目管理	项目启动，计划，执行，监控，收尾，敏捷项目管理
质量、运营与供应链管理	质量管理，过程改进，运营管理，库存管理，设施管理，供应链绩效测量
营销与销售管理	销售和广告业务，客户满意度策略，营销与品牌创建，产品系列分析，全球贸易与国际运营，定价策略
技术、研究与开发管理	研发管理，技术管理，创新战略管理，产品设计与开发
工程管理法律问题	商业合同，环境问题，人力资源，知识产权，担保、责任与保险，监管、法规与标准

注：表格内容整理自《工程管理知识体系指南（第四版）》。

2. 项目管理知识体系

当工程管理的对象为一个特定的工程项目时，项目管理的理论与方法适用于工程管理的活动中。美国项目管理学会早在 20 世纪 70 年代末就率先提出了项目管理知识体系，经过多次更新与调整，项目管理知识体系现已涵盖了十大知识领域，分别为整体管理、范围管理、进度管理、成本管理、质量管理、资源管理、沟通管理、风险管理、采购管理和干系人管理。目前项目管理知识体系覆盖的知识领域较为完备、通用性强，既包括针对五大项目管理过程组的专业管理理论，也包括具体的管理方法与工具，对于构建工程管理专业理论体系有一定的指导意义。表 5-2 为项目管理知识体系十大知识领域与项目管理过程组。

表 5-2　项目管理知识体系与项目管理过程组

知识领域	项目管理过程组				
	启动	规划	执行	监控	收尾
整体管理	制定项目章程	制订项目管理计划	指导项目管理 管理项目知识	监控项目工作 整体变更控制	项目完成/结束
范围管理		规划范围管理 收集需求 定义范围 创建 WBS		范围确认 范围控制	
进度管理		规划进度管理 活动定义 活动排序 工期估算 制订进度计划		进度控制	
成本管理		规划成本管理 成本估算 制定预算		成本控制	
质量管理		规划质量管理	质量管理	质量控制	

续表

知识领域	项目管理过程组				
	启动	规划	执行	监控	收尾
资源管理		规划资源管理 活动资源估算	资源获取 团队建设 团队管理	资源控制	
沟通管理		规划沟通管理	沟通管理	沟通控制	
风险管理		规划风险管理 风险识别 定性风险分析 定量风险分析 风险应对规划	风险应对实施	风险监控	
采购管理		规划采购管理	采购实施	采购控制	
干系人管理	识别干系人	规划干系人参与	管理干系人	干系人控制	

注：表格内容引自《项目管理知识体系指南(第六版)》。

其中，整体管理的作用是保证项目各要素协调运作，满足项目利益相关者的要求和期望，包括识别、定义、组合、统一和协调各项目管理过程组而开展的活动；范围管理保证项目计划包括且仅包括为成功地完成项目所需要进行的所有工作，包括范围规划、范围定义、范围审核、范围变更控制等活动；进度管理的作用是保证项目在规定时间内完成，包括活动定义、活动排序、工期估算、进度安排、进度控制等活动；成本管理的作用是保证项目在规定预算内完成，包括资源计划、成本估计、成本预算和成本控制等活动；质量管理的作用是确保项目满足预期的质量要求，包括质量计划、质量保证和质量控制；资源管理是为了保证最有效地配置项目资源完成项目活动，包括组织计划、人员获取、团队建设、资源控制等；沟通管理的目的是保证及时准确地产生、收集、传播、贮存以及最终处理项目信息，包括的项目管理过程有沟通计划、信息传播、性能汇报、项目关闭等；风险管理的作用是识别、分析以及对项目风险做出响应，包括风险管理计划、风险辨识、定性与定量风险分析、风险响应和监控；采购管理的作用是从机构外获得项目所需的产品和服务，包括采购规划、招标规划、招标、合同管理等活动；项目干系人管理用于识别、分析和调动能影响项目或受项目影响的全部人员、群体和组织。

除 PMBOK 外，国际上还广泛流行着其他项目管理知识体系标准，例如国际项目管理协会(International Project Management Association，IPMA)在全球推行的国际项目经理资质认证(International Project Manager Professional，IPMP)，英国政府商务部(Office of Government Commerce，OGC)推行的受控环境下的项目管理(Project IN Controlled Environment，PRINCE2)知识体系。详情可扫二维码查阅。

拓展材料1

5.1.2　工程管理专业理论体系

1. 工程管理专业理论构成

EMBOK 和 PMBOK 对构建工程管理专业理论体系具有借鉴意义。本书结合中国情境下的工程管理实践，将 EMBOK 中的八个工程管理专业知识领域和 PMBOK 中的十大项目管理知识领域重新整合,提出了工程管理专业理论的 15 个主要构成部分,这些专业理论来源于 EMBOK 和 PMBOK 不同知识领域,或涵盖了其中的部分内容。由于管理者在实际工程管理中会遇到很多决策问题,需要运用科学的决策理论予以解决,本书新增了工程决策理论作为工程管理专业理论的构成部分之一;此外,安全问题成为工程管理的重中之重,本书将工程安全管理作为一项重要的目标管理理论纳入工程管理专业理论体系当中;在如今的信息时代,工程管理对信息的依赖性加大,充分利用现代信息技术能够促进信息的共享沟通、实现优化资源配置、提高工程管理效率、规避工程风险,保证工程的成功,因此本书补充了工程信息管理模块。表 5-3 为工程管理专业理论的构成。

表 5-3　工程管理专业理论的构成

工程管理专业理论构成		参考来源/涵盖内容	
		EMBOK	PMBOK
核心理论	工程整体管理	项目管理	整体管理
	工程战略管理	战略规划	
	工程组织管理	领导力与组织管理	资源管理
	工程经济理论	财务资源管理	
	工程决策理论		
目标管理理论	工程质量管理	质量、运营与供应链管理	质量管理、范围管理
	工程进度管理		进度管理
	工程成本管理	财务资源管理	成本管理
	工程安全管理		
应用理论	工程风险管理		风险管理
	工程技术管理	技术、研究与开发管理	
	工程采购管理	质量、运营与供应链管理	采购管理
	工程合同管理	工程管理法律问题	
	工程沟通管理		沟通管理、干系人管理
	工程信息管理		

2. 工程管理专业理论体系架构

如表 5-3 所示,工程管理专业理论包括核心理论、目标管理理论和应用理论三大部分。核心理论是基于系统论、控制论、经济学、管理学、信息论、最优化理论等基础理论发展起来的用于指导各项工程管理活动的专业理论,由工程整体管理、工程战略管理、工程组织管理、工程经济理论和工程决策理论组成,这些专业理论通常应用于工程的策划构思阶段与实施阶段的早期,或是贯穿整个工程全寿命周期,对工程管理的其他应用理论及目标管理理论起到支撑作用。目标管理理论中的工程质量管理、工程进度管理、工程成本管理体现了对工程质量、进度(工期)和成本(造价)三个主要目标的管理和控制,同时现代工程越来越强调健康、安全与环境(health、safety & environment,HSE)的管理目标,因此本书也将广义的工程安全管理纳入工程目标管理专业理论的范畴。应用理论则包括了工程风险管理、工程技术管理、工程采购管理、工程合同管理、工程沟通管理和工程信息管理等专业理论,它们针对工程活动中某一类特定问题,具有相对独立的功能。图 5-1 展示了工程管理专业理论的体系架构。

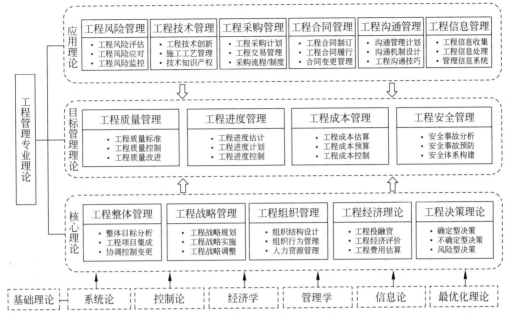

图 5-1　工程管理专业理论体系架构

1）工程管理核心理论

（1）工程整体管理。工程的进度、成本、质量、安全等目标并不相互独立，需要通过工程整体管理对总体目标进行协调和控制。工程整体管理要求统筹协调各方面要求，解决工程建设过程中的各种矛盾冲突，从而保障工程的整体协调和有序运行，确保工程总体目标的顺利实现。整体管理贯穿于工程的全寿命周期，包括对各项工程管理活动的识别、定义、组合，进行整体管理时需要考虑工程的全貌，在资源分配、需求平衡、工程变更控制等方面进行决策。

（2）工程战略管理。战略管理具有十分重要的理论意义和实践价值。工程战略管理是为了实现工程目标、有效利用资源，根据工程外部环境与内部能力，对工程发展目标、达到目标的途径和手段进行总体规划。总体上讲，工程战略管理分为三个阶段，依次是战略规划、战略实施、战略调整，这三个阶段相辅相成，不可分割。能否系统、有效地制定并实施战略规划，关系着工程的整体效益。

（3）工程组织管理。工程组织的设计与管理需要依靠组织管理理论的指导，同时相比于企业组织管理又有其自身的独特性。工程组织管理既包括对工程组织结构的静态管理，也包括对工程组织行为的动态管理，主要目的是建立并维持和完善组织的权责结构，合理配备工程人力资源，设计员工激励机制，保障工程组织内的沟通协作并实现组织目标。

（4）工程经济理论。工程经济分析是工程决策的依据和基础，是研究如何使工程技术方案取得最佳经济效果的一种科学的评价体系。其主要内容包括了工程的经济可行性研究、工程效益评价、不确定性分析、工程投融资管理、成本费用及收入税金估算等，涉及经济、金融、财务、会计等领域的专业理论。

（5）工程决策理论。美国著名管理学家赫伯特·A.西蒙（Herbert A. Simon）曾提出"管理就是决策"。工程决策贯穿于整个工程的始末，对工程实现预期目标至关重要。在工程管理实践中，决策者需考虑影响工程结果的各项因素，对多个备选方案进行比较并从中选择令人满意的方案。相关的决策理论有古典决策理论、行为决策理论和现代决策理论,适用于解决工程管理中确定型、不确定型、风险型等多种类型的决策问题。

2) 工程管理目标管理理论

(1) 工程质量管理。工程质量是实现工程预期目标的重要保障,对于重大工程而言,工程质量是首要考虑的目标。因此,如何全过程实施对工程质量的全面有效的管理和监控是当前工程管理应重点关注和解决的问题。工程质量管理贯穿于工程的整个寿命周期,包括把组织的质量政策应用于规划、管理、控制和持续改进项目或产品质量要求,以满足相关方目标的各个过程。

(2) 工程进度管理。现代工程复杂多变,为了保证工程的工期计划符合实际,适应内外部环境变化,需要加强工程进度的管理。工程进度管理的实质是对工程进度的计划和控制,使工程项目按时完成所需的各个过程。工程进度管理是一个动态循环的过程,包括了活动定义、活动排序、估算活动工期、制订进度计划、工程进度控制等过程。

(3) 工程成本管理。工程成本是组织用于施工和管理的一切费用的总和,工程建设一般耗资巨大,能否在实现工程预期目标的前提下,将成本控制在计划水平之内,是管理者需要考虑的问题。工程成本管理贯穿于工程建设的全过程,包括了成本估算、成本预算和成本控制等方面,目的是确保工程在批准的预算内完成。

(4) 工程安全管理。保证安全是整个工程建设领域的重要目标,也是影响工程管理发展的重要因素。工程安全管理不仅是安全管理理论在工程领域的分支和延伸,更是涵盖了健康、安全和环境"三位一体"的管理体系,其目的是实现工程职业健康、安全和环境的目标,分析和消除各种不安全因素、防止安全事故发生的管理理论与方法。工程安全管理理论包括了安全事故分析、安全事故预防、安全体系构建等内容。

3) 工程管理应用理论

(1) 工程风险管理。风险可能出现在工程的各个阶段,工程风险管理包括风险管理规划、风险识别、风险分析、风险应对、监测风险状态和控制风险水平的各个过程,目标在于提高正面风险的概率和影响,降低负面风险的概率和影响,从而保证最大限度地实现工程目标,提高工程成功的可能性。

(2) 工程技术管理。技术在工程建设尤其是研发过程中起着关键作用。简而言之,技术是创造产品或提供服务的知识、技法、工艺、工具和系统的总和。随着技术的快速发展以及新技术在工程研究与实践领域的不断应用,对工程技术的预测、学习、集成、评估越来越重要。工程技术管理是对工程技术创造和应用的管理,主要包括工程技术引进、改造和创新,工程施工工艺的标准制定与管理以及技术相关知识产权管理等。

(3) 工程采购管理。采购包括工程团队从外部购买或获取所需产品、服务或成果的各个过程。具体来看,工程采购管理的目的在于为工程生产活动提供必要的物料保障,其内容包括了采购交易过程的管理,如采购计划、采购合同、交易方式等,以及工程采购涉及的供应链与库存管理等。

(4) 工程合同管理。合同是指工程各主体为完成指定工程任务,明确相互间的权利和义务而达成的协议。由于参与者众多,现代工程往往具有内容复杂、种类多样的合同体系。工程合同管理从合同订立之前就已经开始,直到合同履行完毕,主要包括合同订立、合同履行和合同变更三个部分的管理内容。

（5）工程沟通管理。沟通在工程全寿命周期的各个阶段都起着重要作用，主要内容是执行用于有效交换信息的各种活动，来确保工程及其相关方的信息需求得以满足。工程沟通管理由两个部分组成：第一部分是制定策略，确保沟通对相关方行之有效；第二部分是执行必要活动，以落实沟通策略，实现有效和高效沟通。工程沟通管理通常要求工程各相关方制订合理的沟通计划、建立多种沟通方式和渠道、运用适当的沟通技巧等。

（6）工程信息管理。信息是工程所需的重要资源之一，工程的决策效果和实施效率都依赖信息的收集、存储和利用。工程信息管理在工程管理人员的工作中占有十分重要的地位，其内容包括了对图纸、合同、文件、各类报告与报表等工程信息的获取、处理和沟通，以及工程管理信息系统和工程的信息化建设等。

需要注意的是，工程管理是一门实践性很强的学科，上述工程管理专业理论并不能完全反映工程管理知识领域的全貌。部分专业理论相互之间有所交叉和重叠，例如在工程决策理论中需要使用工程经济理论的相关指标进行决策，工程信息管理中也包括对工程合同的管理，工程组织管理中也涉及对组织成员的沟通管理等。同时，工程管理专业理论在不同行业、不同类型的工程中也各有侧重，因此工程管理者需要结合具体工程实践加以学习并灵活应用。本章后续小节将对工程管理专业理论体系中的工程组织管理、工程经济理论、工程质量管理、工程风险管理、工程信息管理等重点内容进行详细说明。

5.1.3　工程管理专业方法和工具

除依据工程管理专业理论对工程进行科学管理外，还应掌握必要的工程管理专业方法、技术和工具。本节将介绍几种工程管理中常用的方法与工具，它们分别是甘特图法、挣值分析法和质量成本分析法。

1. 甘特图

甘特图（Gantt charts）是进行工程进度管理的主要工具之一，由亨利·甘特（Henry Gantt）于1917年发明，也称作横道图。图 5-2 为甘特图的示例，其通过横向线条来显示工程项目活动、活动耗时、活动顺序和连接关系等工程进度情况，其中横轴为时间刻度，纵轴为工程活动列表，线条表示进度计划和实际完成情况。

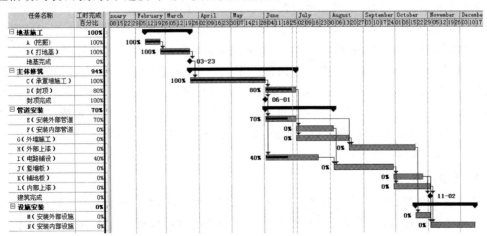

图 5-2　Microsoft Project 中的甘特图示例

甘特图的特点在于其突出了工程管理中的重要因素——时间,它反映了工程任务和计划时间之间的对应关系以及计划任务量与实际完成量之间的对比关系,主要优点在于图形直观、易于理解,且有专业的软件支持,无须进行复杂的计算和分析。同时,甘特图还具有较好的扩展性,例如可以通过甘特图识别工程项目关键路径(具有最长的总工期并决定了整个工程项目的最短完成时间的工程活动序列),也可以在甘特图的基础上编制工程项目的资源计划和进行成本管理。

2. 挣值分析

挣值分析(earned value management)是一种工程项目绩效衡量技术,它综合了范围、时间和成本数据,常用于工程的进度控制与成本控制。挣值分析的三个基本参数分别为计划值(PV)、实际成本(AC)和挣值(EV);四个评价指标为进度偏差(SV)、成本偏差(CV)、成本绩效指标(CPI)和进度绩效指标(SPI)。基于这四种基本指标,可以进一步估算出工程项目的完工成本(estimate at completion,EAC)和完工尚需成本(estimate to completion,ETC)。这些参数和指标的计算方法见表 5-4。

表 5-4　挣值分析中参数与指标的计算方法

挣值分析参数与指标	计 算 方 法	含　义
计划值(PV)	PV＝计划工作量×计划单价	进度计划应当完成工作量的预算值
实际成本(AC)	AC＝已完成工作量×实际单价	已完成工作量的实际支出
挣值(EV)	EV＝已完成工作量×计划单价	已完成工作量的预算成本
进度偏差(SV)	SV＝EV−PV	挣值和计划值的差异
成本偏差(CV)	CV＝EV−AC	挣值和实际成本的差异
成本绩效指标(CPI)	CPI＝EV/AC	挣值与实际成本之比
进度绩效指标(SPI)	SPI＝EV/PV	挣值与计划值之比
完工成本/时间(EAC)	EAC＝BAC/CPI 或 EAC＝BAC/SPI	工程完工成本或时间估算,其中 BAC 为工程总预算
完工尚需成本(ETC)	ETC＝EAC−AC	工程完工尚需的成本

通过对四个评价指标的计算,可以判断工程项目的进度与成本情况。当 SV 为正值时,表示进度提前;当 SV 等于零时,表示实际与计划相符;当 SV 为负值时,表示进度延误。当 CV 为正值时,表示实际消耗成本低于预算值,即有结余或效率高;当 CV 等于零时,表示实际成本等于预算值;当 CV 为负值时,表示实际费用超出预算值,即工程已超支。当 CPI＞1 时,表示实际成本低于预算;当 CPI＝1 时,表示实际费用与预算费用相等;当 CPI＜1 时,表示超出预算。当 SPI＞1 时,表示进度超前;当 SPI＝1 时,表示实际进度与计划进度相同;当 SPI＜1 时,表示进度延误。根据工程项目当前的绩效情况,可估算出 EAC 及 ETC。图 5-3 为利用挣值分析进行成本与进度控制的示意图,其中 ACWP 为 AC,BCWS 为 PV,BCWP 为 EV。

3. 质量成本分析

质量成本分析就是分析比较各类质量成本资料,找出影响工程质量的主要缺陷和质量管理工作的薄弱环节,为质量改进提供参考。其分析内容包括质量成本总额的构成内容分析,质量成本总额的构成比例分析,质量成本各要素之间的比例关系分析和质量成本占预算

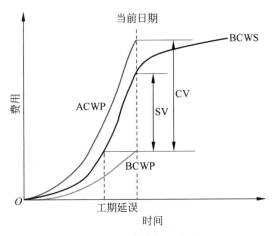

图 5-3　挣值分析示意图

成本的比例分析四部分。通过质量成本分析，可以找到一个最佳质量点，使质量总成本最低，实现质量与经济的平衡。通常来讲，质量成本可看作由两部分构成，一是为达到既定的质量标准而支出的费用；二是由于质量低劣而造成的经济损失。前者称为质量控制成本，包括鉴定成本和预防成本；后者称为质量损失成本，包括内部和外部损失成本。质量成本分析就是要深入质量成本的各要素，建立各要素成本随质量水平变化的函数关系，进而找到一个最佳质量水平，达到功能质量与成本耗费的最佳结合。图 5-4 为质量成本分析示意图。

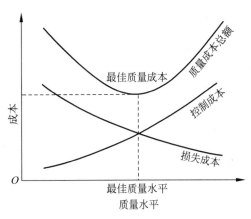

图 5-4　质量成本分析示意图

　　在实际工程管理活动中，除上述三种主要的管理工具外，还有很多其他方法被广泛使用，例如工程进度管理中的网络图法、计划评审技术，工程成本管理中的参数估计法、绩效衡量分析，工程质量管理中的 PDCA 循环、质量屋法，工程安全管理中的事故档案、因果分析等。其余部分工程管理的方法和工具将在后续的章节中简要提及。

5.2　工程组织管理

　　一方面，组织是指为了实施计划而建立起来的特定结构，这种结构在很大程度上决定着计划能否实现；另一方面，组织作为动词是指为了实现计划目标所进行的组织过程。组织结构侧重于组织的静态研究，以建立合理、高效的组织结构为目的；组织过程则侧重于组织的动态研究，以建立良好的人际关系、保证组织高效运行为目的。工程组织管理就是对工程管理中建立完善组织结构、合理配备人员、构建组织文化等各项工作的总称，其目的是有效地配置资源、以最高的效率实现组织目标，具体内容包括组织设计和组织运作两个方面。

　　多数工程项目为一次性任务，相比于政府、企业等永久性组织，工程组织伴随工程项目活动的开展和结束，经历建立、发展以及解体的过程，具有一定的寿命周期，且对于不同任务的工程项目,即使是由相同的人员构成,其对应的工程组织也是不同的,这体现了工程组织的独特性。同时,工程系统的复杂性导致了工程组织结构的复杂性,同一工程可能涉及不同的组织结构形式,组成一个复杂的组织结构体系。由于一项工程的参与者较多,他们在工程中的作用和地位不同,对工程的管理方式也不同。工程组织的复杂性也体现在其动态性上,工程在不同的实施阶段,其工作内容不同,涉及不同工程的参与者。因此,工程组织会随着工程的实施阶段变化而变化。此外,多数情况下工程组织是企业组建的,是企业组织的一部分。企业的经营目标、企业文化、资源利益分配都影响到工程组织的建立和运行。从管理角度看,企业是工程组织的外部环境,对于多企业合作进行的工程,其工程组织依附于各相关企业,受到各相关企业的影响。

5.2.1　工程组织结构设计

组织结构是指组织内部各构成部分和各部分间所确立的较为稳定的相互关系和联系。工程组织结构设计是工程组织有效运行、工程管理取得成效的前提和保障。

1. 组织结构的构成要素

组织结构由管理层次、管理跨度、管理部门和管理职责四个要素组成,这些要素相互联系、相互制约,因此在进行组织结构设计时,应考虑这些要素之间的平衡与衔接。组织结构的四个构成要素的解释如表 5-5 所示。

表 5-5　组织结构的构成要素

构成要素	解　　　释
管理层次	管理层次是指从组织的最高管理者到最基层的实际执行者之间的等级层次的数量,一般可分为决策层、协调层、执行层和操作层四个层次
管理跨度	管理跨度也称为管理幅度,是指上级管理者能够直接管理的下属人数
管理部门	部门划分是将性质相似或具有密切关系的具体工作合并归类,建立起相应的管理部门,从而将一定的职责和权限赋予相应单位或部门
管理职责	指各层次、各部门在职能、权力和责任方面的分工及相互关系

在设计工程组织结构时,合理的层次结构是工程组织形成合理权力结构及合理分工的基础。管理层次过少会使工程组织运行陷入无序状态,层次过多则会造成资源浪费、信息传递慢、协调困难等问题。同时,管理跨度与管理层次成反比关系,即管理跨度越大,则管理层次越少,管理者需要协调的工作量越大,管理的难度也越大。合理地确定管理跨度,对正确设置组织等级层次结构具有重要意义。工程管理中常常依照职能(如人力资源、财务、工程)或产品进行管理部门的划分,组织的部门划分要根据工作内容确定,部门划分不当会造成协调困难、应变能力差等问题。最后确定各部门的职责,应使纵向的领导、检查、指挥灵活,达到指令传递快、信息反馈及时的目的;横向要使各部门相互联系,协调一致。明确职责时应坚持专业化的原则,同时应授予相应的权力与利益,以保证和激励部门完成其职责。

2. 工程组织结构设计的原则

一个合理的工程管理组织结构应能够随外部条件的变化而适时调整以实现管理目标。在设计工程组织结构时应遵循表 5-6 中的六个原则。

表 5-6　工程组织结构设计的原则

原　　则	说　　明
目标性原则	工程组织的核心目标是在一定约束条件下最优化地实现工程目标,管理者要围绕工程目标,确立人员、职位、部门等要素,因事设岗、因责授权
集权与分权统一原则	集权是指权力集中在上级领导者的手中,而分权是指将部分权力分派给下级。在工程组织的设计和运行中要保证集权与分权的统一,避免高度集权造成的盲目、武断和过度分权带来的失控、失调
有效管理跨度原则	适当的管理跨度是建立高效率组织的基本条件。在建立工程组织时,每一级领导都要根据工程的实际情况选择适当的管理跨度,以便集中精力在职责范围内实施有效的领导
权责对等、才职相称原则	管理者率领成员完成工作任务时,必须拥有包括指挥、命令在内的各项权力,还要履行与职位相对应的责任和义务,权与责必须大致相当。同时管理人员的才智、能力与担任的职务应相适应
专业分工与协作统一原则	分工是为了提高工程管理的工作效率,把为实现工程目标涉及的工作按照专业化的要求分派给各部门及各成员。为实现分工协作的统一,组织中应明确部门间及部门内容的协作关系与配合方法,各种关系的协调应尽量规范化、程序化
弹性结构原则	现代组织理论强调组织结构应具有弹性,以适应环境的变化。工程项目是一个不断变化的复杂系统,所以工程组织的部门、人员、职位应根据组织内外部条件的变化做出相应的调整和变化

3. 工程组织结构设计的程序

设计工程组织结构除了考虑组织结构的构成要素,遵循组织结构设计的基本原则,还应该遵照一定的设计程序。在设计工程组织结构前,必须分析工程组织结构的影响因素,例如工程规模、工程环境、工程目标、组织管理水平等;在充分考虑这些影响因素的基础上选择合适的工程组织结构模式,确定管理部门和岗位职责,选择的结构模式要能使目标高效实现、决策快速执行、信息及时沟通;接着设计工程组织的工作程序,将各部门联系起来,规范各部门和各岗位间协作关系与信息沟通方式;最后按岗位职责的要求和组织原则,选配合适的管理人员,关键是各级部门的主管人员。根据授权原理将职权授予相应的人员,人员配备是否合理直接关系到组织能否有效运行。工程推进过程中,还可根据工程所处环境变化不断调整组织结构。图 5-5 是工程组织结构设计的程序图。

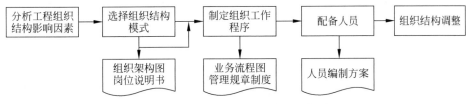

图 5-5　工程组织结构设计的程序图

4. 工程组织结构类型

组织结构是工程组织内各要素(部门或成员)相互联结的框架形式,反映了各要素间的指令关系。常见的工程组织结构类型有直线式组织结构、职能式组织结构、项目式组织结构和矩阵式组织结构。图 5-6 展示了四种工程组织结构类型的示意图。

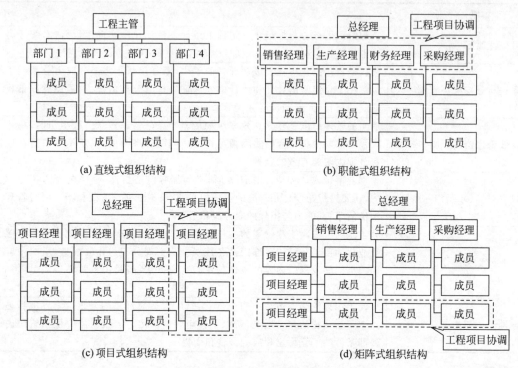

图 5-6　工程组织结构类型示意图

其中,直线式组织结构是最早也是最简单的一种组织结构类型,所有下属部门只接受一个上级的领导,即工程主管对所属部门的一切问题负责。职能式组织结构没有明确的工程主管,通常由工程上级单位依据职能划分设立部门,如销售部、生产部、采购部、财务部等,工程项目的协调运作在职能经理这一层完成。项目式组织结构中设立专门的项目经理,独立于企业职能部门之外,各项工程任务直接由相应的项目经理负责。矩阵式组织结构介于职能式与项目式之间,既设立专门的项目经理,又有各职能部门参与工程管理,工程成员受到项目经理和职能经理的双重领导,但工程的协调运作主要由项目经理层完成。四种工程组织结构的特点、优劣势和适用情形见表 5-7。

表 5-7　四种工程组织结构类型的对比

组织结构	直　线　式	职　能　式	项　目　式	矩　阵　式
特点	组织的职权自上而下逐层传递和分解,每个部门只能对其直接下属部门下达工作指令	没有明确的工程主管,通过职能部门作为主体承担工程任务,各部门协调工作需在职能主管这一层次上进行	工程管理组织独立于企业职能部门之外,特点是"集中决策、分散经营",工程结束后组织撤销	介于职能式与项目式组织结构之间的暂时的、半松散组织形式,可根据项目经理的权力大小分为强矩阵式、弱矩阵式和平衡矩阵式组织

续表

组织结构	直 线 式	职 能 式	项 目 式	矩 阵 式
优势	上下级关系简明,权责明确,指令唯一,便于统一指挥、集中管理	资源高效灵活利用、保障工程项目的连续性、利于同部门成员的交流与共享	组织目标明确,统一指挥、权责明确、决策迅速,人员构成互补,有助于培养全面型管理人才	最大限度地利用和共享资源,目标明确,对环境变化反应迅速,减少组织成员的顾虑
劣势	当管理层次较多时指令路径过长,有可能会造成组织系统运行困难	权责划分不明确、跨部门合作困难、成员积极性与认同感较低,项目的整体利益容易受到忽视	易受到企业资源的限制,对工程项目成员要求较高,且不同专业成员间沟通协作困难,组织的稳定性较差	成员处于多头领导状态,信息沟通较复杂,易受到权责不清、协调困难带来的负面影响
适用情形	小型工程项目	产品单一、技术要求较低的小型工程项目	时间要求紧、涉及部门较多的大型工程	现代大型复杂工程

【案例——具有中国特色的"两总系统"柔性项目制】

随着科技的进步和市场经济的发展,我国大科学工程组织管理模式逐步发展成"两总系统"下的柔性项目制。以"神舟七号"飞船工程为例,项目经理是总指挥,负责对项目进行中的人、财、物进行全面协调和管理;项目技术经理是总设计师,对技术研发和技术管理负全责,同时引入柔性管理理念,根据不同技术特点,针对进度、费用、质量等过程职能设立了专门的临时管理小组,具有较高的专业性和较强的柔性,为工程的顺利实施提供了有效的组织保障。案例详情可扫二维码查阅。

拓展材料2

5.2.2　工程组织行为管理

了解组织行为对于保持工程组织高效稳定运作有着重要作用,组织行为学以劳动分工为基础,以提高组织绩效为目的,重点探讨个体、群体以及组织系统对组织内部行为的影响。在现代工程管理中,管理者扮演的角色可以概括为人际组织角色、决策角色和信息传递角色。下面结合工程管理实践,在个体、群体和组织系统三个层次上对管理者扮演的角色的行为进行分析。

1. 工程个体行为管理

工程管理的个体行为主要包括个体劳动者的个性、能力、知觉、价值观和态度等内容,这些心理因素都直接或间接地影响着人的行为。在工程管理中,对于组织中不同个性的成员,应予以区别对待,尽量使每个人的个性与其工作要求相匹配,以形成较高的工作满意度。不同岗位要求成员具备不同的能力,在配备工程人员时,还应遵循个体能力与其岗位职责要求相匹配的原则。在安排人员及任务时,不仅要考虑个体的个性和工作能力,还应兼顾其知觉、价值观和态度,即充分了解个体对工程和组织的看法。表5-8列举了工程个体行为管理的主要内容。

表 5-8　工程个体行为管理内容

个体行为	管理要求
个性	尽量使每个人的个性与其工作要求相匹配,以形成较高的工作满意度和人员稳定性
能力	遵循个体能力必须与岗位职责要求相匹配原则
知觉	工程管理者必须了解项目成员对工作环境、绩效评估方法以及报酬支付公平程度等的看法
价值观	工程管理者必须了解成员的价值观,尽量使个体的价值观与组织的价值观相一致
态度	在进行工程管理时,应培育工程组织成员产生积极的态度,比如允许成员参与决策,建立反馈机制,将成员的报酬与其绩效相联系,提高管理的透明度和分配制度的公平性等

2. 工程群体行为管理

工程管理从本质上说,是对由工程成员个体组成的工程成员群体的管理。工程效果如何,取决于工程的群体行为。而群体行为主要由群体外部条件、群体结构、群体任务和群体协同作用等因素决定,由群体绩效及群体成员满意度等指标来直接反映。群体绩效是上述各方面综合作用的结果,是群体行为的直接表现。群体成员的满意度既是群体外部条件、群体结构等共同作用的结果,又对群体绩效产生一定影响。成员满意度越高,工作越积极,就越能提高群体绩效。工程群体行为管理的要素见表 5-9。

表 5-9　工程群体行为管理决定因素

决定因素	说明
外部条件	作用于群体的外部条件,包括组织战略目标、权力结构、组织规范、组织资源及物理工作环境等。清晰的组织目标、合理的组织结构、健全的规章制度以及良好的工作环境对群体的工作效率和积极性都有很大的影响
群体结构	群体结构主要包括群体的人数规模和人员构成。由于群体领导、成员角色以及群体的规模和构成不同,不同群体的行为会产生差异。群体结构对群体的工作效率、工作成本有极大的影响。从人数规模上看,小群体的工作效率往往高于大群体的;人员构成中的知觉、价值观等越一致,则群体的工作效率越高
群体任务	群体任务可以分为简单任务和复杂任务两类。简单任务是指常规性、标准化作业任务,群体成员只需按照标准化的操作程序即可完成;复杂任务是指涉及人事复杂、不确定性高、非常规性的任务,这类任务需要群体间进行充分的沟通交流
群体协同作用	工程的建设是不同群体和所有个体共同发挥作用的过程,这一过程既有劳动分工,又有相互协作,协同效应指的是群体成员共同作用的效果,不是所有个体单独发挥作用效果的总和。一般来说,工程组织的计划越完善,岗位职责越清晰,成员的知觉、价值观、态度等越一致,则群体的协同作用越高

3. 工程组织系统管理

除组织结构设计外,工程组织的系统管理还应关注组织文化、人力资源政策以及工作设计与压力管理等方面。其中,组织人力资源政策包括工程项目成员的招聘录用与培训、绩效评估、报酬体系、劳资关系的设计及项目完工人员安置等内容。工程管理者需要注意的是,很多项目成员既要受工程主管的领导,又可能同时受到母体组织的领导,在人力资源政策中这些项目成员的薪酬、评价、晋升体系相当复杂。许多工程项目难度大、周期长,工程人员的工作绩效难以得到有效控制,组织行为学理论认为工作的方式、时效性、挑战性、灵活程度以及工作面临的压力等,都会对工程项目成员的工作绩效有很大影响,这就需要工程管理者合理制订成员的工作计划,并给成员一定的工作压力。适当的压力可以提高员工的工作绩效,但压力过高也会产生负面影响,如导致成员焦虑、情绪低落、工作满意度和工作效率降低。当今组织管理中,组织文化成为一个重要课题,组织文化反映全体成员共同接受的价值观念、行为准则、团队意识、思维方式、工作作风、心理预期和团队归属感等群体意识。在工程管理活动中,良好的组织文化鼓励创新、竞争、开拓进取,要求各成员间创造一种合作、协调、沟通、互助的氛围,通过团队精神的开发利用充分发挥工程组织人、财、物的资源优势。

5.3　工程经济理论

　　根据麦肯锡的统计数据,全球 98% 的大型项目成本超支 30% 以上,仅有 6% 的项目能够实现预期的财务回报,这就意味着绝大多数的项目处于经济失控状态。工程经济学是将工程技术和工程经济结合在一起,围绕工程项目的决策、设计、施工及运营,运用经济理论和特定方法,研究工程中的投入与产出之间的关系问题,能够有效提高资源的利用效率,保障工程市场价值的实现,降低工程投资风险。工程经济分析中需要对各种可行方案进行评价和决策,从而确定最佳工程方案,其具体内容包括投资估算与资金筹措、成本费用与税金估算、财务评价、国民经济评价、不确定性分析、可行性研究、价值工程等。

5.3.1　工程投资与融资

1. 工程投资的定义及特征

　　工程投资是指将一定数量的货币资金、有形资产(如房屋、机器设备、生产线、土地)、无形资产(如专利、商标、注册权、经营权)等投入某一工程中,在预期时间、成本和质量条件限定下,获得未来期间不确定的经济收益或社会收益的一系列活动。

　　对于经营性工程来讲,其建设周期远远大于各种物质产品的生产周期,较长的建设期内需要投资方不断地投入各类物料资源、人力资源和资金(非经营性工程不存在资金回收期)。这些投资只有在工程完成后才能逐渐收回投资,即经营性工程具有资金回收期长的特征。此外,工程的内外部环境经常发生变化,这种环境的不确定性会使工程的实际收入、费用与预期估测的水平发生较大偏离,使资金的回收存在极大的不确定性。在工程的投资管理中,由于需要购买新的生产设备、厂房、基础设施和改进原有的设施来提高生产力,工程投资具有复杂性,同时工程投资也应遵循一定程序。

2. 工程投资的构成

　　对于生产性工程项目而言,工程总投资包括固定资产投资和流动资产投资两部分,非生产性的工程项目投资只包括固定资产投资,不含流动资产投资。固定资产投资又称为建设投资,包括建设工程费用、安装工程费用、设备及工器具购置费用、建设期贷款利息、其他工程建设费用和不可预见费等;流动资产投资也称为铺底流动资金,是指工程项目在投产前预先垫付,在生产经营过程中周转使用的资金,通常由货币资金、应收与预付款项以及存货等项目组成。

3. 工程投资的估算方法

　　工程投资估算是指在进行投资决策经济可行性研究阶段,在现有数据和资料的基础上根据已有的投资估算方法及经验,对拟投工程项目需要的资金额进行可靠的数据估测。工程投资估算的准确性直接影响到工程项目的投资决策和整个工程的成败。其中固定资产投资的估算一般采用生产能力指数法、资金周转率法、比例估算法、综合指标估算法四种;流动资金的估算一般采用扩大指标估算法或分项详细估算法。表 5-10 介绍了这几种工程投资估算方法。

表 5-10　工程投资估算方法

估 算 方 法	估算内容和步骤
生产能力指数法	根据已建成的、性质类似的工程或生产装置的投资额和生产能力估计拟建项目或生产装置的投资额,多用于估算生产装置投资
资金周转率法	资金周转率为年销售总额与总投资的比值,当资金周转率已知时,根据工程年产量与单价计算销售总额,进而计算总投资。该方法简单明了,方便易行,但误差较大
比例估算法	以拟建工程的设备费为基础,根据已建成的同类工程的建筑安装费和其他工程费用等占设备价值的百分比,求出相应的建筑安装费和其他工程费用,再加上其他有关费用,总即为工程的总投资,适用于设备投资占比例较大的工程
综合指标估算法	综合指标估算法又称概算指标法,是指按拟建项目单项工程的各单位工程,分别套用概算指标来估算投资额的方法。概算指标是编制基本建设概算时,确定工程概算造价的定额指标。通常有单位建筑工程劳力或材料消耗指标、单位面积造价、单位能力设备价格等指标
扩大指标估算法	流动资金的扩大指标估算法是指在工程某项指标的基础上,按照同类工程相关资金比率估算出流动资金需用量的方法,又分为销售收入资金率法、总成本资金率法、固定资产价值资金率法和单位产量资金率法等
分项详细估算法	分项详细估算法是对流动资产和流动负债主要构成要素,即存货、现金、应收账款、预付账款和预收账款等几项内容分项进行估算。具体步骤是首先确定各分项最低周转天数,计算出周转次数,然后进行分项估算

其中,生产能力指数法计算公式为 $I_2 = I_1 \left(\dfrac{P_2}{P_1} \right)^n C_F$,式中的 I_2 为拟建工程项目投资额;I_1 为已建同类型工程项目投资额;P_2 是拟建工程的生产能力;P_1 为已建工程的生产能力;C_F 为价格调整系数;n 为生产能力指数,需要根据不同类型的企业统计资料加以确定。资金周转率法的计算公式为 $I = \dfrac{Q \times P}{T}$,式中 I 为拟建工程项目投资;Q 为拟建工程项目产量;P 为拟建工程项目产品的单价;T 为资金周转率,即年销售总额与总投资的比值。比例估算法计算公式为 $I = E \times (1 + f_1 P_1 + f_2 P_2 + f_3 P_3) + C$,式中 I 为拟建工程项目投资;E 为拟建工程设备购置费的总和;P_1、P_2、P_3 分别为建筑工程、安装工程、其他费用占设备费用的百分比;f_1、f_2、f_3 为时间因素引起的定额、价格费用标准等变化的综合调整系数;C 为拟建项目的其他费用。

4. 工程融资的含义及特征

融资即资金的筹措,是以一定的渠道为某种特定活动筹集所需资金的各种活动的总称。在工程经济分析中,工程的融资主要讨论为工程项目投资而进行的资金筹措行为和资金来源方式。工程项目的融资与企业融资相比,有如下具体体现:①以项目为导向,工程项目融资以建设一个具体项目或收购已有项目为出发点,而企业融资则以一个企业的投资和资金运动需要为出发点;②偿还保证依赖于项目本身,在工程项目融资中,项目债务资金提供者主要关心项目本身的经济强度、效益前景等,其偿还保证依赖于项目本身的预期净现金流量和盈利性;而企业融资中的债务资金提供者更关系企业资信、偿债能力和企业获利能力等;③融资规模大,工程项目融资比一般的企业融资需要更大的、更集中的资金量,以及更长的占用周期。

5. 工程项目融资的分类

工程项目的融资可以概括地分为两大类,即内部资金筹措和外部资金筹措。内部资金筹措是指动用公司积累的财力,把股份公司的公积金作为筹措资金的来源;外部资金筹措是指向公司外的经济主体筹措资金。

此外还可以根据融资的期限长短、融资性质、融资主体等具体特征进行分类。例如,按融资性质可将工程融资分为权益融资和负债融资。权益融资是指以所有者身份投入非负债性资金的方式融资,形成企业的所有者权益和项目的资本金;负债融资是通过借款、商业信用、租赁和发行债券等负债方式筹集各种债务资金的融资形式。按照融资期限可将工程融资分为长期融资和短期融资。长期融资是指企业为购置和建设固定资产或进行长期投资等资金需求进行的资金筹集行为,一般资金使用期限在一年以上,通常采用吸收直接投资、发行股票、发行长期债券等方式进行融资;短期融资是指企业因临时性资金需求而进行的资金筹集行为,使用期限在一年以内,一般通过商业信用、短期借款等方式进行融资。此外,从融资主体的视角可将工程融资分为既有法人融资和新设法人融资,融资主体是指进行工程项目融资活动并承担融资责任和风险的经济实体。既有法人融资是指建设工程项目所需的资金来源于既有法人内部融资、新增资本金和新增债务资金;新设法人融资特指由项目发起人发起组建新的具有独立法人资格的项目公司承担融资责任和风险,依靠项目自身的盈利能力来偿还债务。

6. 工程项目的融资渠道与融资方式

工程的融资渠道是指工程项目投资人筹集资本来源的方向与通道,一般可分为如下几种类型:①政府财政资本;②银行信贷资本;③非银行金融机构资本;④其他法人资本;⑤企业内部资本;⑥国外资本。

工程项目的融资方式是指项目主体筹集资本所采用的具体形式和工具,常见的融资方式有如下几种:①投入资本筹资;②发行股票筹资;③发行债券筹资;④银行借款筹资;⑤商业信用筹资;⑥融资租赁。

【案例——三峡工程项目的投融资分析】

有效的投融资管理不仅能够保持资金稳定流动,降低财务风险,同时也能提高工程建设和运营效率。三峡工程作为中国跨世纪的一项巨大工程,由于其耗资巨大,我国政府采取对未来资金流动进行预测的方法,对资金需求实行动态管理。按 1993 年国内价格水平计算静态投资为 900 亿元,考虑物价上涨、贷款利息等因素,到 2009 年三峡工程建成共需动态投资 2039 亿元。融资方面,三峡总公司根据三峡工程阶段性特点,分三个阶段融资,开拓了专项基金、企业利润、银行贷款、发行债券等多种融资渠道,既保证了工程的资金需要得到满足,又降低了政府的财政负担。案例详情可扫二维码查阅。

拓展材料3

5.3.2　工程成本费用及收入

1. 成本费用及其估算

工程成本费用是指在工程生产经营期内发生的为组织生产和销售应当发生的全部成本和费用,通常按年反映,主要包括生产成本和期间费用。生产成本由生产过程中消耗的原材料、直接材料、直接工资、其他直接支出和制造费用构成;期间费用是指不能归属于特定产品成本,而与生产经营期密切相关,直接在当期得以补偿的费用,包括销售费用、管理费用和财务费用三项内容。通常需要计算年成本费用和经营成本:在计算年成本费用时,可以按照不同的标准进行划分,从成本费用的经济性质来看,工程中涉及的成本费用主要有外购材料、燃料和动力、工资及福利、修理费、摊销费用、折旧费用、维简费、利息支出和其他费用等;经营成本是指工程项目从总成本中扣除折旧费、维简费、摊销费和利息支出以后的成本,反映工程企业的生产和管理水平。

在进行成本费用估算时,需要厘清以下几个成本概念。成本费用可分为固定成本、变动成本和混合成本三大类。固定成本是指在一定产量范围内不随产量变化而变化的成本,如按直线法计提的固定资产折旧费、计时工资费用等;变动成本是指随着产量变化而变化的成本,如原材料费用、燃料动力费用等;混合成本是指介于固定成本与变动成本之间,即随产量变化又不成正比例变化的那部分成本,在进行盈亏平衡分析时要对混合成本进行分解,以区分其中的固定成本和变动成本。机会成本与沉没成本在成本费用估算中也十分关键。机会成本并不是实际发生的成本,而是指将有限资源用于某种特定的用途而放弃其他各种用途中的最高收益,充分考虑机会成本对于工程决策十分重要。沉没成本是指过去已经支出而现在无法得到补偿的成本。沉没成本对企业决策不起作用,对于过去已经支付的费用,尽管事后可能认识到这项决策是不明智的,但沉没成本已经发生,今后的决策都不能取消这项支出。

2. 销售收入预测

销售收入也称为营业收入,是企业在生产经营活动中,由于销售产品、提供劳务等取得的收入。估算工程的销售收入,需要考虑销售价格与销售数量,其计算公式为"年销售收入＝产品销售价格×产品年销售量"。预测年销售收入,需先确定销售价格,工程的经济效益对产品销售价格的变化非常敏感,如果工程产品是出口产品、替代进口产品或是间接出口产品,可以以口岸价格为基础选择销售价格;如果同类产品已在市场上销售,则可以选择现行市场价格作为定价依据;此外,还可以根据预计成本、利润和税金确定销售价格,例如"销售价格＝产品成本＋产品利润＋产品税金",其中"产品利润＝产品成本×产品成本利润率""产品税金＝(产品成本×产品利润)/(1－税率)×税率"。除此之外,预测销售收入还需预测年销售量,在工程经济分析中,应首先根据市场需求预测确定项目产品的市场份额,进而合理确定企业的生产规模,再根据企业的设计生产能力确定年产量。在估算销售收入时,由于难以准确估算市场波动导致的产量与销售量的差别,因此通常假设当年生产出来的产品全部售出,这样就可以根据项目投产后各年的生产负荷确定年销售量。

3. 销售税金及附加

税金是指国家为了筹措资源满足相应财政支出、公共服务建设需要,按照相应法律法规向具有纳税义务的企业和个人无偿征收的一定数量的货币资金或资源。工程项目税金估算中涉及的税种主要有增值税、营业税、消费税、关税、所得税、资源税、城市维护建设税、土地增值税。附加是指教育费附加,在工程项目的经济分析中,一般将教育费附加视同为销售税金处理。

4. 利润估算

利润是企业在一定时期内全部生产经营活动的最终成果,集中反映了企业生产经营各方面的效益。按照利润的来源划分,工程利润又包括主营业务利润、其他业务利润、投资收益、营业外收支净额。工程项目利润总额的计算公式为"利润总额＝销售收入－税金及附加－总成本费用"。在工程经济分析中,利润总额是计算一些静态指标的基础数据,在此基础上可以计算出所得税和净利润,并进行净利润的分配。

5.3.3　工程经济评价

1. 工程项目的财务评价

工程项目的经济评价是工程项目可行性研究的重要内容,其中的工程项目财务评价是从企业角度分析计算工程项目直接发生的财务效益和费用,编制财务报表,计算评价指标,考察项目的盈利能力、清偿能力以及外汇平衡能力等财务状况,据此判别工程项目在财务上的可行性。财务评价可分为融资前评价和融资后评价。融资前评价只进行盈利能力分析,从项目投资总获利能力的角度考察项目方案设计的合理性,相关指标有静态投资回收期、财务内部收益率、财务净现值、动态投资回收期;融资后分析考查项目在拟定融资条件下的盈利能力、偿债能力和财务生存能力,具体指标有资本金投资回收期、资本金利润率、投资收益率、偿债备付率、资产负债率、借款偿还期、各年净现金流量等。进行工程经济评价时采用的基本报表包括现金流量表、利润与利润分配表、资金来源与运用表、资产负债表及外汇平衡表等。

2. 工程项目的国民经济评价

国民经济评价是对投资工程项目进行评价的一种方法,这种方法站在国家整体角度上考核项目的总费用和总效益的同时,从宏观层面分析工程对国民经济的增长和社会资源优化配置的贡献。效益和费用是工程国民经济评价的重要内容,效益是指工程对国民经济的全部贡献,只要是能增加社会资源的工程项目产生就是效益,包括直接效益和间接效益;费用是指在工程项目建设中社会资源的投入和消耗,即为项目的建设和运行,国民经济投入的全部代价,划分为直接费用和间接费用。此外,在国民经济内部发生的、没有造成国内资源的真正增加或耗费的支付行为被称为转移支付,包括工程支付的各种税金、国内借款利息、职工工资等。常用的评估指标有经济内部收益率、经济净现值、经济净现值率、投资净效益率、经济效益费用比、经济外汇净现值、经济换汇成本等。在进行国民经济评估时,可以在财务分析的基础上,将评估参数调整到宏观的、比较理想的水平进行评估;也可以直接进行扩大范围的国民经济评估,其基本思路是采用影子价格、影子工资、影子汇率、社会折现率等通用参数对整个工程项目的费用和效益进行评估。

5.4　工程质量管理

工程质量的好与坏,是一个根本性的问题。2018 年 10 月 29 日,印度尼西亚航空公司狮航的波音 737 MAX 飞机坠海,次年 3 月 10 日,埃塞俄比亚航空公司的同型飞机起飞后不久坠毁,随后各国航空公司相继停飞该机型并向美国波音公司提出索赔要求。经调查,波音公司生产的波音 737 MAX 机型存在严重的质量缺陷,直接导致了这两次空难。这一严重的质量事故不仅给波音公司和各国航空公司带来巨大的经济损失,更是让 346 名乘客付出了生命的代价。对于投资大、建成及使用时期长的各类工程来说,只有合乎质量标准,才能投入生产和交付使用,发挥投资效益,满足社会需要。工程质量管理是运用一整套质量管理体系、手段和方法所进行的系统管理活动,其目标是使工程质量达到工程设计要求。

5.4.1　工程质量管理概念

1. 质量管理的概念

质量对于增强竞争力、提高生产率、增加市场份额和提升盈利能力至关重要。质量管理有助于企业在面临客户期望不断变化和发展的环境下保持竞争力。质量有多个维度,包括但不限于性能、特征、可靠性、合规性、耐久性、适用性、美观性和品质认知度。

在 ISO9000:2005 中,对质量的定义为:一组固有特性满足要求的程度。其中,特性是指事物可区分的特征,如物理特性(物理状态、机械性能等)、化学特性(稳定性、氧化性等)、感官特性(颜色、声音等)等。

2. 工程质量管理的含义

工程质量管理是指为保证和提高工程质量,运用一整套质量管理体系、手段和方法所进行的系统管理活动。广义的工程质量管理,泛指建设全过程的质量管理。其管理的范围贯穿于工程建设的决策、勘察、设计、施工、验收、运营的全过程。它从系统理论出发,把工程质量形成的过程作为整体。工程质量管理需要以正确的设计文件为依据,结合专业技术、经营管理和数理统计,建立一整套施工质量保证体系,才能投入生产和交付使用。工程质量管理是用最经济的手段,合乎质量标准、科学的方法,对影响工程质量的各种因素进行综合治理,最终建成符合标准、用户满意的工程项目。

工程质量管理以预防为主,要把质量问题消灭在它的形成过程中,并以全过程多环节致力于质量的提高。这就是要把工程质量管理的重点,从以事后检查把关为主变为以预防、改正为主。组织施工要制定科学的施工组织设计,从管结果变为管因素,把影响质量的诸因素查找出来,发动全员、全过程、多部门参加,依靠科学的理论、程序、方法。参加施工人员均不应发生重大伤亡事故,工程建设全过程都应处于受控制状态。目前,工程质量管理制定的基本原理主要有 PDCA 循环原理、三阶段控制原理和全面质量管理原理。

5.4.2　工程质量控制

工程质量控制是指致力于满足工程质量要求,也就是为了保证工程质量满足工程合同、规范标准所采取的一系列措施、方法和手段。工程质量控制主要分为五个阶段,分别是前期策划质量控制、勘察与设计质量控制、施工质量控制、验收质量控制和安全管理质量控制。图 5-7 为工程质量控制框架图。

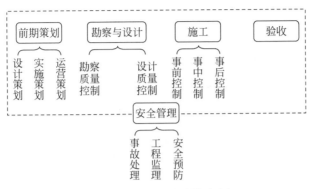

图 5-7　工程质量控制框架图

1. 工程前期策划质量控制

工程前期策划是指在工程建设前期,对工程进行可行性研究,确定项目的建设目标,规划项目的框架体系,制定项目战略决策的过程。它是在制定质量方针的基础上,设定质量目标,明确质量工作内容、程序和要求,并付诸行动达成该目标的一系列过程。根据这个定义,工程项目质量策划是工程项目质量管理与控制的重要组成部分,是建立质量管理方针、明确质量管理目标、规范质量管理工作、确定相关职责权限等一系列必要的行动过程。

2. 工程勘察与设计质量控制

工程勘察是根据工程项目要求,查明、分析和评价建设场地的地质环境特征及其岩土工程条件,并编制成工程勘察文件的过程。工程设计是根据被批准的可行性研究报告和项目建设要求,对项目相关因素,包括项目所需的技术、经济、法律、环境、资源等,进行综合分析、论证,并编制成工程设计文件的过程。工程勘察设计的质量控制要点主要有三个方面,分别是勘察和设计单位资质控制、勘察质量控制和设计质量控制。

3. 工程施工质量控制

工程施工阶段是工程实体的最终形成阶段,也是工程质量最终形成的关键阶段。其控制要点包括以工作质量确保施工质量,严格把关投入品质量,以预防为主。图 5-8 为工程施工质量控制作业程序图。

4. 工程验收质量控制

工程竣工验收是工程建设的最后一道程序,是全面检验工程质量的重要环节。验收阶段的质量控制要点主要包括审核验收条件、评定工程质量、加强档案资料审核管理。

5. 工程安全管理质量控制

工程安全管理是在工程建设的整个过程中,对工程生产活动中会影响人员安全因素的管理活动,主要分为事故处理、质量监理、安全预防三个方面。表 5-11 展示了这三个方面的特点及主要内容。

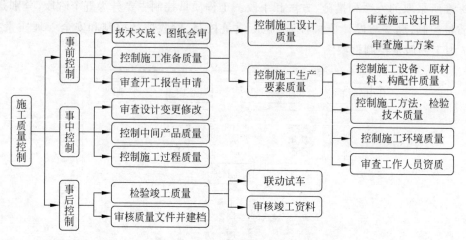

图 5-8　工程施工质量控制作业程序图

表 5-11　安全管理质量控制

安全管理控制活动	特　　点	主　要　内　容
工程质量事故处理	复杂性、危险性、连锁性	依据：事故的相关资料、施工合同文件相关资料、工程勘察资料、工程设计文件 程序：事故调查、事故分析、事故处理、工程复工
工程质量监理	服务性、独立性、公正性、科学性	四个阶段：施工准备阶段、施工阶段、竣工验收阶段、质量保修阶段
工程安全预防	复杂性、持续性、针对性、严谨性、进步性	目标：伤亡指标控制、人员素质控制、管理标准控制和防护设施控制 程序：管理策划、执行方案、检查监督、事故处理

5.4.3　工程质量改进

对现有的质量水平在控制和维持的基础上加以突破和提高,将质量提高到一个新的水平,该过程称为质量改进。工程质量改进的内涵包括工程质量改进对象的广泛性、工程质量改进的持续性、工程质量改进的过程性。工程质量改进的主要对象包括三个方面:对工程本身的改进;对工程实施过程的改进;对管理过程的改进。工程持续改进的主体涉及业主、工程承担方、供应单位等各方组织。这些组织的领导和管理人员是工程质量持续改进最直接和最主要的主体,当然,这些组织中的员工在工程质量持续改进中的重要地位和作用也是不可忽视的。因此,为了使工程质量持续有效改进,必须发挥各方组织、各类人员的作用,任何一方组织、任何一个人的作用都是不可忽视的。图 5-9 为工程质量改进流程。

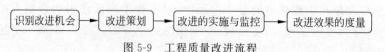

图 5-9　工程质量改进流程

5.4.4　工程质量管理工具与方法

1. 质量管理工具

为了保证稳定的产品性能和服务效果，人们已经开发出了许多过程管理工具，建立了质量管理体系，并制定了质量标准。常用的质量管理工具如表5-12所示。

表5-12　质量管理工具

质量管理工具	描　　述	示　　例
活动网络图	对一系列事件或活动进行图示的一种工具，以节点和节点间的相互联系来表示。该工具适用于项目活动和关键里程碑的监测、进度安排、修改和审核	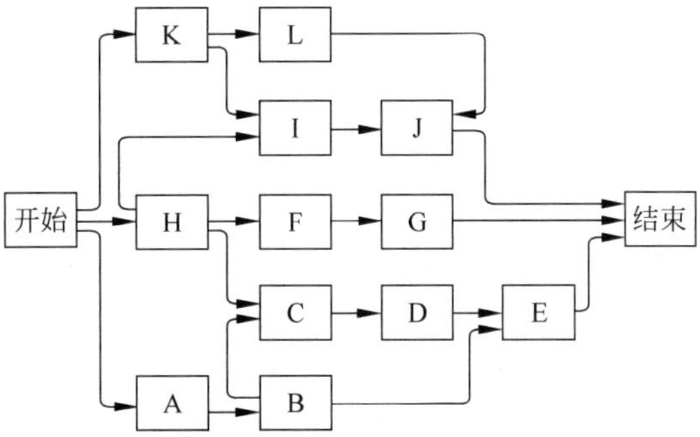
亲和图	根据彼此间自然关系来组织大量数据、概念和想法的一种工具。该工具适用于大量信息的分组	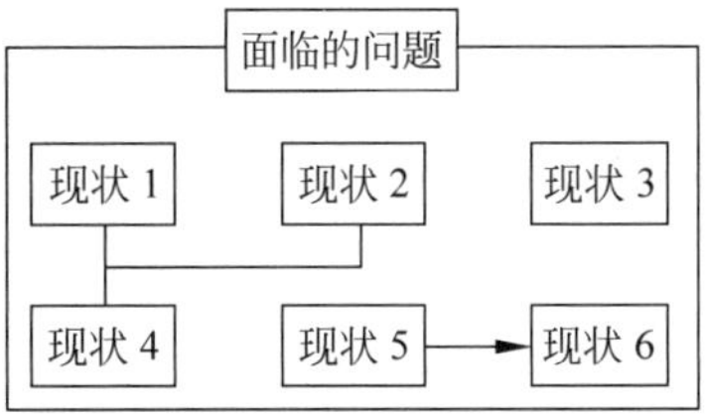
关联图	用于识别复杂情况下各要素间因果关系的一种工具。该工具适用于难以确定的关系	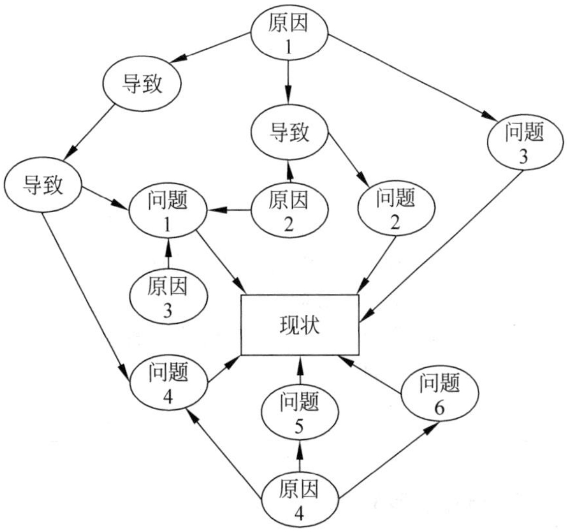

质量管理工具	描 述	示 例
矩阵图	用于表示两组数据间关系，以及目标与要素间、原因与结果间、人与任务间关系重要性的一种工具。该工具适用于确定执行计划中各要素的责任	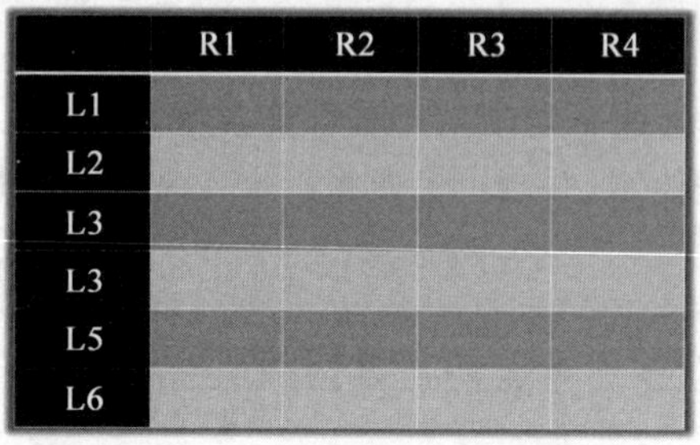
优先矩阵	根据具体标准对多个方案进行排序，然后做出决定的一种工具。该工具适用于几个方案的收益不相同的情况	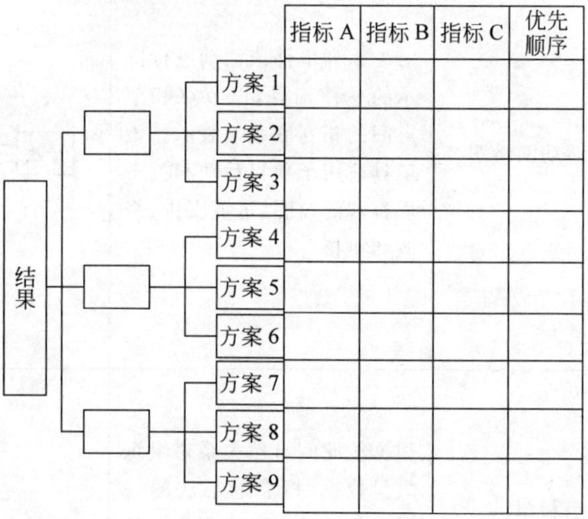
过程决策程序图	对问题（所有可能出错的事件）和相应对策进行图示的一种工具	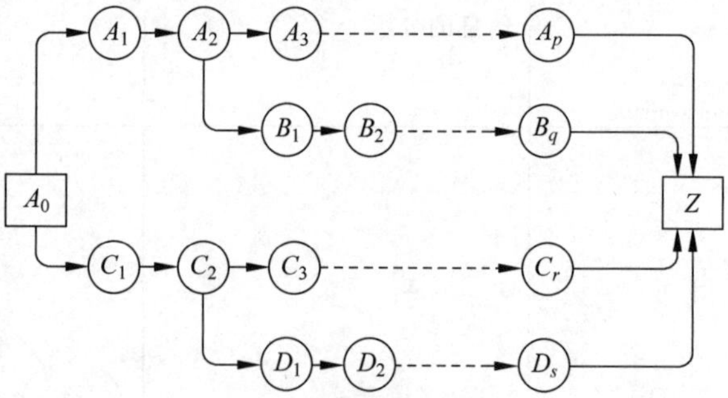
树形图	使用实现目标所必需的任务和子任务间的层次关系把主题分解为若干活动的一种工具	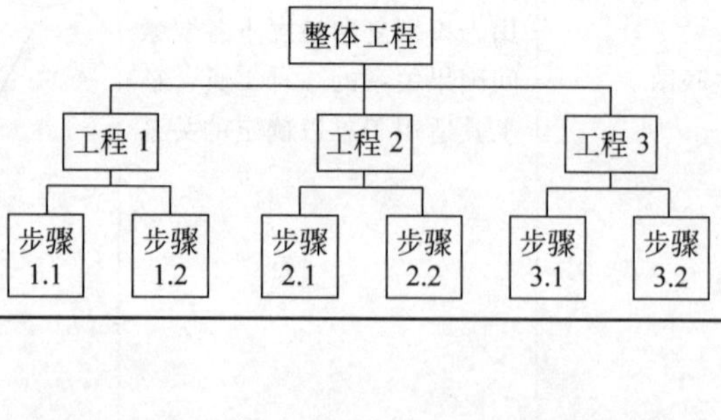

2. 质量管理标准

关于质量的标准有很多，有些是行业性强制执行的标准，有些是地域性自愿执行的标准,不同地域可能不同。制定行业质量标准的组织包括美国国家标准协会(American National Standards Institute,ANSI)、国际标准化组织(International Organization for Standardization,ISO)、美国国家标准与技术研究院(National Institute of Standards and Technology,NIST)。表 5-13 具体介绍了这三个组织。

表 5-13　行业质量标准组织

质量管理标准	介　　绍
ANSI	监管着诸多规范与指南的制定、发布和使用,它们几乎对每一领域的商业活动都有直接影响
ISO	制定了国际商业的通用标准。ISO 9000 是关于质量管理的标准,而 ISO 14000 是关于环境管理的标准
NIST	美国商务部的直属机构,其使命是"通过推动测量学、标准和技术的发展来促进美国的创新并增强产业竞争力,以达到加强经济安全并提高人民生活质量之目的"

3. 质量管理方法

常用的工程质量管理方法有 PDCA 循环、质量屋、精益生产和六西格玛等。

1）PDCA 循环

PDCA 循环的含义是将质量管理分为四个阶段,即计划(plan)、执行(do)、检查(check)、处理(action)。在质量管理活动中,要求把各项工作按照做出计划、计划实施、检查实施效果的流程进行,然后将成功的纳入标准,不成功的留待下一循环去解决,如图 5-10 所示。

2）质量屋

质量功能展开亦称"质量屋"(quality function deployment)。从质量保证的角度出发,通过一定的市场调查方法获取顾客需求,并采用矩阵图解法将顾客需求分解到产品开发的各个阶段和各职能部门中,

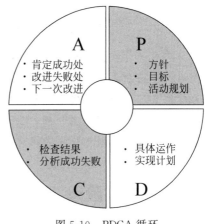

图 5-10　PDCA 循环

通过协调各部门的工作以保证最终产品质量,使得设计和制造的产品能真正地满足顾客的需求。质量屋的目的是使产品能以最快的速度、最低的成本和最优的质量占领市场。

3）精益生产和六西格玛

精益生产和六西格玛都是提高质量、生产率、盈利能力和市场竞争力的强大工具。精益生产侧重于使用各种精益原则及相应方法来杜绝浪费并改进生产流程。它通过区分增值/非增值项来体现对客户的关注。精益生产的效果就是能缩短生产时间并消除一切非增值活动。六西格玛侧重于利用问题解决方法和统计工具来减少变异。它是一种以客户为中心的持续改进战略和制度,旨在将产品缺陷和变异降到最低。六西格玛方法论的基础是界定、测量、分析、改进、控制(define、measure、analysis、improve、control,DMAIC)五阶段方法论,图 5-11 为其总体结构图。

精益生产致力于不断的持续改进。改进活动一般通过持续改善事件来实现。最常用来杜绝浪费与实现流程的精益工具有价值流图析、标准作业、5S 管理、快速换模、防误防错、单

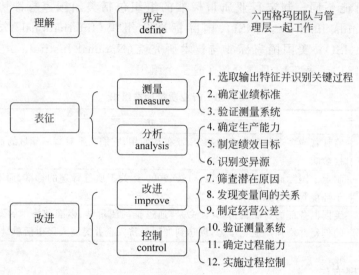

图 5-11 六西格玛方法论结构图

元式生产、可视化管理、平准化以及单件流生产。

【案例——JMP 助力柯达的精益生产六西格玛实践】

拓展材料 4

为了应对日益激烈的市场竞争,降低生产成本,提高运营效率,柯达公司从 20 世纪 90 年代起就开始在其制造单位推行精益生产和六西格玛,现在这些持续改善活动已经统一融合为精益生产六西格玛实践活动。在质量管理软件 JMP 的帮助下,业务分析人员可以对产品全寿命周期进行可视化分析,从而清楚地掌握生产过程中的发展变化和趋势,遇到质量问题也可以快捷地找到对应的数据记录,追溯缘由。案例详情可扫二维码查阅。

5.5 工程风险管理

风险普遍存在于社会生活的方方面面,与人类自身利益息息相关。忽视了必要的风险管理会带来意想不到且难以承受的损失。例如在 2008 年,中信泰富豪掷 4.15 亿美元接下了西澳大利亚最大的磁铁矿工程项目,由于对杠杆式外汇买卖合约的风险评估不足,这场"豪赌"酿成巨大亏空,相关外汇合约导致已变现及未变现亏损总额为 155.07 亿港元,甚至中信泰富的母公司中信集团也因此受影响。因此,工程管理者必须重视风险管理在工程管理中的作用。风险有两个基本构成条件,一是风险的发生是不确定的,二是风险发生的后果是消极的。风险因素、风险事件、风险损失是风险的三要素,风险因素是指引发风险事件的潜在原因,风险事件是由风险因素引发并导致风险损失的偶发事件,而风险损失是指不正常的、预期之外的经济减少。结合风险管理的定义,工程风险管理是工程管理者根据工程目标和所处环境,合理分配资源,对工程未来损失的不确定性进行识别、估计和评价,制定并实施应对方案,监测风险状态并控制风险水平,以最小代价,保证最大限度实现工程目标的一系列管理活动。

5.5.1 工程风险管理概述

1. 工程风险的定义及特征

工程风险是指工程项目在决策、设计、施工和竣工验收等阶段中可能产生的,与工程各参与单位目标相背离的,会造成人身伤亡、财产损失或其他经济损失后果的不确定性。该定义强调了以下几点内容:①工程风险可能存在于工程项目的各个阶段;②工程风险的承担主体涵盖了工程项目的各参与者,包括建设单位、施工单位、咨询单位、监理单位等;③工程风险的发生具有不确定性;④工程风险可能造成多种损失,风险损失的影响程度是不确定的。

同一般产品生产过程相比,工程建设周期长、施工工艺复杂,实施过程中的各个环节都隐含大量的风险因素,这些风险因素错综复杂,导致工程风险具有发生频率高的特点。同时,工程项目的实施过程往往涉及众多参与单位,如建设单位、承包单位、勘察设计单位、监理单位,有些工程项目还涉及提供贷款的银行和担保公司等。因此工程风险的承担者具有综合性,即当工程风险发生时,通常会有多个责任方共同承担相应的损失和责任。此外,工程风险具有很高的关联性,一方面工程项目涉及面较广,各部分之间的关联度很高,一个工序出现问题,很可能给后续一系列工作的开展造成影响,导致连带损失;另一方面,工程的进度、质量、成本、安全等主要目标之间也存在关联,当工程风险的发生对一个目标的实现造成影响时,也会影响到其他目标的有效实现,使损失扩大化。

2. 工程风险的分类及表现形式

工程风险的分类多种多样,可以根据风险的来源、风险的承担者、风险的存在状态及损失对象等多个角度进行分类,按照工程风险产生的不同原因和性质,常见的风险类型有政治风险、经济风险、社会风险、自然风险、技术风险、商务风险、组织风险和行为风险,各类风险的具体表现形式如表 5-14 所示。

表 5-14 工程风险分类及表现形式

工程风险类型	风险表现形式
政治风险	工程所在地的政局不稳、政策变化、罢工、战争内乱等
经济风险	宏观经济波动,国家或地区财政、税收政策变化,通货膨胀,建筑材料、设备和工资的大幅上涨等
社会风险	所在地区的社会风气、社会秩序、风俗习惯、宗教信仰等社会因素造成的风险
自然风险	恶劣的自然条件和施工环境,不利的地理位置、地震、水灾、旱灾等因自然力的不规则变化所产生的自然灾害等
技术风险	由一些技术条件的不确定性或技术的不成熟带来的风险,例如设计缺陷、施工工艺落后、应用新技术新方法失败等
商务风险	由合同中经济方面的条款不明确或存在缺陷带来的风险
组织风险	各参建单位、工程组织内部、各职能部门之间配合不力,难以对项目实施有效管理而引发的风险
行为风险	个人或组织的过失、疏忽、恶意等不当行为造成财产损失、人员伤亡或工程目标不能实现等风险

3. 工程风险管理的内容

工程风险管理是依据工程所处的风险环境和预先设定的目标,由工程管理人员对导致未来损失的风险进行识别、估计、评价、应对和监控,保障工程总目标实现的活动。首先,从整体来看,工程风险管理与工程总目标必须保持一致,以最小的成本,提供最大的保障,使工程进度、质量、成本和安全等方面的目标能够实现。其次,工程风险管理的目标还必须与风险管理的特定阶段相协调,在风险事件发生前,风险管理的目标是制订经济合理的风险管理计划,履行外部环境对风险承担主体要求的社会义务,严格监测风险,减小风险事件发生的可能性;在风险事件发生后,风险管理的目标是防止风险损失的扩大化,积极做好善后工作,恢复工程的正常运行。

概括来说,工程风险管理包括两大部分内容:风险分析和风险处置。风险分析包括风险的识别、估计、评价等步骤,主要是对工程风险的性质进行准确的描述;风险处置包括工程风险的应对和监控等环节,即依据工程风险分析的结果并结合工程项目的人员、资金等条件,制定和实施风险处置方案。工程风险管理的过程一般可分为五个阶段,依次是风险识别、风险估计、风险评价、风险应对和风险监控,它是一个系统的、完整的过程,一般也是一个循环的过程。风险识别是整个工程风险管理的基础,风险估计是在风险识别的基础上估计和预测风险发生的可能性和损失程度,风险评价是对风险概率、程度和其他因素的综合分析评价,风险应对是针对风险量化的结果,为降低风险负面效应而制定应对策略和技术手段的过程,风险监控则是指随时监测并记录工程项目的各项风险状态。图 5-12 展示了工程风险管理的详细内容和过程。

图 5-12 工程风险管理的详细内容和过程

5.5.2 工程风险识别

1. 工程风险识别的概念

工程风险识别是一个逐步分解、逐步细化的系统过程,目的是要确定何种风险事件可能影响工程目标的实现。在这一过程中,工程管理者需采用各种风险识别方法,对工程中可能出现的风险进行分析、判断和整理。准确的风险识别需要全面的工程资料和工程风险管理计划予以指导,工程概况、进度计划、质量计划等相关管理计划是顺利开展风险识别工作的保证。此外,风险识别还可以通过风险管理人员的知识经验和类似工程的历史数据分析得到。风险识别是开展风险管理后续工作的前提,通过风险识别,工程管理者对工程风险的性质、状态、特征、来源、造成的损失等进行初步了解,有助于明确后续风险管理的对象。

2. 工程风险识别流程

识别工程风险的第一步是搜集和整理工程相关信息,这些信息包括工程风险管理计划、工程环境、各种计划文件以及类似的工程历史信息。基于前期获得的信息,首先工程管理者需要明确工程目标,掌握工程所处环境,并按照工程的不同阶段,对不同子目标,如进度目标、成本目标、质量目标等进行不确定性分析,找到影响工程目标实现的不确定因素,制定初步的风险识别清单。其次,可从工程阶段、工程目标、工程主体等不同角度对风险进行归纳和分类。最后编制风险识别清单,风险识别清单需列出所有识别出的风险,以及风险的性质、来源、可能造成的损失等。图 5-13 展示了工程风险识别的一般流程。

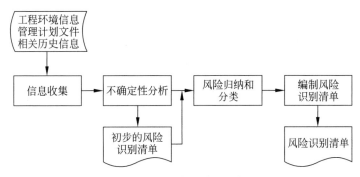

图 5-13　工程风险识别的一般流程

3. 工程风险识别方法

工程风险识别有许多方法,工程管理人员在选择识别方法时应当立足于工程具体情况,选择一种方法或配合使用几种方法识别风险。下面简单介绍几种常用的工程风险识别方法。

1) 德尔菲法

德尔菲法,也称专家调查法。风险管理人员向工程相关专家提供工程的详细资料和问卷,专家对风险的预测和识别做出书面答复。风险管理人员将不同的专家意见整理归纳,反馈给专家供其进一步修改意见。经过几轮征询、归纳、反馈和修改后,专家的意见趋于一致,从而得到风险预测和识别的依据。

2) 头脑风暴法

头脑风暴法就是邀请不同知识领域的专家组成专家小组,以专家的创造性思维来获取未来信息,是一种直观的预测和识别风险的方法。该方法的实现一般是以头脑风暴会议的形式,召集专家组成员,通过讨论得到工程风险因素的列表。

3) 故障树分析法

故障树分析法是由上往下的演绎式失效分析法,利用布尔逻辑组合低阶事件,分析系统中不希望出现的状态。在工程风险管理领域,故障树分析法常以树状图的形式,揭示从风险因素到风险事件产生的详细过程。

4）情景分析法

情景分析法注重分析风险的因素和因素变化时的连锁风险。该方法首先分析系统内外的相关问题，假定某些关键因素的影响，设计多种未来可能的情景，并以类似撰写剧本的方式描绘系统发展的态势，从而识别引发风险的关键因素。

5.5.3　工程风险估计

1. 工程风险估计的概念

工程风险估计是建立在有效识别工程风险的基础上，根据工程风险的特点，对已确认的风险，通过定性和定量分析方法估计其发生的可能性、发生时间、风险的影响程度与范围。工程风险估计按照风险潜在危险大小进行优先排序和评价、制定风险对策和选择风险应对方法有着重要的作用。

2. 工程风险估计流程

估计工程风险首先需要工程管理者收集与风险事件相关的数据和资料，包括客观的理论数据和统计数据，以及来自专家的评价资料。以此为基础，对风险事件发生的可能性和可能造成的损失建立明确的量化的描述，即构建风险发生概率模型和风险损失模型。建立模型后，用适当的方法去估计每个风险事件发生的可能性，以及可能造成的损失，通常用概率表示风险发生可能性，用费用超支、工期滞后、质量缺陷等表示风险损失。根据风险发生的概率和可能产生的后果，可以量化风险事件对工程影响程度的大小，并对其进行初步排序。工程风险估计流程如图 5-14 所示。

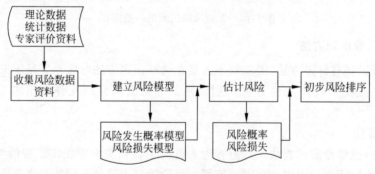

图 5-14　工程风险估计流程

3. 工程风险估计方法

工程风险估计包括了工程风险发生概率的估计和工程风险损失的估计。估计分析风险事件发生的概率及其概率分布是进行工程风险估计的首要内容。一般而言，风险事件的发生概率或概率分布应由历史资料和数据来确定，即客观概率。但当没有足够资料和数据来确定风险概率时，就需要管理者及专家对某些风险因素或风险事件发生的概率进行主观估计，即主观概率。常用的风险概率估计方法如下。

1）利用已有数据估计法

当工程的某些风险事件或其影响因素积累了较多的数据资料时，就可以通过对这些数据资料的整理分析,从中找出工程风险的规律性,确定风险因素或风险事件的概率分布。一般采用频率直方图、累计频率分布图,找出相应的函数分布曲线,进而可得到期望值、方差、标准差等工程风险相关信息。

2）理论概率分布估计法

在工程实践中,有些风险事件的发生是一种较为普遍的现象,许多风险事件具有一定的分布规律。对这种情况,可以利用已知的理论概率分布去求解风险发生的概率,常用的概率分布有正态分布、泊松分布、均匀分布、指数分布等。

3）主观概率估计法

单件性和一次性是工程项目的最主要特征,与其他生产过程的重复性有很大不同。因此,不同工程项目的风险来源和风险特性往往差异很大,可以利用的历史资料和数据相对匮乏。这时项目管理人员只能根据自己或相关专家的经验猜测风险事件发生的概率。利用主观概率估计法时要考虑每个人能力、知识、经验的不同。

4）综合推断法

综合推断法是将已有数据与主观分析判断相结合的一种风险发生概率估计方法。可以从历史经验数据出发,向前推测未来的风险事件发生概率;也可以在没有历史数据的情况下,采用后推法将未来风险事件与某个有据可查的相关事件联系起来,推算未来的风险事件;或是从类似工程的数据资料中进行风险概率估计,即旁推法。

工程风险损失估计是工程风险估计的另一个重要方面,其估计的精度直接影响到工程项目的决策和风险应对措施的选择。工程风险损失估计主要有标的损失估计、进度损失估计和费用损失估计。工程风险标的损失估计包括进度拖延、费用超标、质量不达标、安全事故四个方面,这四类损失虽属于不同性质,但往往相互交织。进度损失估计有两方面内容:一是风险事件对工程项目局部进度影响的估计,二是风险事件对整个工程工期影响的估计。费用损失估计在风险估计中也占有重要地位,包括一次性最大损失和项目整体损失的估计。对于确定性风险损失,一般采用盈亏平衡分析、敏感性分析等方法;对于不确定型风险损失的估计,通常遵循等可能性原则、悲观原则、乐观原则、遗憾原则或最大数学期望原则。

5.5.4　工程风险评价

1. 工程风险评价的概念

工程风险评价就是管理者运用定性、定量的方法,进一步分析工程风险,以风险对工程目标的影响大小为依据,划分风险等级并排序,从而找出关键,为接下来的风险管理活动提供依据。通过风险评价,管理者对之前识别出的风险有了更精确的估计,对风险事件的内在联系与转化条件也有了更清楚的认识。

2. 工程风险评价的流程

进行工程风险评价前需要针对单个风险和工程整体风险制定相应的评价标准,该评价标准描述了风险承担者可以接受的风险水平。进行工程风险评价时,通常首先确定单个风险水平,在分析清楚多个风险间的影响和转化关系后,确定工程整体风险水平。其次分别比较单个风险的评价标准与风险水平,以及整体风险的评价标准与风险水平。当整体风险水平和主要单个风险水平可接受时,工程风险水平才能被接受。最后根据风险发生概率和影响程度,结合制定的风险评价标准,确定风险等级,由此决定需要采取何种应对措施。风险评价的流程如图 5-15 所示。

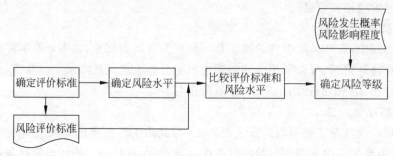

图 5-15　风险评价的流程

3. 工程风险评价的方法

工程风险评价的方法有定性分析法和定量分析法两类。定性分析法相对感性、直观,如专家打分法、层次分析法。定量分析法则通过建立数学模型计算出分析对象的各项指标,如模糊综合评价法、蒙特卡罗法等。

1）专家打分法

专家打分法是一种简单易行的风险评价方法。其具体做法是列出所有可能发生的风险,由专家根据自身知识和经验进行风险分析,对风险重要性做出评价,对专家意见进行统计、计算和归纳并得到工程风险的排序。

2）层次分析法

层次分析法,首先将风险评价的总目标分解成若干层次和若干因素,直观地展现总目标准则、子目标准则、对策之间的层次关系,风险因素的性质和联系;其次构造各因素的比较判断矩阵,并进行一致性检验;最后通过从低到高的层层计算,得到各方案的综合评分。

3）模糊综合评价法

模糊综合评价法的特点在于引入了模糊数学的概念,在风险指标体系的基础上建立风险集与风险评价集,并用定性方法得到风险权重矩阵 R、风险等级隶属度矩阵 S,最终用模糊矩阵 $C=R\cdot S$ 来表示综合评价结果。

4）蒙特卡罗法

蒙特卡罗法就是利用计算机技术,模拟工程风险的发生状况,得到较为满意的风险概率分布,并予以分析、总结。其优势在于面对动态系统的复杂问题时,能够随机模拟变量间的关系。

5.5.5　工程风险应对

1. 工程风险的应对策略

工程风险应对是在风险识别、估计、评价和决策的基础上,制定风险应对策略和具体措施,从而减小风险影响的过程。管理者可以根据工程风险的性质、发生概率和损失程度,采取一种或多种应对策略。主要的应对策略有风险回避、风险转移、风险自留和风险缓和四种。

1）风险回避

风险回避是指为了消除风险产生的条件，放弃某项任务或变更某项计划。当工程风险发生的可能性很大或预期损失很严重时，可以采用此种策略。风险回避中断了风险源，避免了风险发生，但也意味着可能失去获利机会，甚至可能引发新的风险。

2）风险转移

风险转移是指通过一定的方法将风险从原承担者转嫁到其他地方。当风险承担者必须面对某些无法承担的风险时，可以参考风险转移策略。风险转移的方法包括了工程保险、工程担保、分包、设定合同条款等。

3）风险自留

风险自留是指在风险承担主体内部采取措施化解风险，或者不予处理。风险自留是一种财务应对策略，风险承担单位可以通过建立备用金、设立专门的保险公司、对外融资等方式应对自留风险，一般适用于发生概率和损失程度都比较小的风险。

4）风险缓和

风险缓和是指通过一定的方法降低风险发生概率和损失程度，是一种辅助策略。若风险尚未发生，可以采取预防措施，降低风险发生的可能性；若风险已经发生，可以采取措施隔离保护对象，遏制风险损失扩散，并迅速处理损失。

2．工程风险应对流程

制定风险应对方案前需要进一步确认风险影响，在此基础上选择合适的风险应对策略，研究风险应对技巧和工具，并制定相应的风险应对方案。之后再运用决策方法评价各个应对方案，选择最优方案实施，并根据应对过程中的反馈信息及时调整方案。图 5-16 展示了工程风险应对的一般流程。

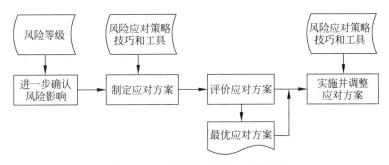

图 5-16　工程风险应对的一般流程

3．工程风险应对方案的制定方法

工程风险应对是一项决策过程，需在确定决策目标的基础上制定、评价和实施应对方案。确定决策目标即明确风险应对要达到什么样的效果，通常可分为单目标和多目标两种情况；制定应对方案应当由详细的技术设计保证方案的可行性；评价应对方案时要根据一定的评价标准比较多个方案的优劣，选择合适的方案；最后实施最优应对方案，执行过程中还需根据反馈信息及时调整方案。常用的风险应对决策方法有损益值决策法、效用值决策法和优劣系数法，其中对于单目标的风险决策问题，常常采用损益值决策法和效用值决策法；对于多目标的风险决策，管理者可采用效用值决策法、优劣系数法。表 5-15 详细介绍了这三种制定风险应对方案中常用的决策方法。

表 5-15　制定风险应对方案的决策方法

决策方法	主要内容	适用情形
损益值决策法	决策者对各方案的收益和损失进行估计,并根据经验或查阅资料判断相应的概率值,损益值与概率值的乘积即为该方案的期望损益值。决策者选择期望损益值最大或最小的方案	单目标风险应对方案
效用值决策法	效用函数可以直观地描述保守型、冒险型、中立型三种不同决策者对待风险的不同态度。方案的选择根据效用值与概率值的乘积来判断,决策者选择期望效用值最大的方案	单目标、多目标风险应对方案
优劣系数法	基本思路就是两两比较决策方案,通过一定的计算方法,得到方案的优系数和劣系数,并通过减少优系数标准,增大劣系数标准,逐步淘汰不合格方案	多目标风险应对方案

5.5.6　工程风险监控

1. 工程风险监控的概念

风险会随着工程内外部环境的变化而变化,在工程推进过程中,许多风险可能会增大,甚至出现新的风险,因此需要对工程风险进行全程监控。工程风险监控伴随着工程风险管理的全过程,包括风险监测和风险控制。风险监测就是在风险应对的基础上,定期跟踪已经识别的风险,监测残余风险和二次风险,记录风险状态和变化,评估风险应对的效果。风险控制就是以风险监视为基础,实施风险应对策略,当情况变化时,采取各种方法修正原计划,使风险应对策略更加切合实际。

2. 工程风险监控流程

工程风险监控通常包括风险事件跟踪、风险状态监测、风险响应和风险事件更新四个过程,每个过程都与前期的风险识别、估计、评价与应对相关联。在识别风险事件后,需要对风险事件实时跟踪,并依据风险估计与评价方法对风险状态进行有效的监测。图 5-17 为工程风险监控的一般流程。

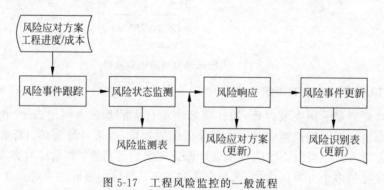

图 5-17　工程风险监控的一般流程

3. 工程风险监控的方法

工程风险监测有多种方法:传统的做法是按照工程进展定期开展审核会议,检查已经完成的工作和工程风险;利用风险表检查当月最严重的几个风险,描述风险应对策略的效果,通过风险排序变化直观反映风险事件的状态也是常用的风险监测方法;在大型工程项目中,可以采用风险预警系统,设定相应的风险预警线。

工程风险的控制措施主要有经济措施、技术措施、组织措施、权变措施与合同措施五种。经济措施指通过财务手段达到预防风险、减小风险损失的目的,如建立备用金;技术措施包含各种工程技术手段,既可以预防潜在风险,还可以遏制风险影响,避免损失扩大;组织措施是在工程风险管理目标的基础上,调整优化风险承担主体的组织结构,改进风险控制流程等;权变措施是应对意料之外的风险时采取的措施,风险管理者在风险监控阶段识别出某些严重的风险,这时应当提出新的应对措施,并将这些措施记录到风险应对计划中;合同措施要求管理者注意合同条款的解释、明确合同双方的权利与义务,避免工程合同条款中蕴藏的风险。

【案例——中国海外工程公司折戟波兰】

工程风险管理的失败会带来严重的后果,不仅会让相关主体承受巨大的经济损失,甚至还会因为丧失信誉而影响企业形象和未来发展的道路。波兰 A2 高速公路项目便是工程风险管理失败的典型案例:由于没有清晰地识别出宏观经济形势变动、原材料价格上涨等风险因素,以及没有采用必要的合同措施来规避潜在风险,中国海外工程公司在欧盟地区承建的第一个基础设施项目——波兰 A2 高速公路项目最终以失败告终。中国海外建筑企业成员不仅要面临数亿美元的赔偿,并在未来 3 年内都不能在波兰参与任何道路工程建设。案例详情可扫二维码查阅。

拓展材料5

5.6 工程信息管理

工程信息产生于工程建设的各个阶段,工程信息管理对现代工程建设起着越来越重要的作用,尤其是对工程总目标的实现影响很大。工程信息管理不仅能够辅助管理者决策、提升工程管理水平,还能再造管理流程、降低成本、提高管理创新能力。在现代工程管理中,信息和信息技术逐渐成为工程参与单位提高竞争优势的主要工具,工程信息管理正在成为工程建设管理的核心和基础。

5.6.1 工程信息管理的概述

1. 工程信息的特点与分类

工程信息指的是工程项目从提出、可行性研究、决策、计划、设计、施工到竣工验收等一系列活动中,涉及范围管理、时间管理、费用管理、质量管理、采购管理、人力资源管理、风险管理、沟通管理和综合管理等多方面工作,由众多参与部门和单位产生的一切信息资源的总称。

工程信息具有信息的一般特征,如普遍性、客观性、依存性、可传递性、可干扰性、可加工性、共享性等。除此之外,工程信息还具有其自身的特点,包括内容构成的繁杂性、信息来源的广泛性、信息形成的阶段性、信息数量庞大、信息的系统性和不对称性等,具体描述如表 5-16 所示。

表 5-16　工程信息的特点

特　点	描　述
内容构成的繁杂性	一个工程建设项目的完成往往是多部门、多专业、跨地区的综合成果,在工程建设过程中,项目的可行性研究、设计、施工等多个阶段,均可能产生声、像、图、文、数据等类型的信息,以纸质材料、照片、胶片、磁带等形式存在,因此工程信息的内容构成具有繁杂性
工程信息来源的广泛性	工程信息来自工程项目的提出、调研、可行性研究、评估、决策、计划、设计、施工及竣工验收等各个环节;来自工程设计单位、建设单位、施工承包单位、材料供应单位及监理组织内部各个部门;来自质量控制、投资控制、进度控制、合同管理等各个方面
信息形成的阶段性	大致可以分为前期准备阶段、工程设计阶段、工程施工阶段、竣工验收阶段和使用维护阶段
工程信息数量庞大	由于工程项目建设规模大、投资数额大、周期长、协作关系复杂,涉及部门、种类、专业多,因此工程建设过程中涉及大量的信息
工程信息的系统性	工程信息是在一定时空内形成的,与工程管理活动密切相关,工程信息的收集、加工、传递及反馈是一个连续的闭合环路,具有明显的系统性
工程信息的不对称性	由于工程相关者(如承包商、业主、项目管理公司、设计单位等)承担不同专业或性质的工作,而且他们是分阶段进入工程的,所掌握的信息的量、质、面都不同,自然就形成信息的不对称

依据不同的标准,我们可以将工程信息划分为不同的类型。像这样按照一定的标准对工程信息分类有着重要的意义,信息的分类是信息管理的基础和前提,有助于提升工程管理的效率。按照工程管理职能划分,信息可以分为投资控制信息、质量控制信息、进度控制信息、合同管理信息、行政管理信息等。按照工程建设阶段划分,信息可以分为工程决策阶段的信息、设计阶段的信息、建设准备阶段的信息、施工阶段的信息、竣工验收阶段的信息。按照管理性质,信息可以划分为组织类信息、管理类信息、经济类信息和技术类信息。从计算机辅助信息管理的角度,工程信息可以分为两类:一类是结构化信息,一般指数据信息,如投资数据、进度数据等;另一类是非结构化或半结构化信息,如工程文档、工程照片以及声音、图像等多媒体数据等。

2. 工程信息管理的基本问题

由于工程实施方式和实施过程的复杂性,工程领域中的信息是多样化的,具有数量庞大、类型复杂、来源广泛、存储分散、高度动态性、应用环境复杂等特征,使信息管理的难度加大。工程信息的这些特征,以及工程自身的规律、组织结构和行为、信息技术等诸多因素的影响,带来了信息衰减、信息孤岛、信息不对称和信息泛滥与污染等问题,表 5-17 简要介绍了这些问题的定义与成因。

表 5-17　工程信息管理的基本问题

问　题	定　义	成　因
信息衰减	大量的信息在工程全寿命阶段之间传递,由于不同阶段由不同的组织负责,容易造成阶段界面上的信息衰减	责任主体的变化 调查资料未充分利用 软信息的传递和共享困难 理解偏差

续表

问　题	定　义	成　因
信息孤岛	工程组织的信息孤岛是指各组织之间或一个组织的各部门之间由于某些原因造成信息无法顺畅流动的现象	专业壁垒,具有高度专业化的术语和表达方式 传统的信息沟通方式 不同单位独立生成和处理信息
信息不对称	信息不对称指的是工程中的各主体单位或部门拥有的信息不同	自然现象 法律和工程承包市场竞争要求 人的行为心理
信息泛滥与污染	工程信息量庞大且增长迅速,以至于超过了人类处理利用信息的能力,使人们承受着过度的信息冲击,信息无秩序地泛滥成灾	大量的信息是重复的 各单位和部门信息重复储存 现代信息技术的两面性,提高信息处理能力的同时也带来信息泛滥与污染问题

3. 工程信息管理的任务和意义

工程信息管理贯穿工程项目全过程,工程项目的各个阶段、各个参建单位都离不开信息管理。工程信息管理的基本内容包括信息的收集、传递、加工、整理、检索、分发、存储和使用等。为了有效地控制和指挥工程的实施,工程管理者承担着工程信息管理的任务。第一,需要按照工程实施过程、工程组织、工程管理工作过程建立工程管理信息系统,将工程基本情况的信息系统化、具体化,设计工程实施和管理中的信息和信息流描述体系。第二,通过各种信息渠道收集信息,如现场记录、调查询问、观察、试验等,获得工程最基础的资料,如质量检查表、进度报告单等。在现代工程中,信息收集有许多新的高科技方法和手段,如现场录像、互联网系统、各种专业性的数据采集系统技术、全球定位系统(global positioning system,GPS)和地理信息系统(geographic information system,GIS)等。第三,工程信息的加工与处理工作,通过数据挖掘等技术,对数据进行分析和评估,确保信息的真实、准确、完整和安全,提供决策支持。第四,在工程实施中保证这个系统正常运行,并保证信息的传递和流通渠道的畅通,从而让信息传输到需要的地方,并被有效使用。第五,做好信息的储存和文档管理工作,为后续工程阶段和活动、为其他新工程的决策留下资料。

现代工程管理对信息的依赖性加大,工程信息对工程建设的管理活动产生着巨大的影响。通过信息管理,可以有效地整合信息资源,充分利用现代信息技术,促进信息的共享和有效的信息沟通,从而实现优化资源配置、提高工程管理效率、规避工程风险、保证工程的成功。从内部控制的角度来看,工程信息管理一方面能够使上层决策者及时准确地获取决策所需信息,能够有效、快速决策,能够对工程实施远程控制和实时控制。另一方面,工程信息是协调工程参与方关系的纽带,实现工程组织成员之间信息资源的共享,消除信息孤岛现象,防止信息的堵塞,达到高度协调一致。从外部沟通的角度来看,工程信息管理让外界和上层组织了解工程实施状况,更有效地获得各方面对工程实施的支持。

5.6.2　工程管理的信息化建设

工程管理信息化是指为了更好更有效地实施工程管理,利用信息技术,构建信息系统,并在工程实践中加以应用的过程。由于大中型工程的投资较大,所以对社会及环境的影响广泛。通过信息化实现资源共享,能够有效降低工程管理中的协作成本和重复投资,有效监控工程的设计、建设、运行和维护等各阶段。这将有助于降低工程全寿命周期内的总投入，提高工程质量及运作效率，同时促进工程环保效益的实现和改善民生满意度，使得工程的经济效益和社会效益得以大幅度提升。

工程管理信息化顺应当前工程项目规模日益扩大、参与主体越来越多、技术日益复杂、对工程质量、工期、费用、安全等的控制要求越来越高的趋势，其应用对象可以是项目决策阶段的宏观管理，也可以是项目实施阶段的微观管理等。

1. 工程管理信息化的内涵

工程项目管理信息化包括对工程信息资源的开发和利用，以及信息技术在建设工程管理中的开发和应用。信息化建设不仅是信息技术系统建立的问题，同时也是与之相适应的组织架构与沟通机制、信息共享与知识创新模式不断调整、不断完善的过程，涉及不同组织内部、相关组织之间、不同工程之间以及工程与政府和社会公众之间的信息沟通问题。对工程的全寿命周期进行分析，工程信息化的内涵可以归结为四个方面：运营管理、伙伴协作、公众服务与集成创新，具体描述如图 5-18 所示。

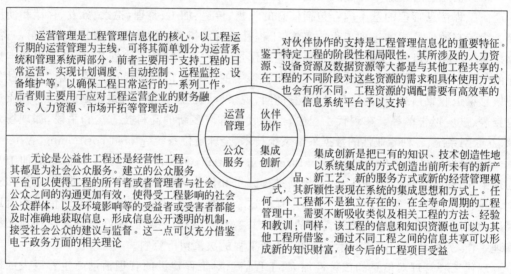

图 5-18　工程管理信息化的内涵

2. 工程管理信息化的主要目标

在工程的整个寿命周期之中，工程管理信息化的实现涵盖了业主、施工、监理、设计、运营、供应商、客户等经营伙伴，以及工程相关企业与社会公众和政府部门之间的信息采集、信息处理、信息存储和信息交互等一系列相关问题；在信息技术应用的过程中所涉及的各组织内外架构的调整、沟通机制的形成与完善等组织管理问题。

归根结底，工程管理信息化实现过程中面临两个主要问题：①对工程全寿命周期管理的支持；②对合作伙伴间跨组织协调的支持。无论是工程设计建设阶段，还是运营阶段，都涉及相关组织间的合作。如何降低工程管理中的组织协作成本，通过技术与管理手段支持不同地区、不同组织、不同部门间的有效协作，是工程管理信息化实现的主要目标。

3. 工程管理信息化的实施模式

依据工程项目的开发情况，工程项目管理信息化平台可以有自行开发、直接购买和租用服务这三种实现方式。比较三种实现方式的特点,如表 5-18 所示。

表 5-18 三种信息化实现方式比较

方 式	自 行 开 发	直 接 购 买	租 用 服 务
说明	依据工程项目实际情况,聘请咨询公司和软件公司针对项目的特点自行开发,完全承担系统的设计、开发和维护工作	直接购买比较成熟的商品化软件,然后根据工程管理的实际情况进行二次开发利用和人员培训	租用信息服务提供商已经开发好的基于网络的工程管理信息系统,项目参与各方可以在其授权范围内,通过互联网浏览、更新或创建统一存放于中央数据库的各种项目信息,实现工程项目的有效管理
优点	对工程项目的针对性最强,安全性和可靠性最好	对工程项目的针对性较强,安全性和可靠性较好	实施费用最少、实施周期最短、维护工作量最小
缺点	开发费用高,实施周期长,维护工作量较大	购买费用较高、维护费用较高	对项目的针对性最差,安全性和可靠性最差
适用范围	大型工程项目、复杂性程度高的工程项目,对系统要求高的工程项目	大型工程项目	中小型项目、复杂性程度低的工程项目,对系统要求低的工程项目

4. 信息技术在工程管理中的应用

工程管理领域的信息化就是信息技术在工程项目管理活动中的广泛应用过程,工程的信息化水平的高低是衡量工程相关产业现代化程度的重要标志。在工程界,现代信息技术已经成为工程实施的工具,工程的决策、设计和计划、施工及运行管理方式随着信息技术的发展而发生了重大的变化,很多传统的方式已被信息技术替代。充分利用现代信息技术和其他高科技,如互联网、大数据、云计算、物联网、智能化技术等,促进工程建设和工程管理的信息化、智能化,这对于推动新型建筑工业化、支持数字城市和智慧城市的建设都有重大意义。

目前,以建筑信息模型(building information model,BIM)为核心的现代信息技术应用最为广泛和最具代表性。BIM 是以三维数字技术为基础,以建筑工程中的单一构件或物体作为基本元素,集成了建筑工程系统和全寿命周期各种相关信息的信息模型。它给建设工程项目管理、建筑业企业管理、工程施工、工程运行维护和健康管理都会带来颠覆性的变化。工程领域一个典型的应用实例就是三河口水利枢纽大坝工程中建立的"1+10"全寿命周期工程 BIM 管理平台。

工程项目管理信息化主要包括两个方面:一是信息化的硬件条件,如计算机硬件、网络设备、通信工具等;二是信息化的软件条件,如项目管理软件系统、相关的信息化管理制度等。从我国当前情况来看,工程项目管理信息化的硬件条件(如计算机硬件、网络设备、通信工具等)与西方发达国家差距不大,但是工程项目管理信息化的软件条件却有很大的差距。

国外主流的工程项目信息管理软件如 BIM 360、Aconex、Procore 等,其内部嵌套的流程更符合西方的管理流程和管理思维,在国内还没有被大规模应用和普及。目前,国内使用的比较典型的工程项目管理软件有 Microsoft Project 和 Primavera Project Planner(P3),它们都是基于计算机技术和网络计划技术的工程项目管理软件,以工程进度控制为主,同时可以将进度、资源、资源限量和资源平衡很好地结合起来进行动态管理。

5.6.3　工程管理信息系统

工程管理信息系统是工程管理领域信息化最集中的体现之一。工程管理信息系统是由人和计算机组成的进行工程信息的收集、加工整理、存储、检索、传递、维护和使用的集成化系统，是一个计算机辅助管理工程建设的系统。计算机技术为及时准确地收集和处理大量复杂的工程信息提供了可能，从而为工程管理人员提供及时、可靠的决策依据。工程管理方式多采用项目形式，一般由多个不同的参与方参与管理，工程信息管理系统也称为工程项目信息管理系统。从实体角度划分，工程信息管理系统由硬件、软件、工程数据库、管理制度和人员组成。

1. 工程管理信息系统的功能

工程管理信息系统通常具备数据处理、信息资源共享、辅助决策和动态控制功能。数据处理方面，工程管理信息系统能够将各种渠道获得的信息进行输入、加工、传递和储存，对信息进行统一编码以方便查询和使用，同时能够完成各种统计工作，及时提供给信息需求方；信息资源共享方面，工程管理信息系统可以方便地提取信息，并能做到在工程众多参与方之间的信息及时交流和实时共享；辅助决策方面，系统中储存的大量数据可以快速生成各种财务、进度、资源等分析报表，给工程各级管理者最直接的材料进行合理的决策，以期取得最大的经济效益，并且可以运用现代数学方法、统计方法或模拟方法，根据现有数据预测未来；动态控制方面，工程管理信息系统可以根据工程过程中的资料数据进行计划与设计施工对比分析，从而得到进度实施情况表，并分析产生偏差的原因，使管理人员及时进行调整和采取纠偏措施。

2. 工程管理信息系统的特点

工程管理信息系统要以提高其信息管理水平和提升其工作效率为目标，由于工程本身的复杂性，工程管理信息系统应具备以下特征：首先，工程数据间联系紧密，信息传递频繁，因此在工程管理信息系统中的数据联系严格按照工程逻辑来设计，从而有效地减少数据冗余。工程管理信息系统对系统运行的安全性提出了更高要求，除使用防火墙之外，还要采取数据加密、身份认证等安全防范手段。此外，工程管理信息系统也应朝着集成化、智能化和网络化的方向发展。工程数据服务涉及的对象非常广泛，任何与之有关的个人、单位和职能部门等信息都会成为管理信息系统管理的对象，这就要求工程管理信息系统必须具备高度的集成性。同时，对于大部分工程管理人员来讲，庞大的信息量和复杂的业务操作流程很容易造成系统使用上的不便，因此一个好的工程管理信息系统应做到智能化和人性化。随着地产商经营范围的不断扩大，各联系公司呈现出员工人数众多、工作地点相对分散、跨区域经营业务的新特点，所以系统要突破时间和地域限制，强化系统功能的分布式应用，实现网络化运行。表5-19列举了工程管理信息系统的主要特点。

表 5-19　工程管理信息系统的特点

特　　点	描　　述
集成化程度高	除能对建设方、施工方、监理方等主要业务进行有效管理外，还应能对组织机构、员工人事等人力资源信息进行有效的管理

续表

特　点	描　述
数据联系紧密	严格按照建设工程逻辑流程来设计,清晰、科学地对实体表和关系表进行区分
智能化程度高	系统要能直观、清晰地展示工程信息,设计智能化的操作流程,提供人性化的交互
网络化运行	系统往往采用 B/S 和 C/S 相结合的分布式体系结构,实现网络化运行
安全性高	采用数据加密、系统用户身份合法性认证、数据备份等手段强化信息系统安全性

3. 工程管理信息系统结构

工程管理信息系统一般分为四个层次,自下而上依次是基础设施层、资源管理层、业务逻辑层和应用表现层。基础设施层由支持系统运行的硬件、操作系统和网络组成,为中间层提供所需的计算和存储资源;资源管理层由实现信息采集、存储、传输和管理功能的数据库管理系统等组成,主要用于工程管理相关信息的获取、存储、分析和传输;业务逻辑层用于实现工程的流程、规则和策略,并通过调用数据完成相应的业务功能;应用表现层通过人机交互的方式,获取用户输入的指令并向用户输出信息处理的结果,例如各类报表、文档等。在开发和实施具体的工程管理信息系统时,需根据工程目标和实际需求进行结构设计,通常可遵循信息系统基本结构、管理层次结构、组织功能结构和网络结构等原则,如表 5-20 所示。

表 5-20　工程管理信息系统结构设计原则

结　构	描　述	图　示
基本结构	信息源是信息流程的开始,信息处理器能完成信息的一切相关处理工作,信息用户利用信息进行决策,是信息的最终受益者和使用者。在此流程之上信息管理者负责信息系统的设计和实现,并负责信息系统的运行、维护和调整工作	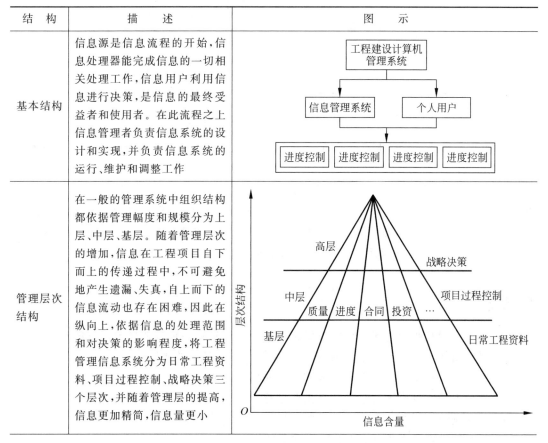
管理层次结构	在一般的管理系统中组织结构都依据管理幅度和规模分为上层、中层、基层。随着管理层次的增加,信息在工程项目自下而上的传递过程中,不可避免地产生遗漏、失真,自上而下的信息流动也存在困难,因此在纵向上,依据信息的处理范围和对决策的影响程度,将工程管理信息系统分为日常工程资料、项目过程控制、战略决策三个层次,并随着管理层的提高,信息更加精简,信息量更小	

续表

结　构	描　述	图　示
组织功能结构	从项目的角度看,建设、监理、施工单位的整体目标是实现经济效益最大化,因此在工程信息管理系统中存在唯一目标,并且兼具多重功能。各种功能之间信息不断流动,构成一个有机结合的整体,形成一个功能结构。如右图所示,每一列代表一种管理职能,每一行代表一个管理层次,交叉点处表示一个功能子系统	投资　进度　质量　合同 战略决策———————— 项目过程控制———————— 日常工程资料————————
网络结构	在纵向和横向上把不同的管理业务按职能综合起来,做到收集信息集中统一,程序模块共享,各子系统紧密连接,由此形成一个一体化的系统,即工程管理信息系统网络结构。该结构分为用户层、功能层、数据层和物理层	系统用户 录入界面　工作界面　查询界面 网络系统管理｜用户管理｜设备资源管理｜进度计划管理｜综合查询｜…… 数据库　规则库　管理器

【案例——三河口水利枢纽大坝工程 BIM 管理平台】

BIM 是工程信息管理中广受认可的工具,它可以帮助实现工程信息的集成,从设计、施工、运行直至工程全寿命周期的结果,各种信息始终整合于一个三维模型信息数据库中,设计团队、施工单位、设施运营部门和业主等各工程主体都可以基于 BIM 进行协同工作,能够有效节省资源、降低成本、提升效率。三河口水利枢纽大坝工程通过应用全寿命周期的 BIM 管理平台,以图形信息为纽带,实现了施工安全、施工进度、浇筑信息、碾压质量等十个子系统的集成和统一。案例详情可扫二维码查阅。

拓展材料6

思考题

1. 工程管理专业理论涉及哪些知识领域?分别用到哪些独特的技术与方法?
2. 列举四种常见的工程组织结构类型,并简述它们各自的优缺点。
3. 工程成本费用有哪些类型?分别由哪些部分构成?
4. 分析工程质量改进的意义及其主要过程。
5. 工程风险评估的基本方法有哪些?请简述它们的含义。
6. 谈谈工程项目中为什么要进行信息管理?

参考文献

[1]　莎,诺沃辛.工程管理知识体系指南[M].何继善,译.北京:中国建筑工业出版社,2018.

[2]　美国项目管理协会.项目管理知识体系指南[M].6版.北京:电子工业出版社,2018.

[3]　中国建筑业协会工程项目管理委员会.中国工程项目管理知识体系[M].2版.北京:中国建筑工业出版社,2011.

[4]　白思俊.现代项目管理:升级版[M].2版.北京:机械工业出版社,2019.

[5]　OGC组织.PRINCE2:成功的项目管理[M].3版.薛岩,欧立雄,译.北京:机械工业出版社,2005.

[6]　何继善,王孟钧,王青娥.工程管理理论解析与体系构建[J].科技进步与对策,2009,26(21):1-4.

[7]　王卓甫,丁继勇,杨高升.现代工程管理理论与知识体系框架(一)[J].工程管理学报,2011,25(2):132-137.

[8]　王卓甫,杨志勇,丁继勇.现代工程管理理论与知识体系框架(二)[J].工程管理学报,2011,25(3):256-259.

[9]　王青娥,王孟钧.关于中国工程管理理论体系框架的思考[J].科技进步与对策,2012,29(18):6-8.

[10]　盛昭瀚,薛小龙,安实.构建中国特色重大工程管理理论体系与话语体系[J].管理世界,2019,35(4):2-16,51,195.

[11]　汪应洛.工程管理概论[M].西安:西安交通大学出版社,2013.

[12]　中国工程院.构建工程管理理论体系[M].北京:高等教育出版社,2015.

[13]　成虎,宁延.工程管理导论[M].北京:机械工业出版社,2018.

[14]　成虎.工程管理概论[M].2版.北京:中国建筑工业出版社,2011.

[15]　项勇,徐姣姣,卢立宇.工程经济学[M].3版.北京:机械工业出版社,2018.

[16]　郭振英.三峡工程投融资经验值得借鉴[N].中国企业报,2020-11-10(005).

[17]　孙绍荣,沈妙妙.工程管理学[M].北京:机械工业出版社,2014.

[18]　戚振强.工程项目管理[M].北京:中国建筑工业出版社,2015.

[19]　李晓光.质量管理学[M].北京:中国人民大学出版社,2019.

[20]　周延虎,何桢,高雪峰.精益生产与六西格玛管理的对比与整合[J].工业工程,2006(6):1-4.

[21]　任旭.工程风险管理[M].北京:北京交通大学出版社,2010.

[22]　胡文发.工程信息技术与管理[M].北京:科学出版社,2010.

[23]　张静晓,吴涛.工程管理信息系统[M].北京:中国建筑工业出版社,2016.

[24]　刘人怀.工程管理研究[M].北京:科学出版社,2015.

[25]　朱高峰.对工程管理信息化的几点认识[J].中国工程科学,2008,10(12):32-35.

[26]　骆汉宾.工程项目管理信息化[M].北京:中国建筑工业出版社,2011.

第**6**章

工程项目全寿命周期各阶段管理工作

工程项目整个寿命周期分为策划阶段、实施阶段、运营阶段三个部分。具体可细分为工程项目的策划与决策、工程项目设计、工程项目施工管理、工程项目运行维护管理、工程项目更新循环(或终结)五个部分。

6.1　工程项目策划与决策

6.1.1　概述

1. 基本概念

1) 项目策划

项目策划是指通过调查研究和搜集资料,在充分掌握信息的基础上,针对项目的决策、实施和生产运营,或决策、实施和生产运营中的某个问题,进行组织、管理、经济和技术等方面的科学分析与论证,把工程项目建设意图转换成定义明确、系统清晰、目标具体且富有策略性的运作思路,为项目建设的决策、实施和生产运营提供支持与服务。

2) 项目决策

项目决策是指按照规定的建设程序,根据投资方向、投资布局的战略构想,充分考虑国家有关的方针政策,在广泛占有信息资料的基础上,对拟建项目进行技术经济分析和多角度的综合分析评价,决定项目是否开展,选择并确定项目的较优方案和总体目标。

2. 项目策划与决策的基本原则

项目策划与决策应遵循的基本原则是多方面的,结合项目的实际,不同类型的项目各有侧重,主要包括以下几个方面。

1) 系统性原则

系统性原则要求项目的策划与决策应遵循全面性、动态性和统筹兼顾的原则,充分考虑局部与全局、眼前与长远的关系。

2) 全寿命周期原则

在项目策划与决策过程中应充分考虑项目全寿命周期中不同阶段的相互关联、相互依赖的关系,前一阶段为后续各阶段的正常开展奠定基础,是一个有机的整体。

3）切实可行原则

任何策划与决策方案都必须切实可行，否则，这种方案毫无意义。分析方案的可行性，重点分析方案可能产生的利益、效果、风险程度等，全面衡量、综合考虑，要准确把握方案是否可行。

4）前瞻性原则

项目策划与决策需要经过调查研究和搜集资料，在广泛占有信息和资料的基础上，对拟建项目开展的综合分析与评价，选择并确定较优方案的过程。因此，项目策划与决策必须坚持前瞻性，在充分掌握历史资料的基础上，结合目前的实际，预测未来的状况，为项目的可持续发展提供前瞻性指导。

5）讲求时效原则

策划与决策方案的价值将随着时间的推移与条件的改变而发生变化，这就要求在策划与决策过程中把握好时机，处理好时机与效果之间的关系。在高速发展的现代社会，客观情况千变万化，利益竞争更为激烈，最佳时机往往稍纵即逝。因此，项目策划一旦确定，就要尽可能缩短从策划、决策到实施的周期。

6）民主化原则

现代工程项目的规模越来越大，相关因素越来越多，策划与决策活动所要处理的数据资料更加复杂，要求也越来越高。这就要求在项目策划与决策中采取民主化的方式，把各个方面有关专家组织起来，针对目标和问题，集中众人智慧进行策划与决策工作。

3. 项目前期策划与决策阶段的任务

项目前期策划与决策阶段的基本内容包括环境调查和分析、项目定义和目标论证、组织策划、管理策划、合同策划、经济策划、技术策划和风险分析等，见表6-1。

表 6-1　项目前期策划与决策阶段的任务

策 划 任 务	项目前期策划阶段
环境调查和分析	项目所处的建设环境，包括能源供给、基础设施等；项目所要求的建设环境，其风格和主色调是否与周围环境相协调；项目当地的自然环境，包括天气状况、气候和风向等；项目的市场环境、政策环境以及宏观经济环境等
项目定义和目标论证	包括项目建设目的、宗旨及其指导思想；项目的规模、组成、功能和标准；项目的总投资和建设周期等
组织策划	包括项目的组织结构分析、决策期的组织结构、任务分工以及管理职能分工、决策期的工作流程和项目的编码体系分析等
管理策划	制定建设期管理总体方案、运行期管理总体方案以及经营期管理总体方案等
合同策划	策划决策期的合同结构、决策期的合同内容和文本、建设期的合同结构总体方案等
经济策划	开发或建设成本分析、开发或建设效益分析；制定项目的融资方案和资金需求量计划等
技术策划	包括技术方案分析和论证、关键技术分析和论证、技术标准和规范的应用的制定等
风险分析	对政治风险、政策风险、经济风险、技术风险、组织风险和管理风险等进行分析

4. 项目策划与决策的关系

一般来说,项目决策都建立在项目前期策划的基础上,是决策的重要依据。因此,只有经过科学缜密的项目策划,才能为项目决策奠定客观而具有可运作的基础。对于政府投资项目,决策涉及项目的批准立项。

5. 项目前期决策与策划的程序

项目的前期决策与策划是项目的孕育阶段,对项目的整个寿命周期有决定性的影响,尽管项目的确立主要是上层管理者的工作,是上层系统(如国家、地方、企业)从全局的和战略的角度出发确立的,但这里面又有许多项目管理工作。要取得项目的成功,必须在项目前期策划阶段就进行严格的项目管理,执行缜密的程序。

(1)项目构思和投资机会研究阶段包括构思的产生、选择;分析影响投资机会的因素;鉴别投资机会;论证投资方向等。

(2)项目建议书阶段包括项目提出的必要性和依据;生产方案、拟建规模和建设地点的初步设想;资源情况、建设条件、协作关系和引进国别及引进厂商的分析;投资估算和资金筹措设想项目的进度安排;经济效益和环境影响的初步分析等。

(3)项目可行性研究阶段包括为寻求有价值的投资机会而对项目的有关背景、资源条件、市场状况等进行调查研究和分析预测,将工程分解为许多关键的议题,分别进行细致的技术经济论证后,再对由此形成的多方案作比较和优选,从而为投资决策提供结论性意见。

(4)项目评估与决策阶段包括在可行性研究的基础上,按照一定的目标,对投资项目的可行性进行分析论证、权衡各种方案的利弊,并进行决策的一项工作。

6.1.2 项目构思和投资机会研究

1. 概述

任何项目都是从构思开始,项目构思常常产生于项目上层系统(即企业、国家、部门、地方)的现实需求、战略、问题等方面。也可以说,项目的最初提出,都是提出者(包括投资者和非投资者)从其经营、生产、生活的实际需要出发,根据国际和国内的经济、社会发展状况和近远期规划、预测结果而产生的。因此,项目构思必须以国家及地方法律、法规和有关政策为依据,并结合国际国内经济、社会、行业和市场的发展变化和企业的实际情况进行选择。

投资机会研究,也称投资机会鉴别,是指为寻求有价值的投资机会而对项目的有关背景、资源条件、市场状况等进行的初步调查研究和分析预测,它包括一般机会研究和特定机会研究。一般机会研究又分为以下三类:地区机会研究,旨在通过研究某一地区的自然地理状况、在国民经济中的地位及自身的优势和劣势来寻求投资机会;部门(或行业)机会研究,旨在分析某一部门(行业)由于技术进步、国内外市场变化而出现的新的发展和投资机会;资源开发机会研究,旨在分析由于自然资源的开发和综合利用而出现的投资机会。特定机会研究是要鉴别和确定一个具体项目的投资机会。

2. 项目构思

1)项目构思的产生

根据不同的项目和不同的参与者,项目构思的起因不同。通常项目构思的起因主要有以下几个方面：

(1) 通过市场研究发现新的投资机会、有利的投资地点和投资领域；

(2) 上层系统运行存在的问题或困难；

(3) 上层战略或计划的分解，如国家、地区、城市的发展计划；

(4) 项目业务，如建筑承包公司的项目；

(5) 通过生产要素的合理组合，产生项目机会。

项目构思的主要内容如下：

(1) 项目性质、用途、建设规模、建设水准的想法；

(2) 项目在社会经济发展中的地位、作用和影响力的构想；

(3) 项目系统的总体功能，系统内部各单项、单位工程的构想及各自作用和相互联系，内部系统与外部系统的协调、协作和配套的策划；

(4) 其他与项目构思有关的思路和策划。

项目的构思是在构思目标的指导下，从项目环境信息和经验中进行概念挖掘、主题开发、时空运筹，形成项目构思的过程，见图 6-1。

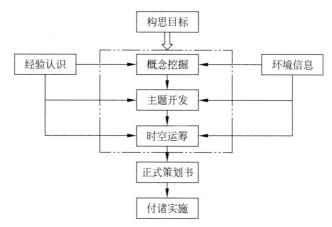

图 6-1　项目构思过程

(1) 概念挖掘是对整体项目轮廓的描述，是创意的再现，是抽象思维的创造过程，更是构思的灵魂。因此，整个构思系统都围绕概念挖掘进行展开，并层层深入，层层延展，是时间和空间运筹的前提，有助于项目策划方案的形成。

(2) 主题开发是围绕问题充分地发挥主题的创造力，使项目的策划能接受潜在意识和外界各种信息的刺激和启发，通过科学技术手段把这种观念或思路变成创造性地解决问题的中心。

(3) 时空运筹是对项目实施在空间和时间上的展开，把构思主题的中心与最重要、最有决定意义的部分任务目标在空间上保持一致。考虑项目的社会效应、市场竞争、消费习惯、目标定位等因素，选择好空间媒介，帮助项目更好地实现。

2) 项目构思的选择

项目构思的过程是开放性的，其自由度是很大的。在项目的构思中，有些可能是不切实际的，有些则可能是不能实现的。因此必须通过项目构思的选择来筛选已经形成的各种构思，一方面淘汰那些明显不现实或没有使用价值的构思；另一方面，由于资源的限制，即使是有一定可实现性和使用价值的构思，也不可能都转化成项目，必须对项目机会进行优选。

构思产生于上层系统的直观了解，而且仅仅是比较朦胧的概念，所以对它进行系统的定量评价和筛选，一般从以下几个方面进行考虑：

（1）上层系统问题需求的实现性，即上层系统的问题和需要是实质性的，而不是表象性的，同时预计通过采用项目手段可以顺利地解决这些问题；

（2）考虑到环境的制约和充分利用资源，利用外部条件；

（3）充分发挥自己已有的长处，运用自己的竞争优势，在项目中达到合作各方竞争优势的最优组合。

在项目构思的选择中应充分发挥"构思—环境—能力"之间的平衡，以求达到主观和客观的最佳组合。

3. 投资机会研究

1）影响投资机会的因素

投资机会研究的过程，其本质在于挖掘出投资者可能捕捉的市场或需求。

（1）宏观环境变化对投资机会的影响

① 政治法律环境变化对投资机会的影响。政治法律环境是指一个国家或地区的政治制度、体制、政治形势、方针政策和法律。政治环境对项目投资机会的影响最大的是政府的产业政策。

② 社会文化环境变化对投资机会的影响。社会文化环境是指一个国家或地区的民族特征、文化传统、价值观、宗教信仰、教育水平、社会结构和风俗习惯等情况。

③ 经济环境变化对投资机会的影响。经济环境是指企业经营过程中所面临的各种经济条件、经济特征和经济联系等客观因素。

④ 技术环境变化对投资机会的影响。技术环境是指一个国家或地区的技术水平、技术政策、新产品开发能力以及技术发展的动向等。

（2）微观环境变化对投资机会的影响

① 产品及竞争结构的变化对投资机会的影响。不同的产业因其产出的不同而具有自己独特的技术经济特征，而且在不同的产业阶段，该产业还可能呈现出不同的业态，这些业态又随着产业的成熟度的提高而变化。

② 顾客需求的变化对投资机会的影响。顾客需求是项目成功的基础，顾客的需求变化又会引发许许多多新项目的开发，它往往是项目构思的源泉。

2）影响投资机会的因素

在初步筛选投资机会后，就要对自然资源条件、市场需求预测、项目模式选择、项目实施的环境等进行初步分析，并结合其他类似经济背景的国家或地区的经验教训、相关投资政策法规、技术设备的可能来源、生产前后延伸的可能、合理的经济规模、产业政策、各生产要素来源及成本等，初步评价投资机会的财务、经济及社会影响，论证投资方向是否可行。把握好的投资机会，关键问题在于选对投资方向。投资方向的论证应结合我国现阶段市场经济特征和基本建设规律，以及国家的产业政策，结合不同行业的特点，进行科学策划、评估和慎重决策。

6.1.3 项目建议书

项目建议书是在机会研究的基础上,对项目建设方案进行进一步的市场、目标、效益论证,为项目的可行性进行初步判断。这种研究的主要目的是对项目投资的必要性进行探究,判断项目的设想是否具有生命力,并据此提出投资决策的初步意见。

初步可行性研究是经过投资机会研究,项目业主认为某工程项目的设想具有一定的生命力,但尚未掌握足够的数据去进行详细研究,或对项目的经济性有疑虑,尚不能确定项目的取舍时进行的。为了避免投资过多或费时太长,以较少的费用、较短的时间得出结论,有时还需对某些关键性问题进行辅助研究。

6.1.4 项目的可行性研究

1. 可行性研究的依据

可行性研究是通过对项目的主要内容和配套条件,如市场需求、资源供应、建设规模、工艺路线、设备选型、环境影响、资金筹措、盈利能力等,从技术、经济、工程等方面进行调查研究和分析比较,并对项目建成以后可能取得的财务、经济效益及社会环境影响进行预测,从而提出该项目是否值得投资和如何进行建设的咨询意见,为项目决策提供依据的一种综合性的系统分析方法。可行性研究应具有预见性、公正性、可靠性、科学性的特点。

一个拟建项目的可行性研究,必须在国家有关的规划、政策、法规的指导下完成,同时,还必须要有相应的各种技术资料。进行可行性研究工作应根据客户合同要求,研究的依据和参考资料包括国家经济和社会发展的长期规划,部门与地区规划,经济建设的指导方针、任务、产业政策、投资政策和技术经济政策以及国家和地方性法规等;经过批准的项目建议书和在项目建议书批准后签订的意向性协议等;由国家批准的资源报告,国土开发整治规划、区域规划和工业基地规划;对于交通运输项目建设要有有关的江河流域与路网规划等;国家进出口贸易政策和关税政策;当地的拟建场址的自然、经济、社会等基础资料;有关国家、地区和行业的工程技术、经济方面的法令、法规、标准定额资料等;由国家颁布的建设项目可行性研究及经济评价的有关规定;包含各种市场信息的市场调研报告。

2. 可行性研究的主要内容

各类投资项目的可行性研究的内容及侧重点因行业特点而差异很大,但一般应包括以下内容:

(1)投资必要性,主要根据市场调查及预测的结果,以及有关的产业政策等因素,论证项目投资建设的必要性。

(2)技术可行性,主要从项目实施的技术角度,合理设计技术方案,并进行比选和评价。各行业不同项目技术可行性的研究内容及深度差别很大。

(3)财务可行性,主要从项目及投资者的角度,设计合理的组织机构、选择经验丰富的管理人员、建立良好的协作关系、制订合适的培训计划等,保证项目顺利执行。

(4)组织可行性,制订合理的项目实施进度计划、设计合理的组织机构、选择经验丰富的管理人员、建立良好的协作关系、制订合适的培训计划等,保证项目顺利执行。

（5）经济可行性，主要从资源配置的角度衡量项目的价值，评价项目在增加供应、创造就业、提高人民生活等方面的效益。

（6）环境可行性，主要从保护和可持续发展的角度，评价项目在控制污染、生态平衡、自然资源利用、环境质量改善等方面的效益。

（7）社会可行性，主要分析项目对社会的影响，包括政治体制、方针政策、经济结构、法律道德、宗教民族、妇女儿童及社会稳定性等。

（8）风险因素及对策，主要对项目的市场风险、技术风险、财务风险、组织风险、法律风险、经济及社会风险等风险因素进行评价，制定规避风险的对策。

一般项目可行性研究，均应设专章论述投资必要性、技术可行性、财务可行性、组织可行性和风险分析等内容。对于工业项目，应对原材料供应方案、场址选择、工艺方案、设备选型、土建工程、总图布置、辅助工程、安全生产、节能措施等技术可行性的各方面内容进行研究。对于非工业项目，应重视项目的经济和社会评价，重点评价项目的可持续性和经济社会环境影响。

3. 可行性研究的步骤

项目建议书通过主管部门批准后，项目法人即可组织进行该项目的可行性研究工作，具体工作流程如图 6-2 所示。

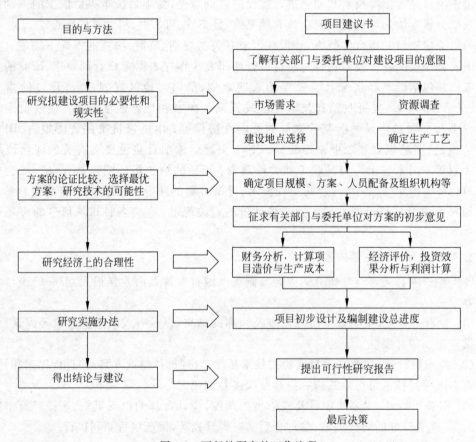

图 6-2　可行性研究的工作流程

6.1.5　项目评估与决策

1. 项目评估

1）基本概念

项目评估是指咨询机构接受委托方（可能是政府、银行或投资者）的委托，在可行性研究的基础上，根据国家有关部门颁布的政策、法规、方法、参数和条例等，从国民经济和社会的角度出发，对拟建投资项目的必要性、建设条件、生产条件、产品市场需求、工程技术、财务效益、经济效益和社会效益等进行全面分析论证，并就该项目是否可行提出相应职业判断的一项工作。

2）项目评估的特点

项目评估要从委托者的角度出发，对拟建项目进行全面的技术经济论证和评价，预测项目未来的发展前景，从正反两个方面提出建议，为决策者选择项目和组织实施提供多方面的咨询意见，并力求准确、客观地将项目执行的有关资源、市场、技术、财务、经济和社会等方面的基本数据资料和实际情况，真实、完善地呈现于决策者面前，以便其做出正确、合理的投资决策，同时也为项目的组织实施提供依据。

3）项目评估应解决的关键问题

（1）对可行性研究中项目目的和目标的分析评价，即从项目的直接目的、长远目标和宏观影响，分析项目的可能性和必要性，确定项目的目的和目标。

（2）对项目可行性研究报告中的可行性进行分析评价，即从项目的投入产出关系，评价其技术、经济、环境、社会和管理等方面效益指标的可靠性和准确性，判断项目的可行性。

（3）对项目可行性研究报告中的风险进行分析评价，即从项目投入—产出—目的—目标的重要外部条件进行分析，判断项目风险的大小和性质，提出正确的评估咨询意见。

项目评估应坚持系统分析原则，利用统一的指标、合理的价格、科学的方法，进行独立、客观、公正的科学论证，力求选择出最优方案。

4）项目评估的内容

咨询工程师接受委托，开展项目评估工作，不同的委托主体对评估的内容及侧重点的要求明显不同，政府部门委托的评估项目，一般侧重于项目的经济、社会、环境影响评价，分析论证资源配置的合理性；银行等金融机构委托的评估项目，将重点评估项目本身的盈利能力、资金的流动性和财务风险。一般一个完整的项目评估报告应包括以下内容：

（1）对项目投资建设的必要性和市场预测的结果进行评估，分析项目存在的必要性；

（2）对项目建设条件和技术工艺方案进行评估，分析项目实施的资源和技术保证条件；

（3）对项目的财务、经济、环境、社会影响进行评估，提供判别项目取舍的依据；

（4）对影响投资效益的经济政策和管理体制进行评估，为项目的顺利实施提供合理化建议。

2. 项目决策

1）项目决策的目的

项目决策是为了达到预定的投资目标，经过对若干可行方案的分析、比较、判断，从中择优选择，最终做出是否投资项目的决定，主要任务有以下几项。

（1）确定项目目标，这是项目决策的结果。确定投资目标要有正确的指导思想，投资目标首先必须服从于总体战略，能够提高企业市场竞争力并获得利益；同时要符合国家地区、部门或行业的中长期规划发展目标，符合循环经济和建设节约型社会的要求，符合国家制定的产业政策和行业准入标准。要有全局观念，即把长远利益与当前利益结合起来考虑，避免短视；也要防止过分超前，缺乏现实的支撑。确定的项目目标为后续实施的依据。

（2）明确建设方案，按照市场需求的变化趋势、项目经济规模、外部建设条件以及国家相关技术经济政策的要求，考虑企业的目标市场定位和资源条件，确定项目的建设规模，主要建设内容、外部配套方案等。

（3）确定融资方案，出于资金实力的制约和分散投资风险的考虑，项目一般都会采取多种方式筹措建设资金。

2）项目决策的程序

项目决策的程序详见图 6-3。

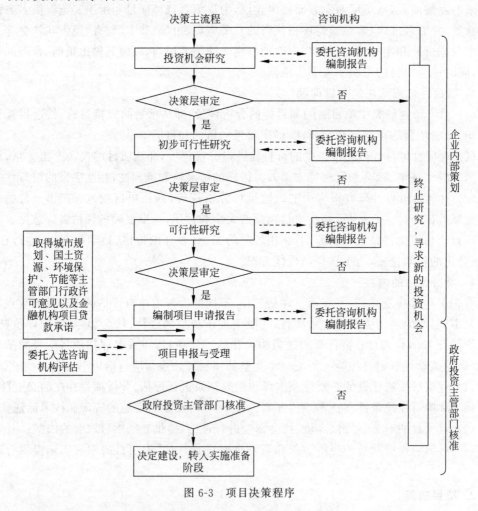

图 6-3　项目决策程序

3）项目决策的类型及辅助决策方法

项目决策因其对未来可能发生的情况预测程度不同，可以分为确定型决策、不确定型决策、风险型决策，针对不同类型的决策，应采取不同的决策方法。

（1）确定型决策及方法

确定型决策是指决策者对未来可能发生的情况有十分确定的比较，可以直接根据完全确定的情况选择最满意的行动方案。确定型决策中决策者有期望实现的明确目标，且决策面临的自然状态只有一种，并非存在两个或两个以上可供选择的方案，每种方案在确定的自然状态下损益值可以计算。

（2）不确定型决策

不确定型决策是指决策者对将发生的决策结果的概率一无所知，只能凭决策者的主要倾向进行决策。不确定型决策所处的条件和状态都与风险型决策相似，不同的只是各种方案在未来将出现哪一种结果的概率不能预测，因而结果不确定。

（3）风险型决策

风险型决策是指决策者对项目的自然状态和客观条件比较清楚，也有比较明确的决策目标，但由于未来决定因素不确定，对可能出现的结果不能做出充分肯定的情况下，根据各种可能结果的客观概率做出的决策，决策者对此要承担一定的风险。风险型决策问题具有决策和期望达到的明确标准，存在两个以上的可供选择方案和决策者无法控制的两种以上的自然状态，并且在不同自然状态下不同方案的损益值可以计算出来，对于未来发生何种自然状态，决策者虽然不能做出确定回答，但能大致估计出其发生的概率值。

6.2 工程项目设计

不同类型的工程项目，由于其所处的行业或部门不同，项目设计的阶段划分略有不同。工业、交通、电力、市政等工程建设项目设计一般划分为初步设计、施工图设计两个阶段，其中方案设计包括在工程可行性研究中；大中型水利、水电工程的设计一般分为初步设计、招标设计和施工图设计三个阶段；大型复杂工业项目或有复杂技术问题的主体工程，往往在初步设计和施工图设计之间增加技术设计，或将工程初步设计与技术设计两阶段合并成为扩大初步设计。限于篇幅，以下主要讨论常见的建筑工程项目的设计工作。

6.2.1 工程项目设计过程

工程项目设计一般分为方案设计、初步设计和施工图设计三个阶段。

各阶段设计文件编制深度应遵照以下基本要求：方案设计文件应满足编制初步设计文件的需要；对于投标方案，设计文件深度应满足标书要求；初步设计文件应满足编制施工图设计文件的需要；施工图设计文件应满足设备材料采购、非标准设备制作和施工的需要。

1. 方案设计

方案设计的文件内容主要包括：

（1）设计说明书，包括各专业设计说明以及投资估算等内容；

（2）总平面图以及建筑设计图纸；

（3）设计委托或设计合同中规定的透视图、鸟瞰图、模型等。

方案设计阶段的主要目的是加强与业主的沟通，解决场址及总体布置，确定工艺方案，公用、环保设施方案和建筑方案，及时取得业主的理解和确认。在外部环境和工艺技术已确定的条件下,也可不做方案设计,或与可行性研究合并。

2. 初步设计

1)委托初步设计的必备条件

(1)项目可行性研究报告经过审查,业主已获得可行性研究报告批准文件。

(2)已办理征地手续,并已取得规划局和国土资源管理委员会提供的建设用地规划许可证和建设用地红线图。

(3)业主已取得规划局提供的规划设计条件通知书。

2)初步设计文件内容

(1)设计说明书,包括设计总说明、各专业设计说明。

(2)有关专业的设计图纸。

(3)工程概算书。

初步设计,是决定工程采用的技术方案的阶段,主要作用是取得业主确认后提供给政府专管部门(城市规划、环保、消防、劳动保护等部门)审批。减少政府部门审批的内容,审批不涉及的内容从简。

3. 施工图设计

1)施工图设计文件的内容

(1)合同要求所设计的所有专业的设计图纸(含图纸目录、说明和必要的设备、材料表)以及图纸总封面。

(2)合同要求的工程预算书。

2)建筑工程设计图纸内容

(1)总平面图,包括图纸目录、设计说明、设计图纸、计算书。

(2)建筑,包括图纸目录、施工图设计说明、设计图纸、计算书。

(3)结构,包括图纸目录、设计说明、设计图纸、计算书(内部归档)。

(4)建筑电气,包括图纸目录、施工图设计说明、设计图纸、主要设备表、计算书(供内部使用及存档)。

(5)给水排水,包括图纸目录、施工图设计说明、设计图纸、主要设备表、计算书。

(6)采暖通风与空气调节,包括图纸目录、设计与施工说明、设计图纸、设备表、计算书。

(7)热能动力,包括图纸目录、设计与施工说明、设计图纸、设备表、计算书。

3)施工图设计文件的审查

建设单位应按有关规定,向相应的建设行政主管部门或有关专业行政主管部门委托的审查机构报送相关审查材料。

6.2.2 项目设计控制

设计过程是从选址、设计准备开始至施工图设计完成,直到竣工验收、投产准备的全过程,即设计贯穿于建设的全过程。所以业主对设计的控制也贯穿于建设的全过程。

对设计过程的控制,主要围绕三个方面——质量控制、进度控制、投资控制。

1. 质量控制

设计质量是一个多层次的概念,是指在严格遵守技术标准、法规的基础上,正确处理和协调资金、资源、技术、环境条件的制约,使项目设计能更好地满足业主所需要的功能和使用价值,能充分发挥项目投资的经济效益。

对设计质量的控制应始于对业主投资意图、所需功能和使用价值的正确分析、掌握和理解,最终用业主所需功能和使用价值去检验设计成果,在设计过程中,应正确处理和协调业主所需功能与资金、资源、技术、环境和技术标准、法规之间的关系。

2. 进度控制

项目设计的进度控制就是保质保量、按时间要求提供设计文件,以保证施工的顺利进行。

项目设计具有工期目标,即方案设计、初步设计、技术设计、施工图设计都有计划的交付时间。为此,在进行工程设计阶段进度控制时,要审核设计单位的进度和各专业的出图计划,并在设计实施过程中,跟踪检查这些计划的执行情况,定期将实际进度与计划进度加以比较,进而纠正或修订进度计划。

为保证工期目标的实现,还可以将各阶段目标具体化,如施工图设计阶段具体化为建筑平面立面剖面设计、结构设计、装饰设计等。

3. 投资控制

在投资和工程质量之间,投资的大小和项目质量要求的高低直接相关。在满足现行的技术规范标准和业主要求的条件下,工程设计投资控制应符合投资目标和工程质量要求。

项目设计阶段投资控制主要是通过限额设计来实现的。限额设计就是按照批准的设计任务书及投资估算控制初步设计,按照批准的初步设计总概算控制施工图设计,同时各专业在保证达到使用功能的前提下,按分配的投资限额控制设计,严格控制技术设计和施工图设计的不合理变更,保证总投资限额不被突破。限额设计并不是一味考虑节约投资,而是包含了尊重实际、实事求是、精心设计和保证设计科学性的实际内容。

把价值工程的原理和方法应用在工程设计阶段,协调项目功能和成本之间的关系,发挥集体智慧,努力提高项目价值。

总之,项目设计是基本建设计划的具体化,是把先进技术和科研成果引入建设的渠道,是整个工程的决定性环节,是组织施工的依据。它直接关系着工程质量和将来的使用效果。

6.3　工程项目施工管理

项目施工阶段是项目全寿命周期中的一个重要阶段,它是把设计图纸和原材料、半成品、设备等形成实体的过程,是项目使用价值和价值实现的主要阶段。对施工阶段进行管理是为了实现项目的质量、时间、费用等目标,此阶段是决定项目管理成功或失败的重要环节。

6.3.1　项目施工管理的内容与任务

1. 项目施工管理的内容

项目施工管理的内容极其丰富,通常将其归纳为三大控制,即进度控制、成本控制和质量控制。此外,还包括项目范围管理、人力资源管理、沟通管理、风险管理、采购管理、项目干系人管理、综合管理等。控制经常要采取调控措施,而这些措施必然会造成项目目标、对象系统、实施过程和计划的变更,造成项目形象的变化。

尽管按照结构分解方法,控制系统可以分解为几个子系统,但是在实际项目中,这几个方面互相影响、互相联系,所以要强调综合控制。在分析问题、进行项目实施状况诊断时必须综合分析成本、进度、质量和工作效率状况并做出评价。在考虑调整方案时也要综合地采取技术、经济、合同、组织、管理等措施,对进度、成本、质量进行综合调整。如果仅控制一两个参数容易造成误导。

2. 项目施工控制与管理的任务

控制包括提出问题、研究问题、计划、控制、监督、反馈等工作内容,包括了一个完整的管理全过程,而项目控制指在计划阶段后对项目实施阶段的控制工作,它与计划一起形成一个有机的项目管理过程。

项目控制的主要任务有两个方面:一是将计划执行情况与计划目标进行比较,找出差异,对比较的结果进行分析,排除产生差异的原因,使总体目标得以实现,此过程可归纳为出现偏差→纠偏→再偏→再纠偏……称为被动控制。二是预先找出项目目标的干扰因素,控制中间结果对计划目标的偏离,以保证目标的实现,称为主动控制。项目实施控制的总任务是保证按预定的计划实施项目,保证项目总目标的圆满实现。

6.3.2　项目进度管理

1. 项目进度管理的内容和流程

项目管理有多种类型,代表不同利益方的项目管理都有进度控制的任务,其控制的目标和时间范畴是不相同的。进度控制应是一个动态的管理过程。主要包括以下内容。

(1)确定进度目标。进度目标的分析和论证,其目的是论证进度目标是否合理,进度目标是否可能实现。如果经过科学的论证,目标不可能实现的,则必须调整目标。

(2)在搜集资料和调查研究的基础上编制进度计划。

(3)进度计划的跟踪检查与调整。包括定期跟踪检查所编制的进度计划执行情况,若其执行有偏差,则采取纠偏措施,并视必要性调整进度计划。如只重视进度计划的编制,而不重视进度计划必要的调整,则进度无法得到控制。为了实现进度目标,进度控制应随着项目的进展,对进度计划不断调整。

进度控制包括进度计划、进度检测和进度调整三个相互作用的过程,见图6-4。同时,项目进度控制需要对有关活动和进度的信息不断搜集、加工、汇总和反馈。信息控制系统将信息输送出去,又将其作用结果返送回来,并对信息的再输出施加影响,起到控制作用,以期达到预定目标。

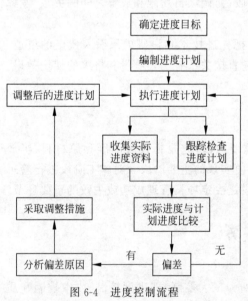

图 6-4　进度控制流程

2．进度控制的方法和措施

进度控制的主要的控制方法有规划、控制和协调。项目进度控制目标的确定和分级进度计划的编制，为项目进度的"规划"控制方法，体现为项目进度计划系统的制订。项目进度计划的实施，实际进度与计划进度的比较和分析，出现偏差时采取的调整措施等，属于项目进度控制的"控制"方法，体现了项目的进度检测系统和进度调整系统。在整个项目的实施阶段，从计划开始到实施完成，进度计划、进度检测和进度调整，每一过程或系统都要充分发挥信息反馈的作用，实现与进度有关的单位、部门和工作队组之间的进度关系的充分沟通协调，此为项目进度控制的"协调"方法。

项目进度控制采取的主要措施有组织措施、管理措施、技术措施、经济措施和合同措施等。

1）组织措施

组织是目标能否实现的决定性因素，为实现项目的进度目标，应充分健全项目管理的组织体系。整个组织措施在实现过程中，在项目组织结构中，都需要有专门的工作部门和符合进度控制岗位资格的专人负责进度控制工作，在项目管理组织设计的任务分工表和管理职能分工表中标示和落实。

2）管理措施

项目进度控制的管理措施涉及管理的思想、管理的方法、管理的手段、承发包模式、合同管理、信息管理和风险管理。用网络计划的方法编制进度计划必须很严谨地分析和考虑工作之间的逻辑关系，通过网络计划可发现关键工作和关键路线，也可知道非关键工作可使用的时差，有利于实现进度控制的科学化。

3）技术措施

技术措施是指工业企业在改革生产技术方面所采取的合理化措施。它包括改进工艺，采用新技术，改进产品设计，减轻劳动强度，提高生产效率，节约材料、能源，降低产品成本和减少公害等诸方面。技术措施在处理问题的对象、手段等方面都是从纯技术角度着眼，这是它区别于其他措施最鲜明的特点。

4）经济措施

经济措施是实现进度计划的资金保证措施。进度控制的经济措施主要涉及资金需求计划、资金供应计划和经济激励措施等。

5）合同措施

合同管理措施事关进度目标的协调性，为了实现进度目标，应选择合理的合同结构，避免出现过多的合同界面而影响项目的进展。

3．项目进度计划的实施与检查

进度的检查与进度计划的执行是融合在一起的，计划检查是对执行情况的总结，是项目进度调整和分析的依据。进度计划的检查方法主要是对比法，即实际进度与计划进度相对比较。通过比较发现偏差，以便调整或修改计划，保证进度目标的实现。实际进度都是记录在计划图上的，因此计划图形的不同会产生多种检查比较的方法。

1）横道图比较法

横道图比较法是指将项目实施过程中搜集到的实际进度信息，经整理直接用横道线并排地画于原计划的横道线处，以供进行直观比较的方法。例如某项目基础工程的计划进度和截至第 9 周末的实际进度如图 6-5 所示。其中浅色线表示计划进度，深色线表示实际进度。

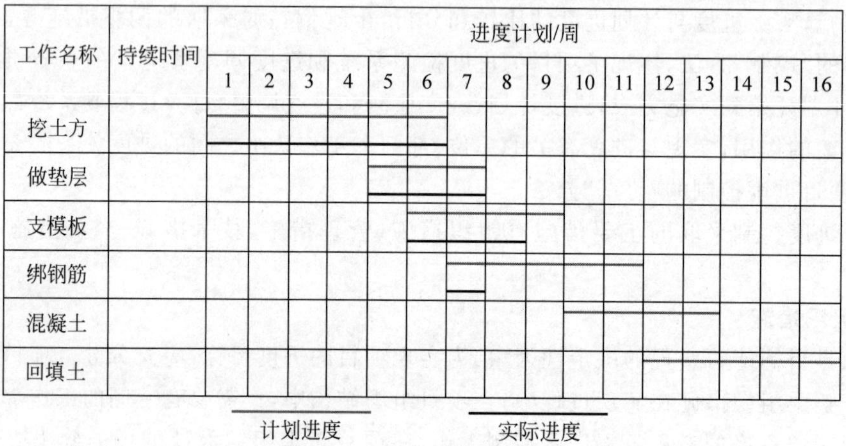

工作名称
持续时间
进度计划/周
1
2
3
4
5
6
7
8
9
10
11
12
13
14
15
16
挖土方
做垫层
支模板
绑钢筋
混凝土
回填土
计划进度
实际进度

图 6-5　某项目基础工程的实际进度与计划进度比较图

2）S 曲线比较法

以横坐标表示进度时间，以纵坐标表示累计完成工作任务量和实际完成工作任务量，并分别绘制成 S 曲线。通过两者的比较来判断进度的快慢，并得出其他各种有关进度信息的进度计划检查方法。

图 6-6 为应用 S 曲线比较法比较实际和计划两条 S 曲线，可以得出以下几种分析与判断结果。

累计完成百分比/%
100
c
计划
预测
ΔQ_b
b
a
实际
ΔQ_a
计划
完成
日期
预计
完成
日期
O
T_a
ΔT_a
ΔT_b
T_b
ΔT
检查日期
检查日期
时间

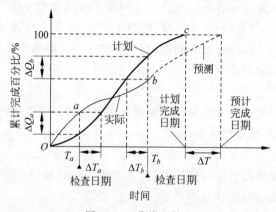

图 6-6　S 曲线比较法

（1）实际进度与计划进度比较情况。

（2）实际进度比计划进度超前和滞后的时间。

（3）实际比计划超出或拖欠的工作任务量。

（4）预测工作进度。

3）香蕉曲线比较法

香蕉曲线比较法的作用如下。

（1）合理安排进度计划。

（2）定期比较项目的实际进度与计划进度。

（3）预测后期项目进展趋势。

因为在项目的实施过程中，开始和收尾阶段，单位时间内投入的资源量较小，中间阶段单位时间内投入的资源量较多，所以随时间进展累计完成的任务量应该呈 S 形变化。香蕉曲线是两种 S 曲线组合成的闭合曲线，一个以网络计划中各项工作的最早开始时间安排进度而绘制的 S 曲线，称为 ES 曲线；另一个是以各项工作的最迟开始时间安排进度而绘制的 S 曲线，称为 LS 曲线。ES 曲线和 LS 曲线都是计划累计完成任务量曲线。由于两条 S 曲线都是同一项目的，其计划开始时间和完成时间都相同，因此 ES 曲线与 LS 曲线是闭合的，如图 6-7 所示。

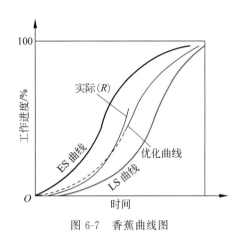

图 6-7　香蕉曲线图

4）前锋线比较法

前锋线比较法主要适用于双代号时标网络图计划及横道图进度计划。这个方法是从检查时刻的时间标点出发，用点画线依次连接各工作任务的实际进度点（前锋），最后到计划检查的时点为止，形成实际进度前锋线，按前锋线判定项目进度偏差，如图 6-8 所示。

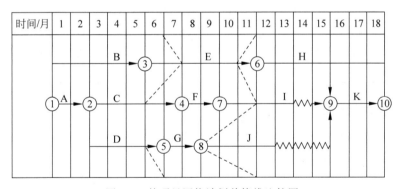

图 6-8　某项目网络计划前锋线比较图

5）列表比较法

列表比较法是通过将截止某一检查日期某项工作的尚有总时差与原有总时差的计算结果列于表格之中进行比较，以判断实际与计划进度相比超前或滞后情况的方法。

6.3.3　项目成本管理

1. 项目成本的基本内容

项目成本管理一般包括成本预测、成本决策、成本计划、成本控制、成本核算、成本分析、成本考核七个环节。这七个环节关系密切，互为条件，相互促进，构成了现代化成本控制的全部过程，如表 6-2 所示。

表 6-2　项目成本管理内容

项　目	内　容
成本预测	根据成本信息和项目的具体情况,运用一定的方法对未来的成本水平及其可能的发展趋势做科学的估计。项目成本预测通常是对项目计划工期内影响其成本变化的各个因素进行分析,比照近期已完工项目或将完工项目的成本,预测这些因素对成本中有关项目的影响程度,预测出项目的单位成本或总成本
成本决策	成本决策是对未来成本进行计划和控制的一个重要步骤。成本决策是根据成本预测情况,由参与决策人员认真细致地分析研究而做出的决策。正确决策能够指导人们正确地行动,顺利完成预定的成本目标,可以起到避免盲目性和减少风险性的导航作用
成本计划	成本计划是以货币形式编制项目在计划期内的生产费用、成本水平、成本降低率以及为降低成本所采取的主要措施和规划的书面方案,它是建立项目成本管理责任制、开展成本控制和核算的基础,是项目降低成本的指导文件,是设立目标成本的依据
成本控制	成本控制是指对影响成本的各种因素加强管理,并采取各种有效措施,将实际发生的各种消耗和支出严格控制在成本计划范围内。通过随时揭示并及时反馈,严格审查各项费用是否符合标准,计算实际成本和计划成本之间的差异并进行分析,进而采取多种措施,消除损失浪费的现象
成本核算	成本核算包括两个环节,一是按照规定的成本开支范围对费用进行归集和分配,计算出项目费用的实际发生额;二是根据成本核算对象,采用适当的方法,计算出该项目的总成本和单位成本
成本分析	在成本核算的基础上,对成本的形成过程和影响成本升降的因素进行分析,以寻求进一步降低成本的途径,包括有利偏差的挖掘和不利偏差的纠正
成本考核	成本考核是在项目完成后,将成本的实际指标与计划、定额、预算进行对比和考核,评定项目成本计划的完成情况和各责任者的业绩,并以此给予相应的奖励和处罚。成本考核是衡量成本降低的实际成果,也是对成本指标完成情况的总结和评价

2. 项目成本管理过程

项目成本管理过程主要包括以下内容。

1)项目资源计划编制

项目实施过程是消耗各项资源的过程,项目成本则是对各种资源耗费的货币体现。项目资源计划是指要确定完成项目活动所需资源种类、数量和价格,包括资金、材料、人工及设备机械等,还包括无形资产,如企业品牌、专利技术、管理方法、土地使用权等。

项目资源计划编制的主要依据是项目任务结构分解技术。任务结构分解是自上而下逐层进行分析,而各类资源的需要量则是自下而上逐级累积。

编制计划的工具主要是资源统计和说明的图表,在此列举如下。

(1)资源计划矩阵形式。它是项目任务分解结构的直接产品,见表 6-3。该表的缺陷是无法包括信息类的资源。

(2)资源数据表形式。资源数据表是表示项目进度各阶段的资源使用和安排情况的表格,如表 6-4 所示。

(3)横道图表示形式。横道图表示形式直观、简洁,但缺点是无法显示资源配置效率的信息,见表 6-5。

表 6-3　某项目所需材料计划表

项目任务	材料需求量					相关说明
	材料 1	材料 2	⋯	材料 $m-1$	材料 m	
任务 1						
任务 2						
⋮						
任务 $n-1$						
任务 n						
合计						

表 6-4　某项目所需材料计划表

资源需求种类	资源需求总计	材料需求量				相关说明
		1(周/月)	2(周/月)	T_{t-1}	T	
资源 1						
资源 2						
⋮						
资源 $n-1$						
资源 n						
合计						

表 6-5　某项目所需材料计划表

资源需求种类	材料需求量							相关说明
	1	2	3	4	5	⋯	m	
资源 1	▬▬▬▬	▬▬						
资源 2		▬▬▬▬	▬▬▬▬					
⋮								
资源 $n-1$				▬▬▬▬	▬▬▬▬			
资源 n	▬▬▬▬	▬▬▬▬	▬▬▬▬	▬▬▬▬	▬▬			
合计								

2）项目成本估算

项目成本估算，是对完成项目工作所需要的费用进行估计和计划，是项目计划中的一个重要组成部分。要实行成本控制，必须先估算费用。费用估算过程实际上是确定完成项目全部工作活动所需要的资源的一个费用估计值，这是一个近似值，既可以用货币单位表示，也可用工时、人月、人天等其他单位表示。在进行费用估算时，也包括各种备选方案的费用估算。

3）项目成本预算

项目成本预算，是指将项目成本估算的结果在各具体的活动上进行分配的过程，目的是确定项目各活动的成本定额，并确定项目意外开支准备金的标准和使用规则以及为测量项目实际绩效提供标准和依据。项目成本预算是成本管理的重要环节,它是对整个项目进行计划控制分析和考核的标准。

4）项目成本控制

（1）项目成本控制的概念。项目成本控制是采取一定的方法和措施把项目成本的发生控制在合理的范围和预先核定的成本限额以内,随时纠正发生的偏差,以保证项目成本管理目标的实现。

（2）项目成本控制的步骤和原理。项目成本控制的步骤分以下五步。

① 比较：按照某种确定的方式将成本计划与实际值逐项进行比较,以判断成本是否已超支。

② 分析：在比较的基础上,对比较的结果进行分析,以确定偏差的严重性及偏差产生的原因。这是成本控制工作的核心,主要目的在于找出产生偏差的原因,从而采取有针对性的措施,减少或避免相同原因的再次发生或减少由此造成的损失。

③ 预测：按照完成情况估计项目所需的总费用。

④ 纠偏：项目的实际成本出现了偏差,应当根据项目的具体情况、偏差分析和预测的结果,采取适当的措施,以期达到使成本偏差尽可能小的目的。纠偏是成本控制中最具实施性的一步,实现成本的动态控制和主动控制。

⑤ 检查：对项目的进展进行跟踪和检查,及时了解项目进展状况以及纠偏措施的执行情况和效果,为今后的工作积累经验。

项目成本控制原理如图 6-9 所示。

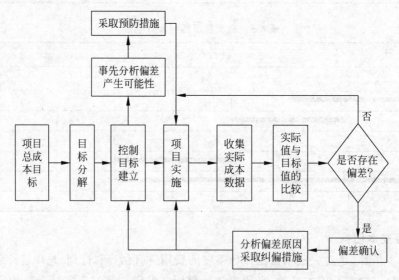

图 6-9　项目成本控制原理

6.3.4　项目质量管理

1. 项目质量的定义

项目质量就是项目固有特性满足相关方要求的程度。满足要求就是应满足明示的、隐含的或者必须履行的需要和期望。项目质量的要求来源于项目的各相关方,满足各方要求的程度反映出项目质量的好坏。

工程项目质量是指在国家现行的有关法律、法规、技术标准、设计文件和合同中,对工程的安全、适用、经济、环保、美观等特性的综合要求。

2. 项目质量管理的概念

项目质量管理是指为保证和提高项目质量,运用一整套质量管理体系、手段和方法所进行的系统管理活动。

项目质量管理是为项目的用户(顾客、项目的相关者等)提供一个高质量的工程和服务,令顾客满意,关键是过程和产品的质量都必须满足项目目标。项目质量管理过程和目标适用于所有项目管理职能和过程,还包括项目决策的质量、项目计划的质量、项目控制的质量等。

3. 项目质量管理的原理

(1) PDCA循环是美国质量管理专家沃尔特·A.休哈特(Walter A. Shewhart)博士首先提出的,由戴明采纳、宣传,获得普及,所以又称戴明环。全面质量管理的思想基础和方法依据就是PDCA循环。PDCA循环的含义是将质量管理分为四个阶段,即计划、执行、检查、处理。在质量管理活动中,要求把各项工作按照规定做出计划、实施计划、检查实施效果,然后将成功的纳入标准,不成功的留待下一循环去解决。这一工作方法是质量管理的基本方法,也是企业管理各项工作的一般规律。

(2) 三阶段控制原理。在质量控制中包括事前控制、事中控制、事后控制,这三个阶段构成质量控制的系统过程。事前控制就是要加强主动控制,要求预先针对如何实现质量目标进行周密合理的质量计划安排,包括质量目标的计划预控和质量活动的准备阶段控制。事中控制是针对工程质量形成过程中的控制,包括自控和他人监控两大环节,并把增强质量意识和自我约束作为质量事中控制的根本。事后控制包括对质量活动结果的评价认定和对质量偏差的纠正。

(3) 全面质量管理原理。全面质量管理是以产品质量为核心,建立起一套科学严密高效的质量体系,以提供满足用户需要的产品或服务的全部活动。

全面质量管理(total quality management,TQM)就是指一个组织以质量为中心,以全员参与为基础,目的在于通过顾客满意和本组织所有成员及社会受益而达到长期成功的管理途径。在全面质量管理中,质量这个概念和全部管理目标的实现有关。

全面质量管理主要思想如下。

① 全面质量控制:对产品质量和工作质量的全面控制。

② 全过程质量控制:识别过程和应用过程方法进行全过程质量控制。

③ 全员参与控制:组织和动员全体员工参与实施质量方针的系统活动中,发挥自己的角色作用。

4. 项目质量的影响因素

影响项目质量的因素很多,但主要有五个方面,即人(man)、材料(material)、机械设备(machine)、作业方法(method)、环境(environment),简称4M1E。

1) 人的因素

人的因素对建设工程项目质量形成的影响,包括两个方面的含义:一是指直接承担建设工程项目质量职能的决策者、管理者和作业者个人的质量意识及质量活动能力；二是指承担建设工程项目策划、决策或实施的建设单位、勘察设计单位、咨询服务机构、工程承包企业等实体组织。

人是生产经营活动的主体，也是工程项目建设的决策者、管理者、操作者。人员素质是影响工程质量的所有因素中最重要的因素。建筑行业实行资质管理和专业从业人员持证上岗制度是保证人员素质的重要管理措施。

2）工程材料

工程材料是指构成工程实体的各类建筑材料、构配件、半成品等，它是工程建设的物质条件，是工程质量的基础。工程材料选用是否合理、产品是否合格、材质是否经过检验、保管使用是否得当等，都将直接影响建设工程的结构刚度和强度，影响工程外表及观感，影响工程的使用功能，影响工程的使用安全。

材料（包括原材料、成品、半成品、构配件）是工程施工的物质条件，材料质量是工程质量的基础，材料质量不符合要求，工程质量也就不可能符合标准。所以加强材料的质量控制，是提高工程质量的重要保证。

3）机械设备

机械设备可分为两类：一类是指组成工程实体及配套的工艺设备和各类机具，另一类是指施工过程中使用的各类机具设备。施工机具设备对工程质量也有重要的影响。工程所用机具设备，其产品质量优劣直接影响工程使用功能质量。施工机具设备的类型是否符合工程施工特点，性能是否先进稳定，操作是否方便安全等，都将会影响工程项目的质量。

4）方法因素

施工过程中的方法包含整个建设周期内所采取的技术方案、工艺流程、组织措施、检测手段、施工组织设计等。施工方案正确与否，直接影响工程质量控制能否顺利实现。往往由于施工方案考虑不周而拖延进度，影响质量，增加投资。为此，制定和审核施工方案时，必须结合工程实际，从技术、管理、工艺、组织、操作、经济等方面进行全面分析、综合考虑，力求方案技术可行、经济合理、工艺先进、措施得力、操作方便，有利于提高质量、加快进度、降低成本。

5）环境条件

环境条件是指对工程质量特性起重要作用的环境因素，包括工程技术环境、工程作业环境、工程管理环境、周边环境等。建设工程项目要在一定的环境之中进行，所以一个建设项目的决策、立项和实施，受到经济、政治、社会、技术等多方面因素的影响。加强环境管理，改进作业条件，把握好技术环境，辅以必要的措施，是控制环境对质量影响的重要保证。

5．质量控制点的设置

质量控制点是指质量活动过程中需要进行重点控制的对象或实体。它具有动态特性。具体地说，是生产现场或服务现场在一定的期间内、一定的条件下对需要重点控制的质量特性、关键部位、薄弱环节，以及主导因素等采取特殊的管理措施和方法，实行强化管理，使工序处于良好控制状态，保证达到规定的质量要求。

对于质量控制点，一般要事先分析可能造成质量问题的原因，再针对原因制定对策和措施进行预控。

施工过程工序质量控制点包括施工中的薄弱环节或质量不稳定的工序、部位或对象,对后续工序质量或安全有重大影响的工序、部位或对象,采用新技术、新工艺、新材料的部位或环节,施工条件困难或技术难度大的工序或环节,特殊、关键工序,隐蔽工程,原材料/设备入场检验、到货设备开箱检验,工序专业之间交接检查,工程中的各类设备/管道试验,受电、报警/联锁系统试验,机组无负荷试车,工程中间交接检验,系统调试/试车等工序。

6.4　工程项目运行维护管理

6.4.1　项目的运行维护

1. 概述

(1) 运行阶段是项目从建设阶段结束、投入使用到报废的过程。项目运行管理的任务是对项目运行阶段的工作活动进行计划、控制、组织、指挥,解决项目运行过程中的问题,保证项目系统处于正常、健康的运行状态。运行管理是一种综合性管理,主要包括如下几方面的工作。

① 项目运行的计划、准备和组织等工作。

② 项目系统运行维护管理。

③ 项目健康管理等。

(2) 由于现代社会和经济的发展、科学技术的进步以及人民生活水平的提高,人们对项目,特别是高速公路、铁路、桥梁、地铁、电力设施、给水排水、大型公共项目等基础设施的需求和依赖越来越大,对它们提供稳定安全服务的要求越来越高。但是由于项目系统的复杂性、使用磨损、外部环境的干扰等原因,经常由于一些子系统、某一设备、线路,甚至是一些小的元器件出现问题,而导致整个项目停止运行,这不但影响项目的经济效益,而且对使用者甚至整个社会都会造成很大损失,如供电系统故障会导致大面积停电、高速公路停运、工厂停产、地铁停运等。近几十年来,我国在役建筑项目重大恶性质量、安全事故频发,产生很大的社会影响。

在现代社会,项目(特别是大量的基础设施项目)的运行安全已是一个社会问题,成为政府管理的一部分。

(3) 通过及时对建筑物、设备或设施进行运行管理,不仅能确保其设计用途和使用功能的正常发挥,维持正常和健康的状态,而且能延长项目使用年限,从而达到项目全寿命周期费用与使用效率的最优化。

(4) 随着我国大规模建设的结束,我国的工作重点将由以建设为主转变为以项目的运行管理为主。应加强对项目维护技术和健康管理创新的研究和开发,增强基础设施的可持续性和可恢复性,降低自然灾害和人为因素破坏造成的影响。这对于我国国民经济的发展、延长我国项目的使用寿命等,有深远的意义。

(5) 项目的运行管理是十分复杂的系统项目,专业性很强,需要严密的计划、准备、组织、控制工作。项目的运行时间比一般产品的使用时间要长。产品的使用环境相对比较单一,而项目在运行阶段所处的环境会产生各种各样的变化,有些变化在项目设计阶段是无法预料的。如项目所处的自然环境的变化、国家法律环境的变化等。项目的运行状态不仅与项目投入运行时间相关,而且与在运行过程中的负荷情况有关,如由于运输车辆超长、超重、交通流量大导致高速公路和桥梁过早衰老。

(6) 项目运行过程中的维护情况。如果能够保持经常性和及时的维护保养,项目的机能老化速度就会降低,寿命得到延长,否则随着时间的推移,改善或恢复项目系统健康所需费用会大幅上升,其增长比例也在不断升高。因为项目建设资金来源渠道多种多样,所以项目运行维护阶段的资金来源不同,这会影响项目能否及时得到维修保障。

2. 项目运行维护管理

项目运行维护是指为保持项目良好的工作状态而实行的经常性检查、维护和必要的维修,其目的是保持或提高项目的运行效率,保证项目正常地发挥功能作用,实现或增加项目的全寿命周期价值。

项目运行维护管理的范围包括:

(1) 整个项目系统不仅包括建筑物和项目设备,而且包括通信系统、控制系统和其他系统。

(2) 项目周边环境维护。

(3) 项目运行相关的各个方面,如项目产品的生产和服务的过程、项目系统健康和安全状况等所有方面。

项目运行维护管理的主要工作包括:

(1) 建立完备的项目维护方面的法律法规和制度。国家应对项目,特别是建筑物的使用、健康检测、维修加固和拆除做出强制性的规定。

(2) 构建项目运行维护和健康管理系统,加强项目系统的健康检测、评价,以便更好地了解和监督项目、维护质量。为保证项目的正常运行,必须对重点设备、公共设施和公共管网等进行重点管理,如重要项目设施、载货电梯、工业供水供电系统、变电房等。

(3) 项目的运行环境管理,包括与项目相关的公用市政设施的维护管理、环境卫生维护管理、绿化管理、设施设备(电梯、通信、空调、监控、消防)的维护工作,有些项目还包括对项目周边的地质环境、生态环境的管理(监控)。

(4) 项目检修工作。检修工作包括日常维修、故障临修、设备大修与状态检修,以维持项目系统的安全性、可靠度和使用率,确保达到各项健康指标水平。

(5) 项目运行阶段风险管理和事故预防。项目在运行过程中风险事件是不可避免的。

项目运行维护具有非常重要的意义:

(1) 保证项目系统的安全度、可靠度和舒适度等,提供了项目运行安全的保障。通过运行检修与保障,保证项目系统能够满足运行的需求,将设备维持在正常运作状态,在故障发生时能够以最短的时间将其修复,减少对使用者的影响。

(2) 通过操作、维护、检查和应急处置等措施,可以预防事故,降低风险,在事故发生后迅速控制事故的发展并尽可能排除事故,保护用户和员工的人身安全,将事故对人员、设施和环境造成的损失降至最低,或在可承受的程度内。

(3) 提高维护保养的效率,降低运行维护费用,提高运行效率,充分发挥或提升项目价值,延长项目的使用寿命。

(4) 提升系统的管理和服务水平,改善运行条件,为用户提供更方便快捷、安全舒适的服务,改善或减少对周边环境和居民生活的影响。

（5）良好的维修能推迟项目再次修缮和翻新的时间，延长专业项目系统更换的周期并最终减少项目寿命周期总维修费用，能够使项目发挥更为积极的作用。

6.4.2　项目的运行健康

1. 概述

（1）从全寿命周期的角度分析，项目与人体在结构、功能、寿命周期、平均寿命等方面有相同点。如果把项目看作一个生命体，从医学视角分析，项目运行状态问题就可以称为项目的健康问题。人类医学的评价和管理法可用于项目的健康、功能和运行质量等方面的管理上，从医学对人的生命体健康诊断方法中汲取一些新的思想和方法，将有效解决项目运行管理中的问题，使隐患消除在萌芽状态，最终减少项目事故的发生。

个人在成长过程中，为了确保其生命体处于一种正常的健康状态，应当对人体的健康状态进行定期的检查，以便及时发现病变的征兆和预防病变，当发现患病时，医生对其进行诊断，采取治疗措施。同样，项目健康状态随着寿命周期进展、系统故障和老化的状态而变化。在项目的运行中，需要像人类医学中定期对人体健康监测一样，对项目进行定期健康监测，对项目的运行状况进行分析。

（2）项目的健康问题与人的健康问题一样，十分复杂。从总体上说，项目的健康状态可以理解为项目系统及其专业子系统在发挥其设计功能时所表现出的能力和整体状态的描述，项目各专业系统间功能协调，项目整体功能平稳，对社会经济的发展有持续的贡献，应将项目系统健康管理系统纳入整个城市的大系统。

（3）由于项目在设计和施工过程中的缺陷、建筑材料自然老化、结构的疲劳、建筑布局的改造、使用不当、恶劣的气候和环境，以及不可抗力等因素构成了运行中的安全隐患。这些安全隐患，有些是先天性的，有些则经过几年甚至几十年潜在变化，它们多发生在建筑物的内部，很难为非专业人员所观察到，需要进行定期的系统的健康监测。

（4）健康管理以诊断、预测为主要手段，包括如下几个方面：

① 通过对项目及其系统组成部分的健康状态进行监测，获得和掌握状态信息。

② 通过分析和判断，对项目的健康状态进行诊断。

③ 对项目的维修、更新改造进行决策。

④ 通过对项目运行过程的干预（优化、调整），以保证项目的正常状态，将安全风险降到最小，要将健康管理系统和维护保障系统统一考虑，使信息在健康管理系统与维护保障系统之间流通更顺畅，使健康管理和运行维护更有效。一般工程项目健康管理系统过程见图 6-10。

2. 项目健康管理

在项目运营期，要持续不断地进行项目健康监测。项目健康监测是通过对项目系统状态的信息收集、分析、判断，对项目系统的健康状态进行评估，为健康诊断、系统维护、维修与管理决策提供依据和指导。

项目的健康管理主要包括的内容如下。

（1）项目运行状态监测。通过测量系统各种响应的传感装置获取反映系统行为的各种记录。

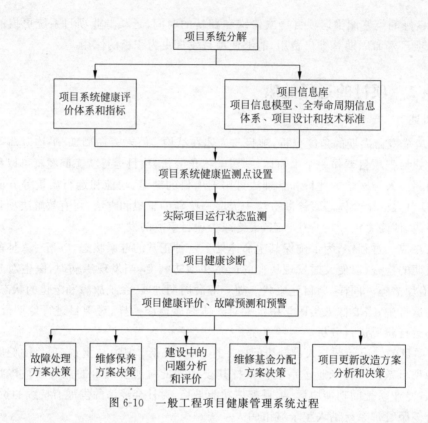

图 6-10 一般工程项目健康管理系统过程

① 对项目系统总体运行状况的记录和监测,如产出效率、产品或服务的质量、项目系统运行的协调性等。

② 对各个项目健康监测点,利用各种传感器连续或间断地采集各专业项目系统的相关参数信息,监测系统运行状态,提供健康管理系统连续而完整的数据。

③ 对项目系统能源消耗持续跟踪。

④ 对项目周边生态系统的健康监测,如风、雨、雪、地质变化情况等的监测和记录。

(2) 数据处理。将接收到的各种信号和数值进行处理,可以得到反映项目总体运行情况的特征数据和各个专业项目系统健康状况的特征值。

(3) 将反映项目实际运行情况的信息与预测的各监测点健康因子的指标值相比较,以得出项目健康状态的基本评价,并且可根据预定的各种参数指标极限值来提供故障报警。

(4) 项目健康评估。通过各种健康状态历史数据、工作状态以及维修历史数据等,评价被监测系统(也可以是分系统、部件等)的健康状态(如是否有参数退化现象等),以发现项目的哪一部分工作不正常以及不正常的程度,并确定故障发生的可能性和可能的后果。

随着项目不断运行,连续地收集信息、评估分析,可以分析各个专业项目系统的老化趋势。对于大型公共建筑,要分析其是否具有在紧急情况下快速恢复职能或提供服务的能力,以最大限度地保障公众的生命财产安全。健康管理不仅是运行管理,也包括了风险管理、全寿命周期维护、系统独立性、功能恢复的成本/耗时/难易等因素。

在进行健康监测的同时,定期进行项目健康诊断,判断项目是否处于正常状态,对避免各类严重项目事故的发生具有重要意义。

项目健康诊断是指项目运行中通过对项目健康诊断指标进行分析,以掌握项目系统的健康状态,提前识别、发现和确定问题,防患于未然,消除系统的潜伏性故障,防止突发性事故发生,确保项目正常的运行。

项目健康诊断可分为项目系统健康诊断和项目周边生态系统健康诊断,主要内容包括故障诊断、故障预测。故障诊断是基于项目实际工作状态、预设的健康因子和相关指标、各种健康状态历史数据和维修历史数据等,通过归纳、统计分析,评估被监测项目系统的健康状态,判断将要发生的故障种类,确定故障发生的可能性。故障预测是综合利用前述各部分的数据信息,评估和预测被监测系统未来的健康状态(包括剩余寿命等),并分析如果不采取措施,继续运行项目,项目的健康发展趋势以及将会出现什么故障。故障诊断与预测都是对项目运行状态的一种判断,其最基本的出发点是所收集到的项目健康状态的信息。

从另一维度上来看,项目系统健康诊断可分为项目结构健康诊断和设备系统健康诊断。结构健康诊断是指结构在受到自然因素(如地震、强风等)及人为破坏,或者经过长期使用后,通过测定关键性指标,检查其是否受到损伤,如果受到损伤,根据损伤位置、损伤程度、可否继续使用及剩余寿命,判断结构的健康状态;设备系统健康诊断是指通过对设备、网络和控制系统等的状态实时进行扫描,建立其健康档案,实施动态跟踪,根据其特征量的变化,诊断其健康程度,及时发现病灶并报警,必要时加以消除。

如工程项目中桥梁健康诊断是目前的学术热点之一,属于项目结构健康诊断,其主要目的是发现桥梁早期的病害,并调查病害起因,在桥梁结构运行期间能合理地评价出整个结构发生病害的严重程度,以便选择经济、合理的维修加固方案,从而避免桥梁拆除重建带来的巨大经济费用和桥梁突发性事故所引起的损失。

6.5　工程项目更新循环

6.5.1　项目更新循环的概念

随着时间的流逝,在项目使用过程中,项目状态和环境状况都在逐渐发生变化,项目原有功能可能已经不符合要求,或原有功能消失,或项目已完成原来的使命,或项目系统已经不符合社会经济持续发展的要求,它将面临三种不同的命运。

(1)被改造,通过适当的再利用改造,被赋予新的使用功能,发挥新的价值。

(2)被销毁,项目实体彻底消失。对于实体项目而言,即被拆除。需提供新的土地资源,等待再次开发,有再利用价值的建筑材料会被回收处理后再利用。对于非实体项目而言,即清空数据库,或将无用的原有数据删除而将尚有价值的转存。

(3)被弃,维持现状,名存实亡。由于我国人口众多,各种资源紧张,一般这种情况较少。

其中,被改造和被销毁是项目更新循环的主要途径。

项目的更新循环是我国项目界的主要课题,其原因如下。

(1)我国大规模的项目建设已经持续数十年,要逐渐转向以项目运行维护为主的状况,紧接着就要加强现有项目的更新改造、扩展、增值方面的工作。不远的将来,随着大量工程项目设计寿命的临近,必然进入以项目遗址处理和土地生态复原为主的阶段。

(2) 我国近几十年来的许多项目在规划、设计、实施方面存在重大缺陷,都是"不可持续"的,都要被销毁后再造。

(3) 我国人多地少,资源匮乏,必须对资源重复使用。大量的项目报废后要销毁方能进行下一个项目的实施。例如在实体项目建设方面,许多城市进行大面积老城区开发,都是项目的更新循环问题。

(4) 我国经济发展速度加快,许多单位(如开发区)要经常性地改变产品,重新开发新产品、新工艺,则要对项目进行更新或销毁后再新建,所以项目的更新循环在我国许多地方已经形成常态。

尤其对于工程项目领域的旧城改造,早在 2007 年出台的《中华人民共和国城乡规划法》就强调:"旧城区的改建,应当合理确定拆迁和建设规模,有计划地对危房集中、基础设施落后等地段进行改建。"以及 2008 年出台的《中华人民共和国循环经济促进法》规定:"对符合城市规划和项目建设标准,在合理使用寿命内的建筑物,除为了公共利益的需要外,城市人民政府不得决定拆除。"说明经过快速发展时期的大规模旧城改造,国家已经有了新的政策导向和明确的法律规定。

我们将城市中已经不适应现代化城市社会生活的地区的项目的集中改建活动称为城市更新,这是项目更新循环的集中体现。城市更新实际上是在已建城区上再建城市,这是一个非常有难度的工作,不仅是物质空间的变化,更重要的是经济、社会和文化的变更,包含相关者利益的重新分配。

我国长期以来重视项目建设,而轻视项目的更新改造,在部分项目系统衰退老化后,多轻率地将项目销毁和废弃,尤其体现在建筑项目中。

这与我国古代以木结构为主的建筑相关,我国历史上人们不大研究建筑的维修,不注重保存旧建筑,而喜欢拆旧盖新。这对我国的整个建筑文化、项目的设立、建筑价值理念产生很大的影响。

人们对建筑就不图长存和长寿,不图建筑的持久性,对项目建设的立项和拆除都十分轻率,我国在近几十年来盛行的大拆大建(拆古建筑、盖新建筑)和大建又大拆(如一片建筑建好后不久又拆掉),在很大程度上就有这种建筑文化遗传因素的作用。

项目改造具有特殊性,项目改造实质上是项目新的设计寿命周期的开始,但它在原有项目基础上进行,与新建项目有所不同,有特殊的制约条件。

(1) 建设项目的改造受当初建造工艺水平、项目管理等因素所限,原建筑的项目质量可能存在较多的不足之处。这些都给现有的设计、施工带来困难。

(2) 常常没有合理的设计和计划的时间。不能按照项目的程序有条不紊地进行,常常需要边进行技术鉴定、边研究、边设计、边实施,与新建项目相比,项目改造实施过程更为复杂,涉及的相关方更多,技术更复杂,组织难度大,很多时候不能像正常新建项目有一套正常的实施顺序,还可能受资源限制。实施中不可预见的问题多,方案变动的概率要远大于新建项目,设备管理更复杂,尤其是新旧资源材料和数据管理,新旧技术标准的相容性,需要项目相关各方密切配合,相互协调。

6.5.2　项目的更新循环

"改造—死亡—再循环"三者构成一个完整的项目更新循环的全过程,通常有如下几种方式。

1. 项目改造

项目改造是指在运行过程中,由于有某种新的要求对项目进行更新、改造、扩展的行为,使项目功能扩展,或转变为新的使用功能,或新的项目系统结构形式,即在保留项目主体的基础上,对项目进行更新、功能升级,以满足新的需要,通常有如下几种方式。

(1)更新。在项目原总体功能不变的情况下,对项目的部分进行改造,以满足新的使用要求。包括:

① 某些专业项目系统已达到设计寿命,需要进行更新,如对项目重新装饰,对智能化系统、控制系统进行功能升级。

② 对设备进行更换。

③ 我国在许多地方进行的建筑节能化改造。

④ 增加一些新的专业项目系统,如在实体项目中,增加监控系统、中水回收系统等;在非实体项目中,搭接新的编码系统,增加新的软件功能等。

(2)改造。就是对原有项目用途的改造,在主体框架基本不变的情况下,通过局部翻新使原有项目具有新的使用功能,如在实体建筑项目中,工厂转变产品类型,改建为新产品的流水线;将厂房改为办公楼;将旧厂房改为办公楼。

(3)扩展。为了扩大原有项目的功能和规模,在原有基础上加层或者加建,扩大项目的使用规模,使其满足新的使用需求。

对于工程项目而言,更新改造项目是特指经国家或主管部门批准的具有独立设计文件的固定资产更新、技术改造措施项目,或企业事业单位及其主管部门制定的具有独立发挥效益的更新改造措施计划方案内所包括的全部项目。

2. 项目拆除销毁

项目经过它的寿命周期过程,完成了它的使命,最终要被拆除。人类有史以来,任何项目都会结束,最终还回到一张白纸,之后再进入下一个项目的实施,进入一个新的循环。

对于工程项目而言,项目销毁的过程即是工程拆除的过程。其全寿命周期必须包括拆除后的遗址清理和土地生态复原,否则寿命周期就不完全。

项目拆除可能是由于:

(1)自然损耗,是指当建筑物寿命已达到或接近设计使用年限,性能已接近报废,其使用价值已丧失殆尽时,对这类建筑物进行拆除。

(2)功能落伍,是指建筑物原有的实物使用价值仍然存在,仍可继续使用若干年限,但由于技术进步、社会发展和城市变迁等因素的影响,其原有使用功能或空间功能已经不能适应时代的需求,对这类建筑物进行拆除。

3. 项目再循环

项目再循环通常意义上是一个实体项目领域的概念。美国风景园林学家劳伦斯·哈普林在 1965 年最先提出建筑"再循环"理论。他指出建筑再循环和修复不同,修复是把既有的建筑维持成原有的样貌,而再循环则是对其功能进行改变,将内部空间调整为能被人们接受的形态。建筑"再循环"方式主要通过保护原有建筑的"原真性",对原有建筑的使用功能进行完善,以及基于城市发展背景和政策以还原旧建筑周边原有的环境和场所等措施来实现。

推己及彼,项目再循环是指项目全寿命周期中的各种废弃资源的再利用、再循环,价值再发挥,内容比废料利用更为宽泛。

(1) 建筑循环利用的定义。建筑的循环利用是指建筑在时间和空间上实现循环使用,包括两方面:

① 项目遗址的处理和生态复原。在项目建设和运行过程中必须考虑项目拆除后土地复原的问题。要考虑在本项目运行寿命周期结束后能够方便地和低成本地复原到可以进行新的项目建设的状态,或者还原成具有生态活力的土地。

② 拆除后的材料的循环利用问题。在我国,城市建设和拆迁中产生的各类建筑垃圾越来越多。这些建筑垃圾绝大部分未经任何处理即被丢弃,不仅占用了大量土地,而且由于大多数建筑垃圾由无机物构成,重新进入自然的生态循环需要相当长时间,而某些成分会污染地表环境,也污染地下水,对生态环境构成直接危害。

(2) 建筑废料循环利用。旧建筑的拆除所产生的许多物料也是资源,能够被循环利用于新建筑中,能够减少天然资源的耗用,有利于社会的持续发展。它能带来新的商机,帮助增加就业机会。

① 金属材料,由于其价值较高,通常都会在拆卸后回收循环利用。如建筑固体废物中的各种废有色金属材料(铜、铝合金型材)、废钢配件及零配件材料、钢材(废型钢、废钢筋)、线材(废钢丝、废电线)等。

② 建筑拆除后的瓦砾,可以当作路基、墙基、垫层、场地的填充材料等。利用旧建筑拆下来的物料,如用拆下来的旧砖头做新建筑基础的垫层,在我国已经持续很长时间。

③ 破碎混凝土、岩石、石头磨碎后可当作建筑碎石或者混凝土骨料。

HSE 管理体系指的是健康(health)、安全(safety)和环境(environment)"三位一体"的管理体系。在项目管理中开展 HSE 管理的历史并不长,目前主要在石油化工等行业积累了一些经验。但实践表明,HSE 管理对项目整体管理、对经济社会可持续发展影响深远。如何科学建立和运行 HSE 管理体系是摆在每一个项目建设者面前的重要课题。

6.6 案例

京杭大运河(拱墅区段)遗产廊道内的工业遗产数量众多、种类丰富。运用"多中心"理论将它们划分为 A、B、C、D 四个共生中心,其中每个共生中心设定一个主体共生单元(图 6-11)。A 区域共生中心由通益公纱厂、杭州市土特产有限公司桥西仓库、杭州红雷丝织厂和杭州长征化工厂四个共生单元组成。其中与拱宸桥相对的通益公纱厂,即后来的杭州第一棉纺织厂,是同时期少数保存至今的、完整的运河滨水工业遗产,把它作为主体共生单元具有一定的代表性。基于真实性、最低干预性、可逆性等原则,以手工艺文化和活态展示作为再循环的方法,将 A 区域四个工业遗产进行再生。再循环后的 A 区域成功地转型为工艺博物馆群落,成为运河旅游的必去景点之一。

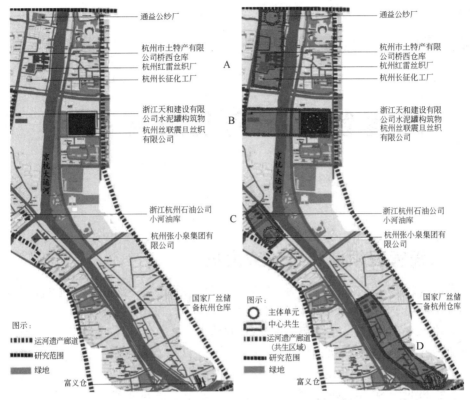

图 6-11　京杭大运河遗产廊道项目更新循环前后对比（左为更新前、右为更新后）

思考题

1. 可行性研究的主要内容包括哪些？
2. 工程项目设计过程包括哪些阶段？每个阶段的主要内容有哪些？
3. 项目施工管理的三大控制是哪三大内容？它们分别包括哪些内容？
4. 项目运营维护管理的主要工作包括哪些内容？
5. 项目更新循环的过程是什么？

参考文献

[1]　成虎,宁延.项目管理导论[M].北京：机械工业出版社,2018.
[2]　宋宗宇,向鹏程,何贞斌.建设项目管理与法规[M].重庆：重庆大学出版社,2015.
[3]　郑文新.土木工程项目管理[M].北京：北京大学出版社,2011.
[4]　苗胜军,李金云,邱海涛,等.土木工程项目管理[M].北京：清华大学出版社,2014.
[5]　成虎,项目全寿命期管理[M].北京：中国建筑工业出版社,2011.
[6]　池方爱,张建勋,德万科,等.建筑"再循环"理念下城市与其滨水工业遗产的共生：以拱墅区京杭大运河廊道内工业遗产为例[J].中国园林,2018,34(5)：119-123.
[7]　慈芳芳.水利信息化工程的建设和运行管理初探[J].建材与装饰,2019,569(8)：285-286.
[8]　宫立鸣,孙正茂.工程项目管理[M].北京：化学工业出版社,2005.
[9]　郭峰.土木工程项目管理[M].北京：冶金工业出版社,2013.

第 7 章

工程管理研究及发展前沿

7.1 工程管理领域科学研究发展

工程管理学科是以工程管理作为研究对象的科学领域。工程管理学科通过研究发现工程管理的规律性,创造工程管理领域的知识、技术和工具,以用于专业教学和工程实践。在我国的学科目录中没有独立的工程管理学科,它属于交叉性学科,范围涉及工学、管理学、社会学等学科门类的大多数一级学科。

经过几十年的发展,我国已经建立起比较成熟的专业教育体系。

(1) 在 20 世纪 80 年代初,许多高校就设置了建筑经济与管理、系统工程、管理工程等学科,进行硕士生和博士生培养。1997 年,对管理学科进行了大整合,设立了管理学科门类,下设立管理科学与工程等五个一级学科。管理科学与工程学科由原来建筑经济及管理、系统工程、管理工程、管理信息系统、工业工程、物质流通工程、航空宇航系统工程、兵器系统工程、农业系统工程与管理工程整合而来。它们最主要的研究对象就是工程管理。

此外,大量的工程学科(如土木工程、系统工程、工业工程、交通工程、环境工程等)、管理学科、经济学科的研究生也在工程管理领域选题进行学科交叉研究。

2010 年,中国国务院学位委员会批准设立工程管理硕士(master of engineering management,MEM)专业学位研究生教育体系。MEM 培养点主要设置在高等院校的经济管理、商学、机械工程、冶金工程、光学工程、动力工程、电气工程、信息与通信工程、控制工程、土木工程、化学工程、矿业工程、石油与天然气工程、纺织工程、交通运输工程、农业工程、林业工程、环境工程、能源工程、食品工程等学院。

(2) 近十几年,设立了大量的工程管理科学研究项目,为学科研究提供强有力的经济支撑。

① 早期的课题主要来源于建筑业企业、政府建设主管部门和建设领域的行业需求,如工程项目中的专题研究和咨询、企业管理创新,管理体系建设,管理标准的起草,行业发展研究等。通过提供咨询、专业服务和行业性问题的研究,不仅获得资金,解决行业问题,通过研究成果对企业和社会产生影响,同时发表高层次的研究成果,创造和传播新的工程管理理论和方法,提高学术声誉。

② 国家自然科学基金资助的工程管理方面的研究课题立项越来越多,涉及管理学部、工程与材料学部以及其他学部。这与我们国家工程管理问题日益凸显、学科交叉趋势和国

家良好的经济发展形势紧密相关。

③ 国家社会科学基金资助的研究项目中也有许多工程管理课题,如保障房、养老、工程的社会影响等。

(3) 形成规模较大的工程管理学术界,包括大学的教学和科研机构、政府的研究机构、各种学会、行业协会、企业的研究和创新团队等。中国工程院于 2000 年正式成立了工程管理学部。从 2007 年开始,每年都举行"中国工程管理论坛",旨在探讨我国工程管理现状及发展关键问题,推动我国工程管理理论建设与实践水平的提高。在中国建筑学会、中国土木工程学会下面都设有工程管理、建筑经济相关的分会,并形成了固定的年会交流。

7.2 工程管理研究类别

Simon (1996)提出将科学研究分为两类:自然科学,其主要研究是什么样(how things are),关注发现和验证规律性、解释性机理。设计科学,关注应该是什么样(how things ought to be),注重为实现某一目标而构建与评估干预措施的过程。

工程管理研究也可以分为这两类。其特征差异如表 7-1 所示。设计类研究针对的是设计或创造出来的对象,而解释类研究针对已经存在的现象进行规律性的提炼。解释类研究通常是收集和分析已存在的数据,而设计类研究要先设计出具体的对象,才能针对对象进行分析。最终的成果方面,设计类研究针对的是解决一个问题,而解释类研究侧重于解释性的理论和进行预测(图 7-1)。

表 7-1 设计类和解释类研究的对比

类 别	设计类研究	解释类研究
分析对象	进行创造	已经存在
数据	创造、收集和分析	收集和分析
成果	解决一个问题	解释性的理论、预测等
知识	解决问题	理论性的,不一定是针对现实问题

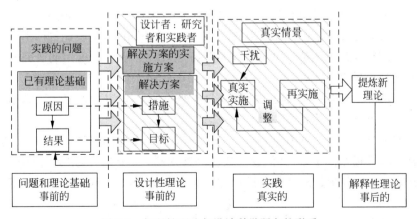

图 7-1 解释性理论与设计科学研究的联系

虽然两者具有明显的区别,但也存在紧密联系:

(1)事前阶段。解释性的理论能指导具体的干预措施的提出,另外一个维度是关于现实中的问题或者目标,根据现实中的问题和已有的解释性的规律提出需要解决的方案/干预措施。设计工作,其中包括设计者、设计对象以及实施方案的设计三部分内容。

(2)实施阶段。真实发生对应的是干预措施真实发生的场景。真实场景中存在一些不可预测的干扰、一些特定的情境和动态发展的过程,实施过程中可对设计的解决方案进行再调整。

(3)事后阶段。实施之后,设计的解决方案及其结果成为现实现象,再进一步地被解释,提炼出一些基本规律,再用于后续问题的解决。

7.2.1　解释类研究

1）解释类研究的概念

解释类研究与自然科学和大多数社会科学研究相似,旨在通过描述、归纳等手段和方式揭示前人未发现的现象,或现有理论的不足或缺陷,探索与现有理论预测不同的事实。通过对实际工程现象、发展和变化状况进行总结、概括或归纳,以便更为准确地揭示其规律性。

2）解释性课题的研究思路

(1)研究问题和研究目的。提出研究问题的背景,确定研究问题,以及解决该研究问题的意义和价值。

解释类研究首先要从已有研究结论中发现不足,如结论本身的矛盾或结论与实践观察存在不一致性,进而形成研究问题。通常不是从具体的实践问题出发。

如 Flyvbjerg 等(2002)提到过往研究存在不一样的解释,如 Pickrell(1990)发现成本估算是相当不准确的,但是 Nijkamp 和 Ubbels(1999)却主张成本估算是相当准确的。这两者的结论是相矛盾的,基于此,需要进一步深入认识产生矛盾的原因。Flyvbjerg 等(2002)认为这两篇文章结论不一致的原因可能是小样本、不均衡的研究样本所导致,所以 Flyvbjerg 等(2002)的切入视角是样本大小,通过更大的样本来解决矛盾性的解释。

同时研究意义的阐述需要从研究价值和实践价值两方面进行充分论述。

(2)假设提出或文献综述。文献综述与研究目标紧密相关,受研究目标引导,在此基础上提出相应的解释性概念框架。文献综述是对特定研究形成概念框架或研究假设,或对某一个特定的研究成果进行探索。

(3)研究设计。解决研究问题和验证概念框架的手段,研究方案必须适合研究问题,并且研究者对实施方案十分清楚,并有能力实施这个方案。

常见的研究方案设计可能有抽样调查、案例分析、仿真、档案资料分析和实验等。具体的工作包括形成数据收集工具(如问卷)、数据收集方式(如抽样)、确定数据分析工具等。

(4)数据收集和分析。按照研究设计进行相应的数据收集和分析,获得解释性的研究结论。

(5)研究结论。研究结论部分需讨论本研究对研究目的的实现情况,并讨论与以往研究结论存在的相同与不同,进而阐述本研究的理论贡献和实践启发(表 7-2)。

表7-2 解释类研究的报告组成部分

组成部分	描述
背景	提出研究问题、研究目标,研究范围界定,研究的意义说明
假设/文献综述	解释性研究通常需要提出相应假设,并陈述相关的关系;探索性研究进行相关的文献综述
研究设计	为验证假设所采用的研究方案,或为了进行探索研究而进行的研究设计
数据收集和分析	收集数据,并对数据进行分析
讨论	对结果的解读。分析研究结果对研究目标的回应程度,与已有研究结论的比较
结论	陈述重要的研究结论,以及重要的贡献等

7.2.2 设计性成果

1）设计类研究的概念

设计类研究是一种研究范式,常称为设计科学研究。基于该范式,研究人员针对实践问题或预期实现的目标,创新性地提出解决方案,进而贡献新知识。

设计类研究的特征包括:

(1) 实践导向。设计科学通常是为了解决某个问题或实现某个预期的目标,所以问题导向性很明显。

(2) 设计解决方案。设计科学研究需要提出具体的解决方案,以解决某问题或实现某目标。设计性成果主要面向未来行为和新的工程活动,产生改变对象系统的有实用性的对策或干预措施。

(3) 对知识有贡献。对于研究工作,知识贡献是基本要求。与一般的咨询关注的是单个案例的改进不同,设计类研究关注的是可以扩展到不同情景下一般性的知识,因此强调有知识的贡献。设计科学与一般的应用科学的差异是,前者注重理论贡献,而后者重视应用。

在工程管理领域,设计思维是非常重要的。设计关注解决方案,研究设计准则,最终提出可行的解决方案。大量的应用型研究,特别是MEM研究生的论文研究属于这一类。工程管理系统设计,本身又是研究性工作,需要创新思维。

2）工程管理设计研究的必要性

以下几个方面体现了设计类研究的重要性。

(1) 由管理实践过程需要设计性思维所决定的。管理的实践是为了实现一定的组织目标,对当前状态进行改进的过程,这体现了目标导向与设计人造物的过程。彼得·德鲁克在《管理的实践》中写道:"最终检验管理的是企业的绩效。唯一能证明这一点的是成就而不是知识。换言之,管理是一种实践而不是一种科学或一种专业,虽然它包含了这两方面的因素。"

(2) 由工程管理实践的复杂性所决定的。

首先,工程管理实践是面向未来且新颖的活动。如当前数字化驱动背景下,工程管理的转型问题是一个面向未来的,需要设计的工作。

其次,管理环境的复杂多变。现实中管理环境往往是混乱的,缺乏充分定义,需要设计解决方案来实现企业目标。

最后,管理活动设计需要系统集成思维。管理者需关注的是全局性、系统层面问题。

(3) 由管理者的职责所决定的。管理者的职责是设计一个未来发展目标和实现策略来为组织创造价值。

3）工程管理设计的分类

工程管理系统设计通常分为：

（1）对象设计，如设计新的工程管理系统；策划、设计新的工程管理系统；设计一个符合工程总目标和实现策略的管理系统，或构建、改进管理系统；为了实现某一目标，进行管理体系建设，如质量管理体系、合同管理体系建设。企业的项目管理系统设计，包括相应的软件系统设计、建设工程项目系统设计以及相应的软件系统设计。

（2）对象实现过程的设计，针对如何将新的工程管理系统付诸实践中；如何对设计的软件在工程中进行应用的过程；对设计的标准化体系的应用过程。

（3）过程的设计，即对工程师或管理人员如何设计对象或对象实现过程进行设计。如管理人员如何设计工程管理系统，遵循哪些步骤、注意事项等。

在设计过程中，实践人员和研究人员的身份界限是模糊的，两者可以共同进行设计。

4）工程管理设计与工程设计的差别

设计性成果主要与工程科学逻辑紧密相关，如果采用该设计方案，在某条件下就能实现某种效果。其成果的可靠性通常在于验证设计成果能否实现既定的目标。但与土木工程技术设计不同（表7-3）。工程管理设计针对的社会技术系统，具有较为明显的开放系统特征，在此环境下，分析工具往往难以弥补个人和组织在决策、认识方面的有限理性。

表7-3　工程设计与工程管理设计的对比

类　　别	工 程 设 计	工程管理设计
系统的特征	部分的开放系统，系统构成充分定义，并且相互之间的关系能事先确定	开放系统，存在可观察与不可观察的系统要素，模糊的相互关系，不可预测系统要素行为
机理与设计产物的关系	确定性的功能性，基于物理规律	更倾向于随机行为，持续改变
分析工具的作用	高度的分析性，有精确的数据分析和工具支持	分析工具不能弥补个人和组织的有限理性

5）设计性课题的研究步骤

（1）背景。主要包括研究问题的确定和动机、确定解决方案拟实现的目标。确定具体的研究问题和陈述进行研究的价值，同时需要陈述解决问题的必要性和重要性等。

研究问题的界定也不完全是实践问题，也可能是有助于提高过往解决问题的方案的效率和效果等，如新的解决方案、新的实施方案、观察视角的变化等。

（2）文献综述。与这个研究相关的研究综述，如理论、实践等。如之前的研究是怎么解决该问题的，采用了怎样的方法进行解决，实现的效果如何等。

（3）设计和开发。需要明确设计的范围、准则和特殊性等，进行干预机制的作用机理分析，干预产生的作用形式，在什么背景下，这些机制才能发挥作用，如何实施，并阐述设计过程。

（4）展示。提供具体的设计方案，对设计方案进行系统的说明。

（5）评估。评估对设计的解决方案能否有效解决问题。

解决方案的评估可存在于四个层级：第一层级是设计的假设、数据和条件等可验证；第二层级是设计的方案能解释已有的数据；第三层级是设计的方法能指导试验环境的决策;第四层级是设计的模型能指导真实案例。

评估者可包括:①设计者自身进行评估;②被其他的研究人员在研究情境下进行评估;③被其他人员在使用情境下进行评估,如使用者;④多类型评估人员都参与的评估。

(6)结论。陈述重要的研究结论,以及重要的贡献等。

报告一般包括以下几个方面的内容(表7-4)。

表7-4　设计类研究的报告形式

组　成	描　述
背景	问题定义,问题的重要性及解决的动机,对关键的概念的介绍,研究问题和研究目标,研究范围,研究的理论和实践意义
文献综述	与这个研究相关的研究综述,如理论、实践等。如之前的研究是怎么解决该问题的,采用了怎样的方法进行解决
研究方法	采用的研究方法,为解决该问题进行的研究方案的设计
设计方案的呈现	对设计方案描述,以及设计的过程的描述
评估	收集数据进行评估
讨论	对结果的解读。分析结果对研究目标的回应程度,与之前研究的比较,理论和实践的重要性
结论	陈述重要的研究结论,以及重要的贡献等

7.3　工程管理行业发展前沿

2017年以来,中国工程院连续组织开展"全球工程前沿"重大咨询研究项目,围绕机械与运载工程、信息与电子工程、化工冶金与材料工程、能源与矿业工程、土木水利与建筑工程、环境与轻纺工程、农业、医药卫生、工程管理九个领域,按年度分析全球工程研究前沿和工程开发前沿,研判全球工程科技演进变化趋势。以数据分析为基础,以专家研判为依据,遵从定量分析与定性研究相结合、数据挖掘与专家论证相佐证、工程研究前沿与工程开发前沿并重的原则,凝练获得全球工程研究前沿和全球工程开发前沿。

2019年,在工程管理领域,《全球工程前沿2019》发布的工程研究前沿集中于以下十个部分(表7-5):工业4.0下的可持续发展研究、机器视觉驱动的施工管理、基础设施系统韧性、大数据在远程健康监测系统的应用、高速铁路网络对城市发展的影响、共享社会经济路径描述及其扩展、建筑信息模型与安全管理、能源互联网分析研究、"一带一路"倡议下的物流贸易和海运管理、用于能源交易的区块链联盟研究。

表7-5　工程管理领域十大工程研究前沿

序号	工程研究前沿	核心论文数/篇	被引频次	篇均被引频次	平均出版年月	常被引论文占比/%	被专利引用的文献占比/%
1	工业4.0下的可持续发展研究	22	486	22.09	2017.1	0.0	0.00
2	机器视觉驱动的施工管理	17	424	24.94	2016.5	0.0	0.00
3	基础设施系统韧性	28	691	24.68	2017.2	0.0	0.00
4	大数据在远程健康监测系统的应用	33	703	21.30	2016.1	18.2	0.00
5	高速铁路网络对城市发展的影响	34	771	22.68	2015.3	0.0	0.00
6	共享社会经济路径描述及其扩展	20	789	39.45	2016.5	0.0	0.00

序号	工程研究前沿	核心论文数/篇	被引频次	篇均被引频次	平均出版年月	常被引论文占比/%	被专利引用的文献占比/%
7	建筑信息模型与安全管理	8	100	12.50	2017.1	0.0	0.00
8	能源互联网分析研究	6	143	23.83	2017.0	0.0	0.00
9	"一带一路"倡仪下的物流贸易和海运管理	9	107	11.89	2017.5	0.0	0.00
10	用于能源交易的区块链联盟研究	5	108	21.60	2017.6	20.0	0.00

2020 年,中国工程院《全球工程前沿 2020》遴选出年度工程研究前沿 93 项和工程开发前沿 91 项。其中工程管理领域的十大工程研究前沿(表 7-6)包括：重大突发公共卫生事件下的医疗物资供应与配置研究、供应链韧性、重大工程社会责任研究、未来极端降雨条件下城市洪涝风险管理研究、协同驾驶控制与管理问题研究、基于区块链的工程管理研究、基于大数据的工业智能化研究、城市生命线系统级联失效模拟仿真与韧性耦合分析技术研究、电动汽车充电基础设施布局与优化研究、人工智能背景下的仿真优化研究。

表 7-6　工程管理领域十大工程研究前沿

序号	工程研究前沿	核心论文数/篇	被引频次	篇均被引频次	平均出版年月
1	重大突发公共卫生事件下的医疗物资供应与配置研究	10	133	13.30	2016.6
2	供应链韧性	33	963	29.18	2017.6
3	重大工程社会责任研究	34	643	18.91	2017.4
4	未来极端降雨条件下城市洪涝风险管理研究	10	1146	114.60	2016.7
5	协同驾驶控制与管理问题研究	44	1265	28.75	2016.9
6	基于区块链的工程管理研究	27	2835	105.00	2018.1
7	基于大数据的工业智能化研究	52	5322	102.34	2017.6
8	城市生命线系统级联失效模拟仿真与韧性耦合分析技术研究	17	120	7.06	2016.6
9	电动汽车充电基础设施布局与优化研究	51	3089	60.56	2017.1
10	人工智能背景下的仿真优化研究	17	195	11.47	2017.5

工程管理领域的十大工程开发前沿(表 7-7)包括：基于区块链技术的供应链管理系统与方法、基于高速率移动网络的远程诊疗系统与方法、面向城市安全的综合应急技术、基于大数据的流行病调查技术与方法、基于数字孪生的仿真系统及方法研究、基于物联网的农业跟踪监控系统、智慧城市数字孪生技术与方法、微电网优化智能调度系统、基于大数据的基础设施健康状态监测系统与方法、智能配送服务管理系统和方法。

表 7-7　工程管理领域十大工程开发前沿

序号	工程开发前沿	公开量/篇	被引数	平均被引数	平均公开年月
1	基于区块链技术的供应链管理系统与方法	15	43	2.87	2018.7
2	基于高速率移动网络的远程诊疗系统与方法	43	1865	43.37	2016.8

续表

序号	工程开发前沿	公开量/篇	被引数	平均被引数	平均公开年月
3	面向城市安全的综合应急技术	57	263	4.61	2018.4
4	基于大数据的流行病调查技术与方法	31	892	28.77	2017.0
5	基于数字孪生的仿真系统及方法研究	13	2	0.15	2018.9
6	基于物联网的农业跟踪监控系统	25	132	5.28	2016.7
7	智慧城市数字孪生技术与方法	28	7	0.25	2018.6
8	微电网优化智能调度系统	21	46	2.19	2018.1
9	基于大数据的基础设施健康状态监测系统与方法	14	33	2.36	2017.5
10	智能配送服务管理系统和方法	15	81	5.40	2016.0

《全球工程前沿 2021》遴选出 93 项全球工程研究前沿和 93 项全球工程开发前沿。其中工程管理领域的十大工程研究前沿(表 7-8)包括：人机协同决策中的人机信任与合作机制研究、基于区块链技术的数据安全管理研究、能源系统低碳转型管理与驱动机制研究、基于智能技术的建筑业可持续发展研究、信息物理融合系统风险与安全管理研究、网络平台治理方法研究、人工智能对产业转型和要素分配的影响研究、重大传染病疫情的建模与预测研究、万物互联下的人车路网云融合交通管理研究、战略性矿产资源全产业链复杂系统管理研究。

表 7-8　工程管理领域十大工程研究前沿

序号	工程研究前沿	核心论文数/篇	被引频次	篇均被引频次	平均出版年月
1	人机协同决策中的人机信任与合作机制研究	39	1121	28.74	2017.1
2	基于区块链技术的数据安全管理研究	27	1793	66.41	2018.9
3	能源系统低碳转型管理与驱动机制研究	66	6203	93.98	2016.7
4	基于智能技术的建筑业可持续发展研究	7	17	2.43	2020.0
5	信息物理融合系统风险与安全管理研究	37	1597	43.16	2017.4
6	网络平台治理方法研究	24	1359	56.62	2017.5
7	人工智能对产业转型和要素分配的影响研究	4	627	156.75	2017.5
8	重大传染病疫情的建模与预测研究	11	670	60.91	2017.2
9	万物互联下的人车路网云融合交通管理研究	30	901	30.03	2016.6
10	战略性矿产资源全产业链复杂系统管理研究	15	795	53.00	2016.5

工程管理领域的十大开发前沿(表 7-9)包括：基于大数据的疾病诊断与预测系统及技术、城市信息模型(CIM)与平台、基于区块链的质量信息追踪方法与系统、数据驱动大型工程建造环境风险技术及方法、能源智能优化管理方法、供应链金融风险管控平台、智能可重构制造技术及系统、面向航天领域的智能规划与调度基础软件开发、区块链智能合约开发、智能仓储管理方法与装备。

表 7-9　工程管理领域十大工程开发前沿

序号	工程开发前沿	公开量	引用量	平均被引数	平均公开年月
1	基于大数据的疾病诊断与预测系统及技术	127	129	1.02	2018.9
2	城市信息模型(CIM)与平台	42	245	5.83	2016.9
3	基于区块链的质量信息追踪方法与系统	17	3	0.18	2019.9
4	数据驱动大型工程建造环境风险技术及方法	33	100	3.03	2017.2
5	能源智能优化管理方法	125	890	7.12	2016.7
6	供应链金融风险管控平台	106	496	4.68	2018.8
7	智能可重构制造技术及系统	39	1803	46.23	2016.5
8	面向航天领域的智能规划与调度基础软件开发	41	262	6.39	2017.2
9	区块链智能合约开发	50	55	1.1	2019.8
10	智能仓储管理方法与装备	75	370	4.93	2216.5

思考题

1. 试分析解释类研究和设计科学研究之间的联系和区别。

2. 试论述工程管理在哪些场景下适合采用解释类研究,哪些场景下适合采用设计类研究。

3. 试论述工程管理研究前沿和科学研究前沿来源的异同点。

参考文献

[1]　成虎,宁延.项目管理导论[M].北京:机械工业出版社,2018.

[2]　中国工程院全球工程前沿项目组.全球工程前沿 2021[M].北京:高等教育出版社,2021.

第8章

工程管理案例

8.1 SQ 汽车集团的服务型制造工程——基于技术创新与商业模式创新的现代工程模式

8.1.1 工程策划——发展服务型制造的环境分析

SQ 汽车集团[①]是中国主要的重型商用卡车企业,主要从事重型军用越野车、重型卡车、中轻型卡车、大中型客车、微型车、重微型车桥、发动机及其零部件的开发、生产、销售及相关的汽车服务贸易和汽车金融业务。SQ 汽车集团的商用车门类齐全,并且在重型卡车市场居于领先地位。

在我国,重型卡车行业与国家宏观经济发展状况,尤其是固定资产投资密切相关。在2009 年全球金融危机的影响下,中国政府实施了 40000 亿经济刺激计划,公共工程大幅增加,使得重型卡车行业销售量达到了 100 万辆的新高点,各大制造商竞相扩充产能。然而经济刺激过后,2011 年、2012 年连续两年重型卡车行业销量分别萎缩至 88 万辆和 63 万辆(图 8-1)。大量产能难以释放,开工率严重不足,利润下滑严重,SQ 汽车集团的发展速度也急剧下滑,企业步入困难时期。企业面临如下的外部挑战。

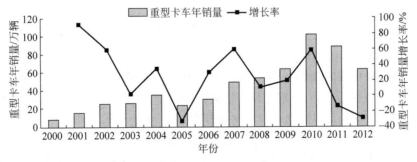

图 8-1 2000—2012 年中国重型卡车行业总销量

（数据来源：中国汽车工业信息网）

---

① SQ 汽车集团：陕西汽车集团。

（1）原材料价格持续上涨。在重型卡车产品的成本构成中,钢材是原材料成本的主要构成部分,占生产成本的10%左右。2008年以来钢材、橡胶等原材料以及燃料动力价格持续上涨,导致企业生产成本不断上升,给重型卡车企业带来了一定的盈利压力。

（2）劳动成本不断上升。近年来,随着经济发展方式的转型和中国人口红利的消失,劳动力成本不断上升,已经对重型卡车行业形成严重压力。

（3）竞争对手持续增加。以德国奔驰为代表的外资商用车厂商,利用其技术和品牌优势,通过和国内厂商合资,利用中方合作伙伴的低成本和渠道优势进入中国。同时,也有国内厂商通过引进先进技术,实现产品升级。例如,东风商用车引入雷诺发动机技术,一汽解放引入日本日野变速器技术,福田汽车与奔驰进行合资生产整车以及发动机等。全国重型卡车制造企业多达23家以上。

在激烈的市场竞争下,重型卡车行业生产一度呈现出三大集团的态势,部分企业开始逐渐被市场淘汰,处于第二梯队的福田戴姆勒和SQ汽车集团的份额逐年上升,侵蚀了行业前三的市场份额,行业前三的集中度呈逐渐下降的趋势,第一梯队与第二梯队之间的界限逐步缩小,第一、第二梯队之间的竞争将随产品、质量高度同质化而加剧(图8-2、图8-3)。

彩图 8-2

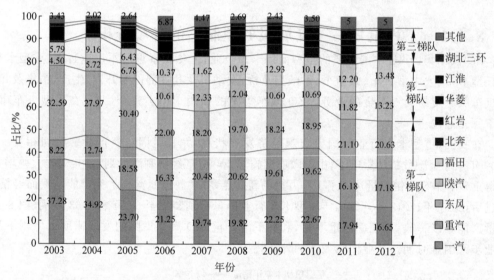

图 8-2　我国重型卡车行业竞争格局

（4）技术同质化。中国市场上主要的重型汽车生产商——中国重汽、SQ公司、川汽公司等,在计划经济时代都曾属于一家公司——中国重汽联营公司。2007年,该公司在严重亏损局面下解散为三家企业,分别是位于济南的中国重汽、位于陕西的陕西重汽和位于重庆的重庆红岩汽车。它们均以斯太尔技术平台研制生产重型卡车,均取得一定的成绩。在国内斯太尔技术平台发展壮大背景下,中国重型汽车市场形成了以潍坊柴油机公司或杭州发动机公司生产的发动机、陕西法士特公司生产的变速器,以及各家共享的斯太尔技术双级减速车桥为核心的重型卡车产品,占据重型卡车市场主导地位的局面,斯太尔车桥被誉为行业的"标准件"。各家企业共享技术平台和供应商体系,使得市场上的重型卡车产品技术水平差异小,产品同质化现象严重。

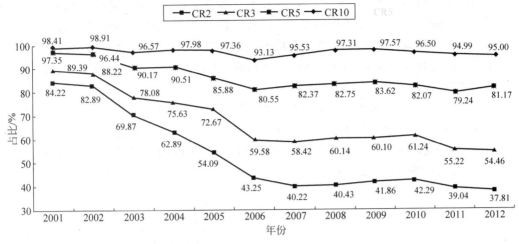

图 8-3　我国重型卡车行业集中度

（数据来源：中国汽车工业信息网）

8.1.2　工程决策——服务型制造战略决策

SQ汽车集团通过对经营环境的深入分析,结合国内外先进企业的产业转型经验,认为服务型制造战略是带领企业走出传统红海、突破增长难题的最理想战略选择。在移动互联网、物联网、云计算等新一代信息技术快速发展的背景下,基于互联网＋重型卡车全寿命周期产品服务系统,构建商用卡车价值创造生态体系,全面实施服务型制造工程,推动新一代信息技术与制造产业的融合,推动制造业与服务业的融合,是SQ汽车集团摆脱同质化竞争的重要路径。其具体原因有以下五个方面。

第一,客户的议价能力不断提升,需求日趋复杂,更关注经营全过程的价值最大化,期望获得全套解决方案。第二,服务型制造是企业摆脱价格战红海竞争,创造竞争蓝海的新模式、新机遇。服务型制造是真正以客户为中心的战略,是实现客户价值,促进差异化竞争优势的利器。第三,重型卡车行业高能耗、低效率的现状不可持续,"产融结合、两化融合、产业融合"成为重型卡车行业转型升级的大方向。第四,服务使得重型卡车行业能够缓解经济周期波动带来的影响,促进企业经营的稳健性。服务附加值高,和客户重复交易,具备有效"熨平"市场波动影响的功能。第五,汽车后服务市场机会巨大,是增长的"蓝海"。对照国外制造业企业、重型卡车企业发展历程,其核心利润和客户黏性多在后市场服务领域获得。汽车后市场服务蕴含巨大的商业机会。一辆重型卡车在制造环节的产值为40万～50万元,但在其6年左右的寿命周期中产生的相关需求价值为500万～1000万元。因此,在重型汽车制造的基础上,向后市场延伸,扩充与重型卡车相关的服务,延伸产业链,将有可能创造出更大的市场空间。

SQ集团提出了服务型制造战略,实施基于"互联网＋"的服务型制造工程,开发基于"互联网＋"的重卡产品服务系统,形成制造与服务互动、信息技术与传统制造深度融合的服务型制造模式。首先,在企业的价值观上,倡导以客户价值最大化为企业的根本出发点。提出两个转变的经营理念:①从传统的以产品为中心的企业,向以客户为中心的企业转变;②从单一的产品制造商,向整体解决方案供应商转变。从而彻底推动企业从传统的只关心产品制造的模式向关注产品全寿命周期、关注客户经营全过程模式的转变。在经营理念转变的过程中,面向产品全寿命周期和客户全经营过程,全面发掘客户的价值创造需求,寻找企业价值创造的裂隙。与此同时,在企业内外部推进以生产、营销等系统的价值链优化,拓展增值服务以提升客户体验,基于"互联网＋"构建良性增值的生态系统,为客户提供公路物流整体解决方案,从而实现企业的两个转变。

　　SQ 汽车集团规划的服务型制造工程的实施从两条路径展开:一是产品升级,即现有价值链职能环节的改革升级;二是商业模式转型升级,即后市场服务业务的拓展、产品与服务协同(图 8-4)。这两条路径均是基于对客户需求的精准把握和满足,且只有两条路径齐头并进,方可实现向客户中心型企业转型的总目标。

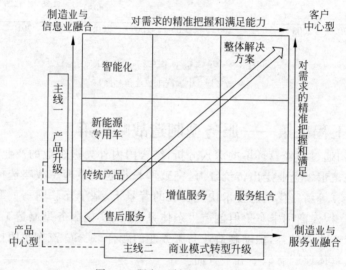

图 8-4　服务型制造工程的规划

　　SQ 汽车集团的服务型制造工程实施分为三个阶段:单一产品销售、产品＋增值服务、整体解决方案。转型前,公司与客户只是简单交易关系,信息传递以反馈为主,公司内单向传递。转型后,公司与客户是密切的合作伙伴关系,公司内各环节共同关注客户,深入挖掘需求。

　　服务型制造工程以客户价值最大化为出发点,寻求未被满足的客户需求,帮助客户创造价值,降低运营成本,提升管理水平。基于客户价值创造中所面临的困难,SQ 汽车集团将其重型卡车和汽车售前、售后以及运营过程中所需的价值创造服务进行整合,形成整体解决方案提供给客户,从而使得 SQ 汽车集团将传统上一次性销售的重型卡车,升级为一个搭载了丰富服务内涵的平台,源源不断为客户提供物流过程服务,形成密切互动关系,从而锁定客户,形成企业核心竞争力。

　　SQ 汽车集团以客户需求为牵引,推动企业价值创造过程的重塑,优化研发、生产、营销,形成协同价值创造体系。向客户提供产品服务系统,需要企业在整个价值链上的运行方式进行重构和优化,整合新的服务供应商,改进产品设计,促进营销、生产、研发和服务的协同,重塑企业内部组织结构、业务流程和企业文化,形成与外部合作伙伴协同共赢的局面。

SQ汽车集团拓展增值服务,提升客户价值:以重型卡车产品为核心,沿着重型卡车运营全寿命周期,拓展服务产品。重型卡车企业拥有的客户群体与成熟的渠道,依托已有的客户基础和销售渠道,理解客户在购车、运营、维修、保养、升级等经营过程中的需求,拓展企业的服务种类,将开拓的增值服务与产品打包,通过提供整体解决方案,提升客户价值,优化客户体验,实现客户忠诚。

SQ汽车集团搭建合作价值共创系统,整合分散化的社会服务资源,形成价值创造生态系统,协同为客户提供整体解决方案:通过识别整体解决方案中的增值服务,将SQ汽车集团定位成价值解决方案所需资源的整合型平台,以合作共赢的姿态,吸引社会合作伙伴加入平台,形成共生共赢的价值创造生态系统,为客户提供全面解决方案。

8.1.3 工程实施——服务型制造战略落地

1. 价值实现方式转型——面向客户价值创造的产品服务系统开发

SQ汽车集团在向服务型制造转型过程中的出发点是客户需求,改变传统以产品为中心的开发理念。重型卡车作为一种资本品和生产工具,其本质是为客户创造利润,从这个意义上说,客户最根本的需求并不是卡车本身,而是如何合理运用重型卡车投入生产经营,获得持续的收入和高水平的利润。因而,重型卡车的技术改进、服务的提供,都应该围绕着客户的价值创造过程展开。因此,SQ汽车集团在传统产品开发的基础上,提出面向客户的价值创造全过程,开发客户价值创造解决方案的汽车产品服务系统开发理念。首先,SQ汽车集团从重型卡车用户的价值创造过程出发,提出了重型卡车的客户价值公式(图8-5)。

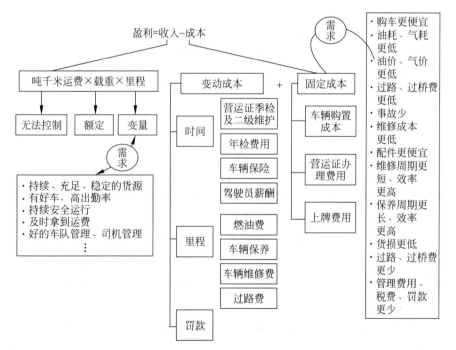

图8-5 重型卡车客户价值公式

重型卡车客户价值公式的目标函数增加客户盈利,这包括两个途径:①增加客户收入;②降低客户经营成本。进一步对这两个子项进行分解,可以得到增加客户收入的途径:①为客户提供充足的货源信息;②减少车辆自重,增加有效荷载;③提升车辆出勤率;④及时获得运费款项;⑤良好的车队与司机管理。降低客户经营成本的途径则更多:①购车更便宜,更便捷;②更低的燃油成本;③更低的维护成本(配件价格、维护费用、维修效率高等);④更少的货损;⑤更低的道路通行成本(过路、过桥费,交通罚款等)。围绕以上客户需求,SQ 汽车集团开发了基于车联网的公路物流云服务系统,推动传统商用卡车升级为智能物流产品服务系统,切实为客户创造价值(图 8-6)。

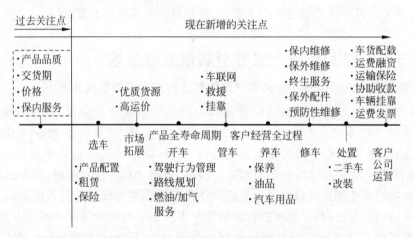

图 8-6　产品全寿命周期、客户经营全过程的客户需求

在增加客户收入方面,SQ 汽车集团基于其在传统重型卡车上添加基于车联网技术的天行健车联网服务系统,首先建立车辆位置和运输过程透明化监控服务系统,解决了车主货主关于运输过程信息不对称导致的交易成本高、运输过程失控等问题。通过解决车主货主对于安全和成本的核心需求,吸引大量车主货主使用该系统,从而聚集了大量的用户。在此基础上,构建基于车联网的车货匹配服务系统,帮助车主货主实现供需对接,减少车辆的闲置率;基于对客户车辆运行状态的实时监控与远程控制,SQ 汽车集团为客户提供运费融资、运输保险、车辆挂靠与运费发票开具、运费票据抵押、协助收款等服务。同时,通过汽车的轻量化设计,降低车辆自重,帮助用户增加车辆有效载荷。

在降低客户经营成本方面,基于车联网服务,SQ 汽车集团整合分散化的车辆资源,为司机提供高速公路沿线的燃油团购服务,帮助客户降低燃油费用;同时,基于车联网服务系统智能诊断车辆状态,将需要修理的车辆推荐到协议维修站,为客户提供基于正品配件和团购价的车辆预维修服务,降低车辆维护保养成本。同时,针对中国高速公路和城市道路普遍对重型货车运行时间和线路的限制,提供货车专用导航服务,避免司机跑冤枉路,绕远路。在购车环节,SQ 汽车集团为客户提供车辆按用途定制服务,并基于车联网服务提供无抵押购车融资,极大地降低了用户购车门槛,扩大了市场需求。

2. 产品转型——基于车联网的商用车产品服务系统

通过对客户价值创造公式的分析,结合政府对交通运输行业的监管要求,以及以互联网、物联网和移动互联网为代表的新兴信息技术和制造业的融合,SQ 汽车集团提出以车联网为切入点,开发商用车产品服务系统。

第一,服务型制造作为一种新的商业模式,牵引着 SQ 汽车集团在产品、服务与技术上的深度融合。车联网作为物联网与互联网技术的深度融合的产物,融入了大量软件技术和信息服务内容的新型管理服务网络。从本质上,它建立了公路物流全寿命周期利益相关者的普遍互联和无缝化、透明化的信息沟通系统,它利用智能化传感技术、网络技术和无线通信技术,收集、处理和共享交通运输过程中的各类海量信息,从而实现"人—车—路—环境—社会"的互联互通,达到智能化识别、定位、跟踪、监管和推送服务目的的网络。这种多主体互动的产业生态系统,为领先型企业提供了资源整合和利润创新的机遇。

第二,国家政策为车联网发展提供了良好的制度环境支持。根据国家交通运输"十二五"规划,国家将推进城市物流公共信息服务平台建设,整合物流服务供需双方信息资源,提供政府公共信息、物流交易信息和增值信息服务。推广城市智能运输系统建设,全面强化城市货运信息化,加强对货运过程的监管,提升货运安全水平,作为朝阳产业以保障车联网健康有序发展。2013 年 2 月 17 日,国务院发布了关于推进物联网有序健康发展的指导意见。相关政府部门加大了对车联网的产业扶持、引导和协调力度,进一步完善了对车联网的产业规划,构建总体思路及框架,在重大专项方面通过财政方式引导产业科研规划方向。此外,相关部门和企业机构均积极投身于研究制定开放、安全、可信的车联网协作平台,积极协调和制定车联网相关标准体系。政策的高度支持,使得车联网作为物联网的一项重要应用,将迎来黄金发展机遇。

第三,中国市场不断增长的汽车保有量为车联网服务的增长提供了强劲基础。ABI Research 公司对车联网市场的研究表明,中国车联网行业将进入高速增长期。2010 年以来中国车联网服务市场年均增长率为 20%～60%,根据亿欧智库对于中国车联网行业渗透率的预测,2026 年车联网市场规模有望超过 8000 亿元。良好的增长态势逐渐让车联网成为车企战略聚焦点。从商用车市场看,基于车联网技术的移动应用、智能化和信息化的服务,可以帮助用户及时获取货运信息、降低油耗、促进安全、增加营收及实现精细化管理,并为用户创造更多价值,会增加用户对车联网平台和服务的依赖和重视度,同时促进整车销售。车联网对整车企业、用户和车联网平台运营和服务商而言是一条共赢之路。

第四,政府监管及产业政策要求发展车联网。①《道路交通安全"十二五"规划》力促车联网发展。《道路交通安全"十二五"规划》要求:截至 2015 年,公路客运车辆、校车动态监管装置安装使用率达 100%;重中型货运车辆动态监管装置安装使用率达 95%;90% 的货运企业建立监管机制;建成道路货运车辆公共安全监管与服务平台;全国 75% 设区的市和60% 的县建成动态监管平台(或监控端)。②《国务院关于加强道路交通安全工作的意见》要求重型商用车必须联网联控。③2012 年 12 月 31 日,交通运输部下发《关于加快推进"重点运输过程监控管理服务示范系统工程"实施工作的通知》,要求示范省份的所有新进入运输市场的重型载货汽车和半挂牵引车加装北斗兼容车载终端,并接入全国道路货运车辆公共监管与服务平台;鼓励农村客运车辆安装北斗兼容车载终端。④交通运输部 5 号令为车联网卫星导航市场增量百亿元,要求整车出厂前装车联网产品。可以看出自 2011 年至今,政府出台的一系列道路安全监管政策逐渐趋严。以此为契机加快智能化和信息化车联网系统的开发和应用推广,有助于减少安全事故隐患,提升智能交通水平,并带动车联网行业迅速发展。

第五,车联网是商用车企业后市场增值服务体系基础建设的首要条件。重型卡车作为生产性资料,随着产品竞争及制造企业客户价值主张的根本性变革,企业已从单纯聚焦产品逐渐转向能为用户带来低成本、高附加值服务的产品方案。而车联网蕴含的服务创新无疑是其中重要的增值领域。奔驰研发中心数据显示,重型卡车从购买到报废的寿命周期中,其综合运营成本占总成本的90%。因此,传统的、单一的产品和售后服务已不能满足用户需求,而关注重型卡车全寿命周期和运营全过程成为重型卡车企业为客户提供增值服务,实现服务转型的必由之路。

在此过程中,车联网服务创新的客户价值包括:①从车辆本身出发,通过车联网技术实现对车辆运行数据挖掘,制定节油、安全驾驶综合解决方案,促进产品研发和营销能力的提升,可实现产品全寿命周期的监控。②车联网管理系统帮助运输企业实现对车辆和驾驶员的动态、透明监管和咨询服务,搭建了整车厂与终端客户沟通的桥梁,即通过"两个关注"——关注产品全寿命周期、关注客户经营全过程,切实地发现、满足和创造客户需求,融合制造手段和服务理念,为客户提供定制化的整体解决方案,持续为客户创造最大价值。③开发的服务平台和数据应用可引导第三方车联网服务商即汽车远程服务提供商(telematics service provider,TSP)为运输企业和个人提供更多的增值服务,既能提高用户黏性和忠诚度,又能发掘更多的商业机会,为企业带来更多盈利点。

综上所述,充分发挥"互联网+"的分散化资源整合,专用化资产共享,远端资源云端化透明管理和协同运营等特点,基于车联网构建商用卡车联网服务系统,在全国范围内整合车主、货主、物流公司、货场、加油站、维修站、销售商、监管方等资源,为卡车用户提供信息化管理、服务方案,帮助用户更高效、更富竞争力地从事物流运输,帮助用户实现价值最大化,满足国家对重型商用载货车的监管要求,建立起了一个多利益相关方合作共赢的产业生态系统,是SQ汽车集团实施服务型制造的可行之路。为此,SQ汽车集团以车联网系统开发为起点,逐步构建公路物流云服务系统,形成了SQ汽车集团基于车联网的产品服务系统生态体系(图8-7)。

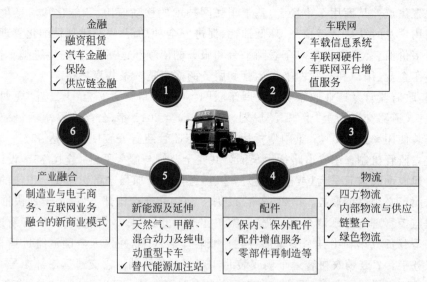

图8-7　SQ汽车集团基于车联网的产品服务系统生态体系

3. 营销转型——从产品销售到价值营销

在营销模式上,SQ汽车集团从传统的单一价格竞争模式,逐步转型为价值营销模式。

营销的起点,不再仅仅是企业的产品,而是客户的价值创造需求。通过挖掘客户价值创造需求,基于企业产品和合作伙伴的资源,为客户提供定制化的产品服务系统解决方案,帮助客户实现价值的最大化。这种模式使得客户不再仅仅从 SQ 汽车集团购买一个产品,仅仅追求低价格,而是让客户购买到一个盈利方案。客户的关注点逐步转变到这个盈利方案的价值上来,愿意为高价值的盈利方案付出更高的价格。

深圳市飞马国际供应链股份有限公司(简称"飞马国际")主营业务为供应链管理服务,包括综合供应链服务、有色金属供应链服务、塑化供应链服务和煤炭供应链服务。在对飞马国际进行调研分析后,SQ 汽车集团认为飞马国际的核心需求为低成本的金融支持、稳定的货源以及更高效的运营管理。据此,SQ 汽车集团为飞马国际提供了以下解决方案。

①定制化购车融资方案:SQ 汽车集团为飞马国际提供了低利率、低首付和超长融资租赁期限等最优惠的金融方案,有效地缓解了该公司的资金压力,使公司在满足金融需求的同时,推动煤炭供应链业务的快速增长。②货源解决方案:为了使飞马国际取得稳定的货源,SQ 汽车集团协助飞马国际与同煤集团、中煤能源、神华集团等煤炭企业和中国国电集团、中国华能集团、中国华电集团、中国大唐集团等发电集团建立了合作关系,有效地推动了飞马国际煤炭供应链业务的顺利开展。③定制化的车队管理方案:针对飞马国际购置的 SQ 天然气重型卡车在运营过程中的管理需求,SQ 汽车集团为飞马国际车队安装了 SQ 汽车集团自己研发的天行健车联网服务系统,实现车辆位置监控调度、司机行为监控、节能降耗及人车货安全,大幅提升运营效率。

从飞马国际的价值创造需求出发,开展产品服务系统解决方案的营销,使得客户对 SQ 汽车集团提供的方案满意程度大大提升,双方取得了共赢。

SQ 汽车集团价值营销的核心,是从客户的运营环境和价值创造需求出发,从显性和隐性两方面挖掘客户需求,为客户提供整体解决方案。除常规性的车辆选购、售后服务等显性需求解决方案以外,还提供第四方物流服务、车联网服务、金融服务、LNG 供应及配件、车队智能管理服务等,进一步促进了服务业务的拓展及增长(图 8-8)。

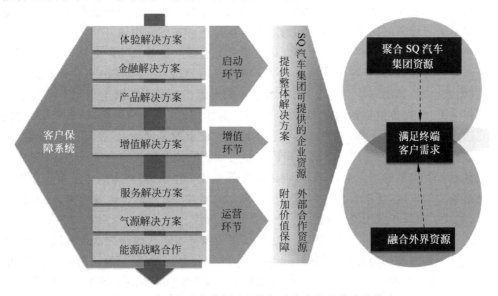

图 8-8 基于客户价值创造整体解决方案的价值营销模式

8.1.4　组织体系再造——德银平台建设

实施服务型制造工程,发展服务模式,对 SQ 汽车集团的传统的以产品生产为中心的组织体系形成了重大挑战。传统制造企业以产品为中心的组织模式,难以适应服务型制造以客户为中心的要求。为了确保服务型制造得以顺利落地,SQ 汽车集团自 2009 年起,实施了一系列组织体系再造。

在服务型制造战略提出伊始,SQ 汽车集团就成立了智能服务中心,从企业内外部专门招募互联网、IT 服务及汽车服务等领域的专门人才,并和第三方合作伙伴合作,开发车联网服务系统。车联网服务系统历经两年开发并成功上线后,服务业务初见成效。在智能服务中心基础上,SQ 汽车集团于 2011 年成立的德银融资租赁公司,依托车联网业务开展汽车金融服务。

德银融资租赁公司肩负着 SQ 汽车集团服务型制造战略的使命,作为后市场整体解决方案的提供商,德银公司以客户价值最大化为出发点,通过与合作方的和谐共处、价值共享,建立起共生共赢的商业新生态、新平台,同合作方一道共同为客户提供了系统化的整体解决方案,为企业整体运营打造出差异化的竞争优势。

德银公司先期从金融服务、供应链管理服务、整车销售等业务入手,并不断拓展保险业务、二手车相关业务、车队智能管理等后市场业务,为客户提供量身定制的购车融资解决方案及产品全寿命周期服务,实现了客户与合作伙伴价值的最大化。德银金融平台开发的产品有厂房设备融资租赁方案、定制化购车融资方案、定制化保险及商业保理等多种金融方案,在以金融服务为切入点的基础上,公司还打包提供其他后市场服务及综合解决方案。德银公司目前正在积极筹建汽车金融公司,未来金融业务将作为其重要的业务板块及利润增长点,更好地服务供应商、经销商、终端客户及 SQ 汽车集团各子公司等产业链的相关客户。

通过德银融资租赁等方式,大幅提升车联网服务系统在线数量后,SQ 汽车集团进一步建立了基于"互联网+"的供应链管理平台,并和第三方公司成立了天行健车联网公司,全面扩大搭载了天行健车联网的车辆数量,为物流与供应链业务的全面铺开奠定基础。

以德银融资租赁为母公司,在上海洋山港成立远行供应链管理有限公司,在上海浦东成立德银商业保理有限公司,在陕西成立中交天健车联网公司,全面为客户提供运输过程透明化监控、物流金融、第四方物流等服务,以 SQ 汽车集团产品和 SQ 汽车集团产品上下游的产业延伸为基础,以价值创新为动力,以利益均衡为原则,以服务为手段,通过资金平台、现代信息技术以及全新商业模式的支撑,整合优化供应链上的经销商、服务商、物流企业、厂家及客户等资源,形成了一个以 SQ 汽车集团产品为轴心的公路物流综合解决方案,建立了一个高效且具有附加值的协同合作平台,促进合作各方在合作主体、资本运作及市场业务等方面实现跨越式的发展,帮助合作各方进一步降低运营成本、提升整体运营效率,进而提高市场份额,实现了市场扩张策略,创造出了更大的商业价值。

与此同时,德银融资租赁公司作为 SQ 汽车集团服务型制造战略的落地实践者,还通过多种方式吸引各方参与为客户提供整体解决方案的平台中,实现了分散化的资源整合,使得 SQ 汽车集团成为行业价值链的整合者。借助于中国企业 500 强——SQ 汽车集团的综合实力,德银融资租赁公司与民生银行、招商银行、光大银行、浦东发展银行、上海银行及长安银行等多家金融机构达成了战略合作关系,累计授信额度逾50亿元,构建起强大的资金平台,实现了金融服务中资金需求、技术需求等方面的合作。借助SQ汽车集团庞大的渠道体系,德银融资租赁公司迅速与百家经销商建立起了长期合作伙伴关系,在全国范围内进行了合理的业务布局,在客户需求收集、销售、服务等方面积聚了优势资源,成长的速度远超同行业其他公司的水平。

8.1.5 工程绩效评估——SQ汽车集团实施服务型制造的绩效

通过实施服务型制造工程,自2013年以来,SQ汽车集团在行业增长乏力的情况下,业绩不断增长。SQ汽车集团商用车车联网云服务系统逐步发展成为公路物流行业的资源整合者,多方合作主体在云服务系统的支持下,为SQ汽车集团源源不断地创造出新需求、新市场和新利润,企业业绩获得了长远增长。

2014年上半年,SQ汽车集团公司取得重型卡车行业增速第一的骄人业绩。实现汽车产销63 000万辆,同比增长14.6%,其中:重型卡车61 523辆,同比增长16.22%,增速高于行业水平9%;市场份额14.34%,同比增加1.2%;营业收入201亿元,同比增长17.5%;净利润2亿元,同比增长144%;工业总产值313亿元,同比增长15.5%。截至2014年年底,天行健车联网系统的车载智能终端安装80 000台,2015年1—9月安装9.5万台。到2015年,SQ汽车集团的收入构成中,服务业务的收入占比达到1.85%,而利润占比达到43%左右。截至2022年,SQ汽车集团车联网服务系统入网车辆达到90万辆,基于车联网的产品服务系统解决方案年营业收入超过30亿元。

8.1.6 案例小结

SQ汽车集团服务型制造工程的实施,带动了其运营模式及盈利模式的转变(图8-9)。

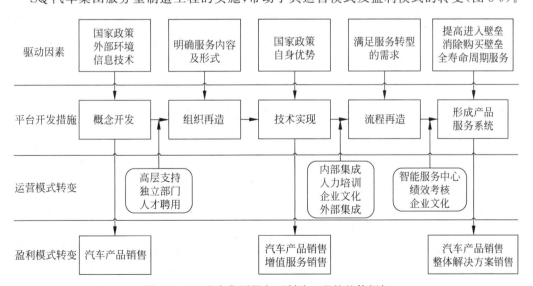

图8-9 SQ汽车集团服务型制造工程的整体框架

SQ汽车集团服务型制造工程推动了企业的变革,主要体现在客户细分、价值主张、渠道、客户关系、盈利模式、核心资源、关键业务、重要合作及成本结构九个方面(表8-1)。

表 8-1　SQ 汽车集团服务型制造变革

商业模式维度	传统汽车制造企业	服务型汽车制造企业
客户细分	按照地理区域细分 按照载货车、越野车、自卸车、牵引车、专用车等车辆细分	按照客户对服务产品需求的成熟度 按照客户所服务的行业细分
价值主张	产品价格	客户经营全过程、产品全寿命周期内总成本最低或总价值最大化
渠道	经销渠道(一级、二级)	经销渠道、针对大客户的直销渠道
客户关系	一次性交易的博弈关系	高度黏性、高忠诚度的合作关系
盈利模式	汽车产品销售	汽车产品销售、增值服务销售、整体解决方案销售
核心资源	生产制造设备等固定资产	满足客户经营全过程、产品全寿命周期内的客户需求而整合的资源
关键业务	汽车产品制造与销售	第四方物流、汽车金融、车联网
重要合作	供应商、经销商、服务商	供应商、经销商、服务商;燃料供应商、用户、货主单位、金融机构等政府部门
成本结构	以汽车零部件及原材料采购为主	为客户提供经营全过程、产品全寿命周期内的增值服务的产品开发、资源整合等

　　SQ 汽车集团,从传统的以产品为中心的企业,转变成为一个面向产品全寿命周期,为客户提供覆盖其全经营过程的综合性解决方案企业,其本质是将技术创新、商业模式创新和运营模式创新进行有机整合,实现工程管理模式创新——构建现代科技工程、制造工程与服务工程的融合体系。在这个过程中,企业逐步从传统的制造工程模式,转变成为面向产品服务系统全寿命期运营的创新型工程模式。这种转变在市场需求变化的驱动下,通过再造企业的产品模式、组织模式、生产模式、服务模式、合作模式和盈利模式,使得企业真正成为一个面向客户的个性化需求,优化组合形成定制化的产品服务系统解决方案及其运营支持体系,实现客户价值和企业价值共同创造的体系,这个体系体现了现代工程的系统性、建构性、创新性、集成性、社会性和效益性。

8.2　港珠澳大桥岛隧工程全方位风险管控

　　基于岛隧工程开创性、探索性和不确定性等工程特性,岛隧工程项目总经理部深刻认识到风险对工程的影响以及风险管理对于工程成功建设的重要性。为确保工程目标的顺利实现,项目总经理部以风险驱动为核心思想,塑造风险文化统一全员风险认知、以风险库建设实现动态循环管理、以风险管理活动推动决策科学化、依靠技术创新防范化解重大风险反馈与持续改进引导施工标准化,实施全方位风险管控,最终实现岛隧工程风险全面受控,形成了一系列丰硕成果,对高风险、超大型的工程项目风险管理有一定借鉴作用。

8.2.1　工程概况

　　2018 年 10 月 23 日,港珠澳大桥开通仪式在珠海隆重举行,这座历时 8 年建成的超级工程正式通车。港珠澳大桥位于珠江口区域,东接香港特别行政区,西接广东省珠海市和澳门特别行政区,全长55 km,包括海中桥隧工程、香港、珠海和澳门三地口岸以及香港、珠海和澳门三地连接线三大部分。

其中,海中桥隧工程采用碛石湾-拱北/明珠的线位方案,路线起自香港大屿山碛石湾,接香港口岸,经香港水域,沿23DY锚地北侧向西,穿(跨)越珠江口铜鼓航道、伶仃西航道、青州航道、九洲航道,止于珠海/澳门口岸人工岛,总长约42 km,包括粤港澳三地共同建的主体工程(长约29.6 km)和香港段(长约12 km)两大部分。穿越伶仃西航道和铜鼓航道段约6.7 km采用隧道方案;为实现桥隧转换和设置通风井,隧道两端各设置一个海中人工岛(东、西人工岛)。海中隧道、东西人工岛及接合部非通航孔桥共同组成了岛隧工程。

岛隧工程是港珠澳大桥的关键控制性工程,其中海底沉管隧道是我国首条在外海敞开水域环境下建设的沉管隧道,是目前世界上最长的、隧道断面最大的、单根管节最重的公路沉管隧道,也是国际上公认的综合建设难度和技术挑战程度最高的沉管隧道。岛隧工程的高质量建成对行业发展具有重要意义:其一,使我国由沉管领域技术相对落后的国家跃升为技术领先国家之一,通过技术创新和装备研发填补国内沉管工程领域多项空白,实现了技术跨越式发展;其二,依托工程广泛开展科研合作,大规模集成应用先进科研成果,形成了产学研协同创新平台;其三,培育了一批"大国工匠"和行业领军人才等宝贵人才,充实了我国工程建设队伍;其四,树立了我国的工程品牌,塑造了中国工程师新形象,为参与国际竞争和"一带一路"建设提供了信心和基础。

8.2.2　风险管控全方位实施

岛隧工程风险管控融入了工程建设各环节、各层级、各部位,统一全员风险认识,实现以风险为导向的动态循环管理,不断推动决策科学化和持续改进,实现风险管控全覆盖,确保岛隧工程风险可控,实现对工程质量、安全的不懈追求。

1. 塑造风险文化统一全员风险认知

风险管理的关键是统一思想认识,将风险意识传递到施工现场每个一线作业人员,从领导到一线工人共同拧成一股绳,对每一项工作都时刻保持危机感,将"控风险"作为日常行为习惯,从而提高自我管理的意识和主动性。

1) 形成"千人走钢丝"共识

将安全、质量和环保的管理理念融入风险管理中,以项目总经理作为风险管理最高指挥,统一管理层、各工区和各一线作业人员对于风险的认知,从工程成功的角度认识风险管理的意义,形成"千人走钢丝"的共识,如图8-10所示。"千人走钢丝"强调全员"忧患意识"的形成,"谨慎""失误零容忍"的行事态度以及自我风险素养的提升。为了控制风险,岛隧工程将每一道

图8-10　"千人走钢丝"

工序、每一项新材料或新设备使用都作为头等大事来抓,编制预案、谨慎实施,细致把控。同时每一项施工标准部要求极致:世界同类工程基础整体沉降一般在15~25 cm,而岛隧工

程沉管隧道基础整体沉降不超过 5 cm；隧道内部装饰设计常规用两张图纸就足以表达，而岛隧工程细化出 30 多张图纸；一枚纽扣大小螺栓的增加或取消都要经过反复比选、充分论证。岛隧工程时刻强调"千人走钢丝"的意识和态度：既不能回头，又不能失足一步，只能时刻保持如履薄冰、如临深渊的紧张状态。开展风险管理工作，无论是对人员、对装备，还是对管理都不能有丝毫的放松和懈怠，强调这是每一个员工都应达成共识的首要问题。

"千人走钢丝"强调超前谋划，通过提前找问题，提前解决问题，才能使工程不出现问题，每一个员工持有"怀疑"的态度，在每一项工作开始前先考虑风险是否会发生，以及应当采取怎样的手段去控制可能发生的风险。在岛隧工程中，所有施工方法都提前预判其可行性和可操作性，强调试验先行，对于高风险的重要分项或工序，在施工前进行多次演练，在一次次超前谋划中辨识给定的方案和工艺的正确与否，甚至采取反向论证来发现可能出现的风险。复合地基的创新就是经过大量调研与计算试验，最终建立了一套完整的复合地基设计施工方案。对重大风险进行专题研究，通过将大部分风险控制在设计阶段和施工工艺可行性研究阶段，避免了施工中更多不可控因素的发生。同时，为能及时应对突发风险，提前制定综合和专项风险应急预案，确认应急响应的流程，形成应急响应机制。

2）由上至下全员互动参与

（1）总部工区互动参与

在岛隧工程中，风险管理不是某一个部门的职责，而是全体员工的行动指引。在风险管理过程中，项目总经理部管理人员和各工区一线人员共同参与关键工序和重大事项的风险辨识和预控工作，项目总经理部管理人员每天到"三岛一隧"——东西人工岛、桂山岛、沉管隧道施工现场检查指导工作，与技术人员、一线作业人员共同参与现场施工工作，随时解决施工难题，确认风险的状态。一线人员实时反馈现场情况以及重点关注风险的排查情况，同时一线作业层也被纳入管理体系，共同参与风险排查过程中的建言献策。在互动过程中风险隐患被逐一发现，风险控制及时有效。通过由上到下的共同行动，每一个人都是风险管理的行动践行者，通过 7 年如一日的坚持，持续保持严谨的风险管理状态，统一风险认知，并落实到行动中，真正实现全员风险管控。

（2）风险管理，人人有责

为了提升员工自我管理的意识，实现员工主动进行风险控制，岛隧工程明确了全体员工在风险管理中的责任内容和范围，在工区内形成"风险管理，人人有责"的管理制度。为了让这样一种责任划分切实执行，工区主要负责人和各部门、班组签订目标责任书，将风险管理的目标从上到下逐级划分到每个员工，平时通过日常检查来对责任书的内容进行考核。在安全行为的规范上，岛隧工程实行"一对一""一保一"的安全管理班组，不同的班组间形成相互监督、相互管理的模式。强化落实"一岗双责"责任制，坚持"谁主管、谁审批、谁负责""管生产必须管风险"的原则。"人人有责"确保每个员工都感受到风险管理的责任感和使命感，促使员工主动预防和控制风险的发生。

3）培训考核实现全员风险专家

首先，通过全员培训考核的方式将思想意识更加直接地转化到实际工作中。风险管理的全员培训实行管理层＋作业层的双层培训模式，作业层方面制定培训课程和培训方案，从如何正确认知和如何实施到位等方面提升一线人员的风险管理水平，培训内容包括风险识别控制的实施方案、行为安全和安全观察等。通过开展风险交流会实现对整套风险管理流程理论知识的培训和文件体系应用的实操培训,使每个工区的人员能够掌握整套风险管理文件体系的运作。

其次是人员的安全风险培训,以日常 HSE 培训为重点,采用岗前培训、在岗辅导及再教育等多种形式进行。在各工区制定风险管理考核和奖惩机制,在平常施工期间,工区带班领导就风险管理体系现场考核施工人员,让风险管控具体到每个施工细节。

管理层培训课程主要采用研讨的方式,加强对整体风险管理框架和实施方案的指导能力,重在提高管理层风险管控的执行力和领导力。通过一系列培训活动,实现无论是管理层还是作业层都能从认知和实操两个层面全面掌握风险管理,从而达到"整个团队都是风险专家"!

风险文化是岛隧工程文化的核心内容,不仅通过"千人走钢丝"和"每一次都是第一次"等将风险文化渗透到每个岛隧人的意识中去,同时也在行动上真正贯彻风险文化的内容,保障风险管理工作持续有效开展。

2. 以风险库建设实现动态循环管理

岛隧工程通过建立动态风险库,更全面地掌握工程中可能发生的风险。同时通过 PDCA 动态循环实现风险库内信息的持续更新,以指导施工现场风险排查工作。借助风险库"动"的思想,全员反复渐进式地进行风险辨识与评估,不断扫清工程的认知"盲点",实现岛隧工程风险管理"初学者"向"践行者"的转变。

1)集成风险信息

(1)风险库的形成与存储

将可能出现的风险事故、风险源及其相应的风险规避措施、预案等信息和资料共同存储,形成独属于岛隧工程的风险库,如图 8-11 所示。风险流程的动态循环促成风险库的构建与管理,借助风险库,每一个管理人员和一线作业人员可清楚地掌握本工程涉及的所有风险和风险控制的关键点,以风险库全程指导风险排查,通过风险信息集成共享,增强风险管理的可操作性,实现有根据、有目的地进行风险管理。在岛隧工程中,风险高发区和管理难点集中于沉管浮运安装环节,因此,在进行风险库分析时大多以沉管浮运安装环节为例进行阐述。

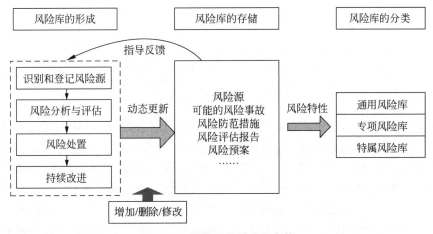

图 8-11 风险库的形成和存储

　　岛隧工程沉管浮运安装共形成 5 类通用风险、7 类专项风险和 5 类特殊风险,其中沉管浮运安装辨识出总风险共计 403 项,岛隧工程沉管浮运安装风险库的类别见表 8-2。

表 8-2　岛隧工程沉管浮运安装风险库类别

通用风险库			
序　号	风险类别	序　号	风险类别
1	施工作业条件	4	作业人员
2	通航安全	5	施工装备
3	环境保护		

专项风险库			
序　号	风险类别	序　号	风险类别
1	碎石基床整平作业	5	管节回填作业
2	管节出坞作业	6	测量与控制作业
3	管节浮运、系泊作业	7	作业窗口
4	管节沉放、对接作业		

特殊风险库			
序　号	风险类别	序　号	风险类别
1	岛头区	4	强回淤
2	最终接头	5	曲线段
3	深水深槽		

　　(2) 风险登记表

　　风险库中的主要记录形式为风险登记表,以碎石基床风险为例,风险登记表见表 8-3。登记表的填写与更新由工区风险管理小组负责,各工区依托工作任务流程全面列举分析整个工程的风险点,将所有风险点分布到各部门,减少由于部门界面而产生风险遗漏的情况。各工区定期更新本工区与相邻工区的界面风险管理手册,实时动态管理,实现从风险分析记录、风险汇总到风险处理、形成评估报告等一系列行为,都有责任主体,都有翔实记录,如图 8-12 所示。

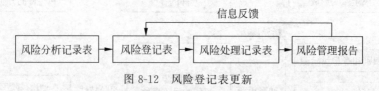

图 8-12　风险登记表更新

　　在风险分析登记时,按风险对五大目标的影响进行等级划分,其中,健康安全风险主要来自孤岛外海环境下的施工作业,有通航安全风险、人员海上作业心理疲劳、深海基槽回填等深海潜水及相关海上操作风险。环境风险重点为不利的海况与水流条件,包括异常波浪、台风等突发气象、地质风险、基床回淤等风险。质量风险、进度风险和成本风险是岛隧工程全程关注的三大风险,涉及人工岛和沉管浮运安装的相关操作环节,包括沉管浮运、沉管沉放、对接、拉合等过程的操作和监控,其中质量风险的把控尤为关键,通过确保施工精度,从源头上保证工程建设的成功。

表 8-3　风险登记表（以碎石基床风险为例）

风险编号	风险名称	风险描述	最初风险等级评定（低、中或高）					综合风险等级	主要后果	处置措施	处理后的风险评定（低、中或高）					处置后的综合风险等级	责任班组/部门	完成日期	状态
			安全健康	环境	质量	时间	成本				安全健康	环境	质量	时间	成本				
TE-01	清淤质量控制	抛石夯平层清淤不彻底，碎石铺设过程发生挤淤	低	中	高	中	中	高	1. 碎石垫层夹淤，纳淤承载力降低。2. 挤淤严重时需重新清淤，影响作业窗口	1. 增加工前潜水探摸基槽频次，回淤物超标时及时进行重新清淤。2. 碎石垫层铺设过程中进行回淤监测，发现挤淤及时清淤	低	低	中	低	低	中	基础组		不闭合
TE-02	基床施工参数	参数计算及输入错误	低	低	高	中	中	高	1. 碎石垫层高程、平面偏差超标。2. 造成质量事故，影响施工工期	1. 对施工参数的计算和输入进行多方校核，确保参数的准确性。2. 严格按照监控指令进行施工	低	低	低	低	低	低	基础组		不闭合
TE-03	整平船系统校准	1. 平面及高程系统标定出现误差。2. 船体倾斜仪故障。3. 整平头底部液压油缸校准误差	低	低	高	中	高	高	1. 碎石垫层高程、平面偏差超标。2. 可能造成质量事故，影响施工工期	1. 采用不同方式多次进行整平船平面、高程、船体倾斜系统标定。2. 对整平头底部行程传感器数据进行实测修正	低	低	低	低	低	低	基础组、设备组		不闭合
TE-04	精度控制	碎石垫层铺设验收数据超标	低	低	高	中	高	高	1. 施工延期，不能进行正常施工。2. 影响作业窗口	1. 施工参数输入用多人复核制度。2. 采用不同方式多次进行整平船平面、高程、船体倾斜系统标定。3. 碎石垫层铺设过程中对施工完成的碎石垫层进行多波速扫描检查。4. 对超过设计要求的碎石进行刮平或修补处理。5. 施工过程定位系统测量检查	低	低	低	低	低	低	基础组		不闭合

2）持续动态更新

风险库中所存储的风险信息是动态的。岛隧工程建设边设计、边研发、边施工,随着认知的加深,新的风险被不断录入,风险库的信息内容趋向全面。同时随着工程的进展,当风险库的部分风险不再适用、风险本身的性质发生变化或者风险已被消除时,相关管理人员对风险库内容进行修改和删减。通过风险库信息内容上的不断完善,实现对风险管理有效指导。

（1）以多周期持续更新为思路

岛隧工程风险的高度不确定性决定了其风险管理是一个动态过程,需持续不断地对风险状态进行更新,而不能以经验为依据。在沉管隧道施工过程中,以单个管节安装为一轮风险管理周期,每一节管节都设置了一整套风险管理流程,即时发现风险,即时处置,即时更新风险库中的信息。通过多个周期的动态循环,确保岛隧工程风险管理流程和项目各工序的特点更加契合,将风险控制在合理范围内,保障风险管理的稳步推进。

（2）风险流程持续更新循环

在岛隧工程中,每一环节的风险都各具特点,随着施工环境和时间的变化,前期风险评估可能过时失效,需秉持"每一次都是第一次"的理念,通过多次动态循环的风险流程,将风险全部纳入风险库,风险信息的持续更新循环路径如图 8-13 所示。

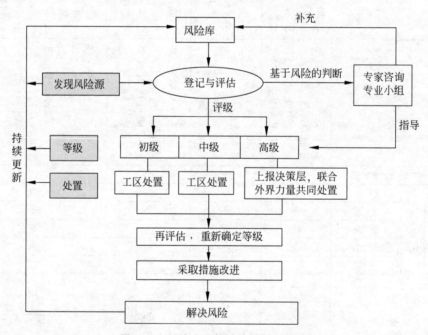

图 8-13　风险流程持续更新循环路径

当工区人员发现风险时,将风险登记入库,由项目总经理部和专家共同指导,对风险进行等级和类别划分,根据风险类别的性质制定风险防范措施,降低风险等级,并进行多次评估,对风险等级进行调整。

对于通用风险通过将对策融入日常管理或工艺流程,形成标准化管理制度或作业规程。例如,对于突发性灾害天气风险,将加强气象及水文预测预报工作作为日常工作制度,并形成快速应急反应机制;对于人员误操作的风险,关键岗位实行"一岗双控",相互校核,并严格按照操作规程要求开展工作。

专用风险采用专题研究、方案优化、工艺调整、系统改进等手段,制定针对性的措施,以全面控制风险。

特殊风险主要根据管节独有的特点,对风险处置措施进行检查确认,包括进行数模研究、物模试验、跨界协作分析等。例如,对于首个曲线段管节安装,采用提早开展曲线段管节安装、测量工艺研究,编制专项施工方案,增加多种测控手段相互校核等方式,同时进行模拟推演和安装线形数模计算,实现工艺的进一步优化。

根据不同的风险等级,风险责任人或者部门实施不同的措施,其中风险等级处于低、中的风险可以直接在作业实操层面解决,如连续作业的人员疲劳问题、碎石质量的控制风险、拖轮故障等;高风险、重大风险则联合咨询专家共同研究解决,如台风、深水测控系统的标定和碎石垫层回淤等风险。

在采取相应的应对措施后,如果风险不能闭合,则作业层一线人员持续保持对该风险的关注,随时更新风险库中风险的状态和相应的应对方案,这一系列的措施都纳入风险库。对于重大风险隐患,需要结合专家和专业小组的意见,补充相应可能发生的重大风险,确保风险信息的全面。

3)全过程动态应用

风险库对施工作业中的风险排查起到关键指导作用。在每次施工任务开始前,作业班组以风险库为基础,根据上一施工环节的风险总结和本次施工内容的特点,进行风险源的辨识,更新风险库,根据风险库的内容进行自排自查,检查一般风险措施是否到位。通过风险评估专家咨询会对重大风险集中进行研讨,制定专属措施,同时更新风险库。施工后形成风险管理总结,指导下一施工环节的风险排查。

以E16管节为例,在E16管节浮运安装前,7个专业组对E16管节风险进行了全面排查。由于E15管节以东的基槽淤积十分严重,安装过程中回淤导致工期延误,负责隧道基础监控和质量管理的基础组对新产生的回淤风险源进行了详细的分析处置,新增了3项基槽回淤风险,具体为强回淤风险、清淤质量控制、碎石基床顶部清淤,并将新风险纳入E16管节的风险关注范围内,E16管节共排查5类通用风险、5类专项风险和3类特殊风险,共计175项风险源。在风险库新增风险的同时,针对每一项新增风险相应制定对策措施,并落实到每一个作业班组,例如,对于强回淤风险,由省政府主导,联合海洋渔业、海事部门暂停采砂工作,从根本上解决回淤泥沙的来源,开展基床处置清淤典型施工试验,采用专用清淤船清淤,对碎石铺设过程进行回淤监测。所有排查过程中的新增风险及对策措施相关记录都纳入风险库。

在风险库的动态应用管理过程中,通过"多次排查、多次更新"实现风险信息的动态更新循环,以此指导施工,编制计划(施工前多次风险点自排自查)→计划实施(施工中风险源全面排查)→检查效果(风险管理总结)→成功部分纳入标准(将新风险源、有效的防控对策纳入风险库),PDCA循环不断深化风险认知,同时将风险降到最低。风险库的动态应用管理如图8-14所示。

由此可见,不但强调施工前的风险自排自查,也强调施工后的总结,由总经理部牵头,联合管理层和作业层进行重大风险探讨总结。例如在E16管节中,将发现的重大回淤风险中形成的对策进行固化,以指导后续管节安装,避免类似风险的出现。每次管节安装,每次重大专项方案实施都是如此,以提升风险库的有效性。

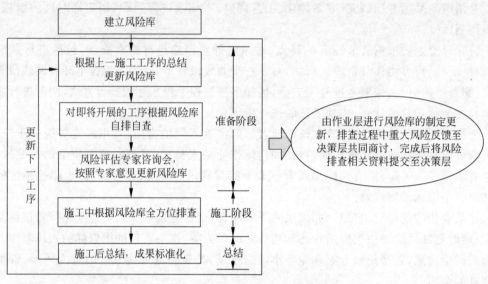

图 8-14　风险库的动态应用管理

随着工程的进展,风险库逐步丰富完善。岛隧工程 33 节管节是 33 个"第一次",共包括了 36 次循环往复的风险库更新(其中包括 E15 管节的 3 次往返和最终接头对接)。在 33 节管节安装过程中,经历了由最开始第一节管节风险流程应用不成熟、风险认知不足,逐渐积累,风险库逐步丰富,到最终接头成功对接的过程,实现了风险管理质的飞跃,也确保了工程处于安全的状态。通过风险库的动态管理,做到百分之百的风险保证,促成一节又一节管节的成功安装,驱动一次又一次的科技创新,更激励了员工对于风险管理的自信,最终实现沉管隧道的完美贯通,创下世界奇迹。

8.2.3　以风险管理活动推动决策科学化

岛隧工程管理团队在每个关键节点以风险管理活动形式预判和评审当前风险,对风险处置结果进行确认,如果风险不在合理可控范围内就无法启动当前环节,需返回上一个环节及时调整,如此循环,以确保所有工序施工时都处于可控、安全的状态。以风险可控为指向标的科学决策为岛隧工程施工的顺利开展保驾护航。

1. 决策基本原则

1)实行风险一票否决制

岛隧工程施工过程中的决策和风险辨识是紧密联系在一起的,若风险分析和措施无法达到要求,在进行决策时,就不能启动当前工序,必须经过调整解决,完全消除风险或风险降低至可接受范围后,决策层才能下达施工命令。在决策过程中实行风险一票否决制,以风险可控为指向标,真正实现"决策跟着风险走"。

2)每一个节点实时决策

沉管隧道几百道工序环环相扣,同时每一个管节都是"新"的一节,都有其独特的风险特征,在进行决策前必须不厌其烦地确认和排查,通过多次风险确认会,保证每一节点的决策和实施都进行了风险的判断确认,每个环节都做到了零隐患。决策层和专家深入施工现场,进行现场讨论,实时决策,确保每个节点都能处于可控、安全的状态。

3）以风险管理组织架构为依托

施工全过程决策是在风险管理组织架构下进行的,组织架构内的每个部门都发挥其职责,其中7个专业组(具体见8.2.2节)在每个关键节点都需要对风险进行排查、判断,以确定能否启动当前工序,项目总经理部联合专家顾问进行决策。依托两级扁平化风险管理架构,在决策层和作业层的联合互动下,判断当前工序环节的风险状态,评判风险处置是否过关。

2. 风险决策流程

风险决策流程包括风险预判会、专家咨询会、决策确认会和风险总结会等,依靠风险库信息的不断更新,基于对风险的判断,明确风险处置措施和方案是否到位,处置效果是否可接受,以此作为决策依据,推动工序启动和开展。

风险管理组织架构中的7个专业组,囊括了岛隧工程施工过程中所有可能发生重大风险的专业。每个专业组就组内负责的风险源向项目总经理逐一汇报,确定风险状态都可控。项目总经理综合专家咨询意见,组织多次论证和确认会,对其中的重大难题寻求跨界协作,以确保风险均排查到位,在每一个细节都满足施工条件后,项目总经理才会下发启动当前工序的命令,如果不满足条件,需要返回上一道工序重新进行风险排查,或者采取有针对性的措施加以处置。

管节出坞前对所有风险都要逐一检查确认,合格则下发出坞命令,否则需采取措施直至达到所有出坞条件;当进行海上施工作业时,作业窗口不符合限制条件时,风险不过关,则召开风险讨论会,等待时机或采取其他措施。以E15管节为例,在施工过程中,E15管节沉管基床遭遇了异常回淤,决策层紧急召开风险讨论会,最终果断决定中止沉放、返航回坞。

沉管隧道施工过程具有极高的复杂性和不确定性,管节一旦出坞,如同航天火箭发射,是一个失误零容忍的过程,决策下发命令如同航天火箭发射的按钮,一旦启动,没有弥补失误的机会。因此在每个工序节点上,风险决策起到了非常关键的风险把关作用。风险决策流程如图8-15所示。

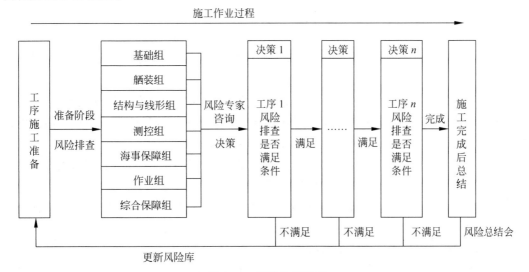

图 8-15 风险决策流程

3. 以风险管理活动推动决策

1) 准备阶段层层预判确认

在施工准备确认阶段召开多次协调讨论会议,对可能发生的风险进行确认,通过风险预判会、风险评估专家咨询会、风险确认会、经验总结会等多种形式的风险管理活动进行决策。决策层联合专家共同决策的主要步骤为上一工序的经验总结→风险、施工条件初步预判→第一次初步决策→风险评估专家咨询会→施工前确认会→第二次决策确认→海上安全保障总决策汇报→下达工序启动命令,流程中的每一个步骤以持续的风险管理会议形式进行层层确认,直至确保目前的状态能够满足进入施工阶段的所有条件。准备确认阶段决策程序如图 8-16 所示。

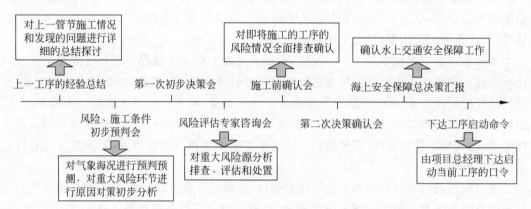

图 8-16　准备确认阶段决策程序

下面以 E18 管节安装准备阶段为例详述决策的主要步骤。

(1)总结会:首先召开上一节管节安装总结会,对 E17 管节的施工情况、海事工作情况和气象窗口及对接保障系统进行综合分析和提升总结,尤其对其中发现的问题,如安装过程中出现的“分层流”影响拖航、浮运难度增大和设备老化等进行了反馈分析。

(2)施工条件初步预判会:作业窗口组需要对浮运对接窗口的基础条件——气象海况预判确认,包括气象条件分析预测、海浪特征分析、沉管海流预报三部分。

(3)回淤预判会:对于 E18 管节面临相比 E15～E17 更严重的淤积问题,召开 E18 管节泥沙回淤预判会,对回淤预报结果进行分析,并考虑减淤措施效果是否有效,确保淤积达到设计要求。

(4)第一次初步决策会:对相关气象窗口条件、基础条件进行预判后便进行初步决策,由项目总经理部综合判断,海事部门联合确保通航安全,中心测量队进行测量船航道的确认,工区作业班组确保各项施工准备情况,以初步确定窗口时间。

(5)风险评估专家咨询会:全面进行 E18 管节的风险排查,新增三项风险,根据专家会讨论及分析两项应急预案,并对重点风险进行了梳理。

(6)施工前确认会:在初步气象窗口预判的基础上,组织气象保障单位进行最佳窗口的选择确认;最后在 E18 安装前 7 个专业组召开确认会,对基础整平等五个方面的情况进行汇报,对所有的工作安排进行细节检查。

(7)第二次决策会:由项目总经理决定是否进行管节出坞。

（8）海上安全保障总决策汇报：后期需要对浮运安装计划的窗口推演分析和水上交通安全的再次确认汇报。

（9）最后由项目总经理下达启动 E18 管节出坞的口令。

2）施工过程实时现场决策

在施工过程中，工序环节紧密相扣，风险点的控制也是无缝连接。决策层直接在现场指挥决策，根据施工过程中各工序的先后顺序，每到施工中的一个关键阶段都召开决策确认会，对有可能发生风险的细节进行现场再次确认，内容包括实时气象水文临近预报及海流实测情况、人员及设备系统的到位情况、各项安全保障措施以及施工时的各项指标是否处于正常状态等。决策层结合专家建议反复确认，实时监测，遇到特殊情况及时将指令直接下达到各作业队伍以调整施工中的思路和方案，作业队伍现场施工及时反应并采取相应的措施，同时将现场施工中的重大隐患及时反馈。

在沉管浮运安装施工过程中，每节管节安装都要进行多次决策，每一次决策都要进行气象水文情况、海事海上交通安全保障及海流实测情况的判断。在 E18 管节施工过程中，共进行了 6 次确认会，包括出坞前确认会、起拖前确认会、转向前确认会、沉放前确认会、水力压接确认会和沉放后工作安排会。施工过程决策流程如图 8-17 所示。出坞决策确认船机和浮运安装测控系统准备情况、航道和碎石基床扫测的准备情况等；浮运决策确认管节的检查情况和海事海上交通安全保障及航道封航情况；转向决策确认系泊情况；沉放与对接决策确认系统操作人员和巡视人员到位、管节运动姿态变化和监测情况；紧接着还有调整决策、锁定决策。整个过程中全体人员处于高度紧张状态，不仅要确保当前工序顺利进行，同时要确保下一工序的所有施工条件，随时对可能出现的风险进行响应。

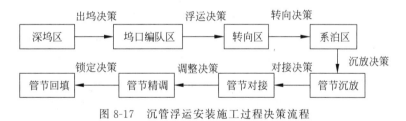

图 8-17　沉管浮运安装施工过程决策流程

3）施工总结提升决策水平

在每一关键施工环节完成后，均组织一次施工总结会，对施工中碰到的难题和成功经验进行总结与深入探讨。例如，在 E18 管节顺利安装后召开总结会，对过程中遇到的强回淤、大径流和深水深槽等技术难题进行了回顾，总结了相关的应对措施和研究分析结果，并对接下来的管节安装可能存在的问题进行了讨论。

在总结会上对风险处置的效果进行分析评价，通过编写风险总结报告，反映风险管理问题，以螺旋式上升的方法将前一节管节总结的经验带到下一节管节施工中，避免出现同样的问题，为后续工序决策奠定更坚实的基础，循环推进了决策的科学性和准确性。因此，从第一节管节安装到最终接头成功对接实现了科学决策水平的不断提升。

8.2.4　依靠技术创新防范化解重大风险

岛隧工程每走一步都在探索，在探索的过程中，当发现一般传统做法存在重大隐患且一般的风险处置手段无法解决风险难题时,需要打破常规的设计和施工方案,依靠技术创新防范化解重大风险。在岛隧工程建设中,设计方案与施工方案的变更量大,通过风险分析发现问题,催生出了新工具、新结构、新工艺和新技术,形成了多项技术创新成果。

同时依靠技术创新推动和保障风险管理,一方面技术创新能够从方案上确保本质安全,例如用新的设备代替潜水员水下操作,从源头上解决人员生命安全风险的发生;采用大圆筒成岛技术将作业面从水下转换到陆地实现了本质安全。另一方面通过技术创新实现了风险的可控,解决原始方案高风险、实施性不强等问题,增强方案的可操作性。技术创新成为化解重大风险的最优选择。

由此形成"以风险催生创新,用创新化解风险"的管理思路。

1. 突破传统沉管设计,确保风险源头化解

随着认识的深入,设计施工团队意识到适应于浅埋沉管的柔性结构设计在深埋沉管中存在极大风险隐患。深埋沉管隧道与一般浅埋沉管隧道的差异对比见表 8-4。经过风险分析发现原设计方案存在以下问题:上覆荷载超过一般沉管隧道的 5 倍,巨大压力下,对接头抗剪能力要求高,当地基发生不均匀沉降时管节易错位,接头止水风险加大。

表 8-4　浅埋沉管、深埋沉管对比

项　目	浅　埋　沉　管	深埋沉管(以岛隧工程为例)
回填及覆土厚度	2 m 左右	2+21 m(淤积层)
加载过程	施工完成,管顶荷载施加完成	施工完成,管节荷载完成约 1/6,后期回淤荷载逐渐增加
管底应力	40~50 kPa	160 kPa

采用原设计中的柔性结构方案,将面临不均匀沉降和错位漏水问题带来的工程安全隐患,甚至是工程的毁灭性破坏,必须从根本上突破原有设计,通过技术创新来化解风险。传统结构设计中,刚性结构整体性强,有利于解决错位漏水问题,柔性结构可解决一定范围内的不均匀沉降,综合两种结构优势,岛隧工程在原设计基础上,创造性地提出半钢半柔沉管结构设计思路。半刚性结构中,每节标准大管节由 8 个小管节拼接、保留甚至强化串起小管节之间的钢绞线,加强小管节之间的连接,使 180 m 长、由 8 个小节段连接而成的标准管节的变形受到更大约束,通过突破传统沉管设计,采用半刚性结构使沉管隧道在海底既能够适应一定的变形,同时又能控制其变形,化解不均匀沉降所导致的风险。

2. 创新最终接头,保障施工过程可控

最终接头安装合龙是沉管隧道贯通的最后一道关键工序,也是风险最高的一次海上作业。初步设计中的水下止水法施工方案需要连续长时间潜水作业,且存在渗水漏水隐患。最终接头安装时施工海域正处于台风季节,珠江口洪季径流量增大,环境复杂,吊装作业窗口较少,无法满足长时间水下作业需求,按照施工组织安排,潜水员的生命安全难以确保,施工风险高。此外,最终接头处于外海深槽强回淤环境,在施工过程中极易造成回淤,影响整体的进度。

由于水下止水法存在一系列难以避免的不可控因素,施工质量、安全、工期等受到较大威胁,岛隧工程在施工图设计阶段着手进行风险管理,将施工中面临的风险纳入最终接头方案设计的考虑范围,以风险引导设计,通过风险辨识和持续的风险管理活动找出问题,以风险管理推动方案攻关,经过10余次专家咨询会、50多项专题研究、百余次攻关会议,探索出"主动顶推止水整体安装"的新型接头结构和新工法,该方案是世界范围内首次采用三明治结构的整体式安装,创新研发"小梁顶推"技术,利用电力液压系统顶推接头边缘的止水带,实现接头与沉管的初步吻合。主动止水技术无须水下潜水工作,变水下施工为工厂预制和管内干施工,实现窗口期可控、安全可控,有效地解决了受限空间内大体量结构水下安装难题,并实现了安装后主动止水,解决了漏水隐患。用风险评估成果主导技术攻关,通过技术创新保障施工过程可控,有效控制施工风险,使风险管控与技术攻关融为一体(图8-18)。

图 8-18　最终接头对接示意图

3. 优化成岛方案,实现风险标本兼治

按传统人工岛成岛技术采用混凝土或者抛石斜坡堤施工存在诸多问题。其一是需要处理大体量淤泥,足足有近1000万 m³,不仅淤泥处理成本高,对于通航繁忙的珠江出海口来说,安全风险极大,还可能造成中华白海豚赖以栖息环境的破坏;其二是合同规定两年内必须完成第一节管节的所有对接条件,而按照原方案,人工岛的完成至少需要3年,无法满足条件,工期风险高(图8-19)。

图 8-19　人工岛围护结构

从风险控制角度出发,项目总经理部联合专家花费半年多时间做方案、设计、论证、实验,最终提出了深插式大直径钢圆筒方案。大直径钢圆筒方案采用120个深插式大直径钢圆筒插入不透水层,形成深海超大型钢围堰,优化结构设计,简化施工工序;同时,该方案能加快土体固结且工后沉降小;钢圆筒采用工厂内预制,优化施工组织,减少现场海上船机数量和人员海上作业时间。岛隧工程在207天内完成东西人工岛成岛,100天完成地基加固,工后沉降小于20 cm,18个月内形成沉管对接条件,工期节省两年半。人工岛围护结构如图8-19所示。大直径钢圆筒方案将作业面从海上转移到陆上,以方案确保安全,实现了本质安全——"治本",同时有效控制工期风险,解决施工中海底软基、通航环保风险——"治标",实现了风险的"标本兼治"。

风险管理推动技术创新,把风险元素融入设计和施工技术中,通过创新形成低风险的项目设计方案和施工工艺,在设计阶段和施工工艺可行性研究阶段消除大部分风险,保证实施方案成熟、可靠、抗风险能力强。风险管理和技术创新的相辅相成促进了岛隧工程整体抗风险能力的提升。

8.2.5　反馈与持续改进引导施工标准化

1. 监测与反馈

风险处置的效果需持续监测和反馈,以保证风险可控。工区经理负责将每个收录于风险登记表的风险处置效果监测任务落实到个人,并保证监测所需的其他资源。工区 HSE 部负责协调保证监测任务的顺利开展。各监测负责人在工区风险管理会议前一星期提交本月风险处置效果监测报告,并在会议上对监测工作进行反馈。工区经理和工区 HSE 部则负责在项目风险管理会议前一星期提交本工区本月风险处置效果监测报告,并在会议上对监测工作进行反馈。

2. 审查与持续改进

岛隧工程每 6 个月分工区对风险管理流程进行内审,对各工区的风险管理执行情况和表现进行评价,检查风险库中相关资料的记录是否完整,风险源是否及时更新并提出改进意见,使风险管理体系持续完善,确保风险管理体系运行的有效性、重大风险控制措施的有效性,达到持续改进效果。审查的内容包括风险管理计划、最近 3 个月的风险登记表、风险分析报告、重大风险识别记录、风险管理报告、风险管理培训记录。

通过审查和持续改进确保风险管理计划有效实施并达到预期效果。内审不符合要求的都会被记入内审不符合登记表中,各工区据此做出相应改正,从而持续性地改善。岛隧工程结合施工实际,适时对风险管理工作计划进行修订,以持续优化风险管理体系。

3. 固化与提升

把日常"自觉的风险控制行为"形成"标准规范的风险管控制度",以"标准化""规范化""流程化"的方式进行风险处理,通过采取对策措施,将风险降低至可接受程度,在此基础上,将对策措施固化,并融入日常管理或工艺流程中,形成标准化管理制度或作业规程,以指导现场施工,降低施工全过程风险。基于定期风险培训制度、风险管理责任制度和事故责任追究制度等日常制度,总结和深入探讨成功经验,标准化对策措施,以推动风险管理制度体系的不断完善。

8.2.6　风险管理经验体会

1. "风险驱动"是保障工程成功的"法宝"

岛隧工程将风险管理作为项目管理的驱动力,抓住项目管理中的主要矛盾,引导过程控制。在施工过程中,岛隧工程采用以风险为导向的决策机制,各级领导和专业组小组深入施工现场,对设计施工中的每个关键环节和每个重大方案的风险进行判断和决策,以风险预判结果作为启动工序的前提条件,一步一步对风险进行确认,实现"决策跟着风险走"的施工管理。风险不过关,各项施工管理活动需要重新审视,提升了施工管理的科学性。

岛隧工程开创了"风险驱动"管理模式,不仅获得了一系列风险管理成果,同时确保了工程的安全建设,实现了全过程施工"零失误"。在岛隧工程中,上百道工序精益求精,4000 多人的施工团队无一人伤亡,大量突破性的技术创新和滴水不漏的沉管隧道等更为世人所称赞。

2. 风险管控融入工程实施全过程

岛隧工程通过日复一日的坚持和风险管控解决了许多工程难题,提升了工程价值。全过程监管、全员智慧、全覆盖责任的风险管理为岛隧工程施工构建了一道防火墙。全过程监管,岛隧工程中每一节沉管施工都全面开展风险辨识、评估、处置、总结等活动,实施全过程监管,确保风险管理落到实处;全员智慧,从一线的班组到总项目部领导,每一次沉管安装都集聚和体现了全体人员的集体智慧;全覆盖责任,在风险管理过程中实行"一岗双责",领导带头,共同建言献策,人人辨风险,人人控风险,风险管控融入每一个施工过程、落实到每一个步骤、传递到每一个员工。

3. 风险文化塑造全员行为

在连续 7 年的奋战中,风险文化已成为岛隧工程项目文化中的重要组成部分。通过不断强调和宣贯"每一次都是第一次""不让隐患出坞门""千人齐走钢丝"等思想,培育和传递风险文化,使项目文化具有浓厚的风险特征,促成了全员风险意识的形成。基于岛隧工程风险管理体系,从管理的本质——"人"出发,以风险文化塑造行为,带动了员工的自觉行为和"工匠精神"。凡是有员工的地方都有风险的思考,全员的集思广益和建言献策,使风险文化渐渐地融入团队的骨髓,极大地激发了整个团队的战斗力和执行力。

文化上的"软约束"比日常制度规范的"硬约束"更能有效实现风险管理的目标。养成风险思维的习惯,用好风险管理的方法,使风险文化得到更深远的推广和传播,能够给工程建设者以启发与思考,帮助我们到达安全建造的"彼岸"。

思考题

1. 试找出一个成功的工程管理案例并分析其成功经验。
2. 试找出一个失败的工程管理案例并分析其失败原因。

参考文献

[1] 何继善.工程管理论[M].北京:中国建筑工业出版社,2017.

[2] 毛如麟,贾广社.建设工程社会学导论[M].上海:同济大学出版社,2011.

[3] 张小飞,陈莉.现代化视域中的工程本质与价值选择[J].西南石油大学学报(社会科学版),2009,2(1):59-63.

[4] 李永胜.论工程生态观及其作用[J].哈尔滨工业大学学报(社会科学版),2014,16(4):129-135.

[5] 成虎,宁延.工程管理导论[M].北京:机械工业出版社,2018.

[6] 杨善林,黄志斌,任雪萍.工程管理中的辩证思维[J].中国工程科学,2012,(2):14-24.

[7] 李世新.工程伦理学研究的两个进路[J].伦理学研究,2006,26(6):31-35.

[8] MARTIN M W,SCHINZINGER R.Ethics in engineering[M].Boston:McGraw-Hill,2005.

[9] 王进.论工程与伦理的融合[J].工程管理学报,2015(1):23-27.

[10] 王进.工程共同体视角下的工程伦理学研究[J].中国工程科学,2013(11):97-102.

[11] 李世新.工程伦理学概论[M].北京:中国社会科学出版社,2008.

[12] 肖平.工程伦理学[M].北京:中国铁道出版社,1999.

[13] 牛津英汉百科大辞典编辑部.牛津英汉百科大辞典[M].台北：百科文化公司,1985.

[14] 李伯聪.绝对命令伦理学和协调伦理学[J].伦理学研究,2008(5)：42-48.

[15] 宁先圣.工程技术人才观探析[D].沈阳：东北大学,2006.

[16] 江政宪.营造工程伦理与职业道德研究[D].台北：朝阳科技大学,2001.

[17] 王晃三.融入各工程专业课程的伦理教学设计[C]//国科会研究计划报告,1994.

[18] 林铁雄.建构台湾之伦理环境：九二一集集大地震建筑物震害之省思[R]//义守大学土木系技术报告 ST903,20011001.

[19] 马丁,辛津格.工程伦理学[M].李世新,译.北京：首都师范大学出版社:2010.

[20] 何继善,王孟钧.工程与工程管理的哲学思考[J].中国工程科学,2008(3)：9-12,16.

[21] 何继善,王孟钧,王青娥.工程管理理论解析与体系构建[J].科技进步与对策,2009,26(21)：1-4.

[22] 朱思红.都江堰的科学价值[J].秦始皇帝陵博物院,2012(0)：377-382.

[23] 邓仁.都江堰与水利工程伦理[J].华北水利水电学院学报(社会科学版),2010,26(4)：108-113.

[24] 郑大俊,王炎灿,周婷.基于水生态文明视角的都江堰水文化内涵与启示[J].河海大学学报(哲学社会科学版),2015,17(5)：79-82,106.

[25] 何继善.工程管理知识体系指南[M].4版.北京：中国建筑工业出版社,2018.

[26] 美国项目管理协会.项目管理知识体系指南[M].6版.北京：电子工业出版社,2018.

[27] 中国工程院.构建工程管理理论体系[M].北京：高等教育出版社,2015.

[28] 王卓甫,杨志勇,杨高升.现代工程管理理论与知识体系框架(一)[J].工程管理学报,2011,25(2)：132-137.

[29] 王卓甫,杨志勇,丁继勇.现代工程管理理论与知识体系框架(二)[J].工程管理学报,2011,25(3)：256-259.

[30] 汪应洛.工程管理概论[M].西安：西安交通大学出版社,2013.

[31] 中国工程院.构建工程管理理论体系[M].北京：高等教育出版社,2015.

[32] 成虎.工程管理概论[M].3版.北京：中国建筑工业出版社,2017.

[33] 李忠富,杨晓冬.工程经济学[M].北京：科学出版社,2012.

[34] 都沁军.工程经济学[M].北京：北京大学出版社,2012.

[35] 孙绍荣.工程管理学[M].北京：机械工业出版社,2014.

[36] 任旭.工程风险管理[M].北京：清华大学出版社,2010.

[37] 胡文发.工程信息技术与管理[M].北京：科学出版社,2010.

[38] 刘人怀.工程管理研究[M].北京：科学出版社,2015.

[39] 杨诚.水利工程质量管理中的智能化监控系统研究[J].陕西水利,2018(3)：250-252.

[40] 宋宗宇,向鹏程,何贞斌.建设项目管理与法规[M].重庆：重庆大学出版社,2015.

[41] 郑文新.土木工程项目管理[M].北京：北京大学出版社,2011.

[42] 苗胜军,李金云,邱海涛,等.土木工程项目管理[M].北京：清华大学出版社,2014.

[43] 成虎,项目全寿命期管理[M]北京：中国建筑工业出版社,2011.

[44] 方爱,张建勋,德万科,等.建筑"再循环"理念下城市与其滨水工业遗产的共生：以拱墅区京杭大运河廊道内工业遗产为例[J].中国园林,2018,34(5)：119-123.

[45] 慈芳芳.水利信息化工程的建设和运行管理初探[J].建材与装饰,2019(8)：285-286.

[46] 宫立鸣,孙正茂.工程项目管理[M].北京：化学工业出版社,2005.

[47] 郭峰,土木工程项目管理[M].北京：冶金工业出版社,2013.

[48] 郁佳敏,车联网大数据时代汽车保险业的机遇和挑战[J].南方金融,2013,12：89-95.